Nermin Abadan Unat

Viyana'da doğan Nermin Abadan Unat, ilköğreniminden sonra 1940'ta İzmir Kız Lisesi'ni ardından 1944'te İstanbul Üniversitesi Hukuk Fakültesi'ni tamamladı. Bir süre Ankara'da *Ulus* gazetesinde çalıştıktan sonra Ankara Üniversitesi Siyasal Bilgiler Fakültesi'ne ilk kadın asistan olarak giren Abadan Unat, 1955'te "Kamuoyu ve Etki Alanı" adlı teziyle doktor unvanını aldı. 1958'de siyaset bilimi dalında önce doçentliğe ve 1966'da da profesörlüğe atandı. SBF'de Siyasal Davranış Kürsüsü'nü kuran Nermin Abadan Unat, siyaset sosyolojisi ve kitle iletişim konularının dışında 1963'ten beri özellikle Türk dış göçüyle ilgili sorunlara eğildi, yurtta ve yurtdışında çeşitli araştırmalar gerçekleştirdi. Bu konuda Türkçe, Almanca ve İngilizce kitaplar, değişik makaleler yayımladı. Aynı zamanda kadın çalışmaları (Women Studies) ile de ilgilenen yazar, 1978-1999 yılları arasında Avrupa Konseyi Kadın-Erkek Eşitliği Komisyonu'nda Türkiye'yi temsil etti. Uzun yıllar, AÜ Siyasal Bilgiler Fakültesi'nde öğretim üyeliği yapan yazar, 2016 yılına kadar da Boğaziçi Üniversitesi'nde yarı zamanlı olarak çeşitli dersler verdi.

Avrupa ve ABD'nin çeşitli üniversitelerinde konuk profesör olarak dersler veren Nermin Abadan Unat, 1967-70 arasında Uluslararası Siyaset Bilimi Derneği'nin (IPSA) ikinci başkanlığını, 1978-82 yıllarında ise Türk Sosyal Bilimler Derneği'nin genel başkanlığını yürüttü. 1978-80 yılları arasında TBMM'de kontenjan senatörü olarak görev yapan Abadan Unat'a 1978'de Federal Almanya Cumhurbaşkanlığı tarafından Yüksek Liyakat ödülü (Hohes Verdienst Kreuz), 1998'de Aydınlanmanın Kadınları, 2000'de Fullbright Yaşam Boyu Akademik Hizmet, 2004'te Kültür Üniversitesi Yürekli Kadın, 2006'da Marmara Üniversitesi Yaşam Boyu Başarı, 2010 İstanbul Beşiktaş Kent Konseyi Onurlu Yaşam, 2011 ODTÜ Büyük Hizmet, 2012 Vehbi Koç Vakfı Eğitim, 2014 Bodrum Çağdaş Yaşamı Destekleme Derneği, 2015 İÜ Kadın Araştırmaları Merkezi, 2016 Ankara Mülkiyeliler Birliği Mülkiye Büyük Ödülü gibi ödüllere layık görülmüştür.

Nermin Abadan Unat'ın Türkçe ve yabancı dillerde yayımlanmış bazı kitapları şunlardır: *Halk Efkârı ve Etki Alanı* (1955), *Bürokrasi* (1959), *Anayasa Hukuku ve Siyaset Bilimi Açısından 1965 Seçimlerinin Tahlili* (1966), *Batı Almanya'daki Türk İşçileri ve Sorunları* (1964), *Göç ve Gelişme* (Ruşen Keleş'le birlikte, 1976), *Batı Avruhpa ve Türkiye'de Basın Yayın Öğretimi* (1972) *Turkish Workers in Europe* (1976), *Women in Turkish Society* (1981), *Women in the Developing World: Evidence from Turkey* (1986), *Türk Toplumunda Kadın* (1982), *Emancipation in Exile* (Grety Mirdal ile birlikte, 2015)

KIRMIZIKEDI

Kırmızı Kedi Yayınevi: 1472
Anı: 26

Yüz Yıllık Umut
Nermin Abadan Unat

Yayın Yönetmeni: Enis Batur
Hazırlayan: Ayla Yüksel
Editör: Çağlayan Çevik
Sayfa ve Kapak Tasarımı: Efdal Basan
Kapak Fotoğrafı: Selçuk Şamiloğlu

Bu kitabın ilk baskısı 1996 yılında, *Kum Saatini İzlerken* adıyla, İletişim Yayınları tarafından yapılmıştır. Kırmızı Kedi'de *Yüz Yıllık Umut* adıyla yapılan bu baskı, yazarın 2019-2021 yılları arasında yaptığı değişiklik ve eklemelerle güncellenmiş halidir.

Birinci Basım: Eylül 2021, İstanbul
ISBN: 978-605-298-884-8
Kırmızı Kedi Sertifika No: 40620

Baskı: Asya Basım Yayın Sanayi Tic. Ltd. Şti.
15 Temmuz Mah. Gülbahar Cad. No: 62/B
Güneşli/Bağcılar/İSTANBUL
T: 0212 693 00 08 Sertifika No: 36150

Kırmızı Kedi Yayınevi
kirmizikedi@kirmizikedi.com / www.kirmizikedi.com
facebook.com: kirmizikediyayinevi / twitter.com: krmzkedikitap
instagram: kirmizikediyayinevi
Ömer Avni Mah. Emektar Sok. No: 18 Gümüşsuyu 34427 İSTANBUL
T: 0212 244 89 82 F: 0212 244 09 48

NERMİN ABADAN UNAT

YÜZ YILLIK UMUT

Hazırlayan: Ayla Yüksel

ANI

KIRMIZIKEDİ

İÇİNDEKİLER

YENİ BASKIYA ÖNSÖZ

Yüz Yıllık Umut daha önce, *Kum Saatini İzlerken* adıyla ilk defa 1996'da okurla buluştu. O tarihten bu yana çok önemli yenilikler oldu: dünya, internet ve akıllı telefonla tanıştı. İklimler önemli değişiklikler gösterdi. Göçler ve büyük kaçışlar arttı. Ülkemiz yeni bir anayasa ile başkanlık sistemine geçti. Şahsıma gelince, bu yaşa geleceğimi tahmin etmiyordum.

Kitabın, bazı kısımlarını yeniden düzenleme gereği duyduğum, yeni eklemeler yaptığım, 25 yıl sonra gerçekleştirilen bu yeni baskısında yaşama ilişkin ve bazı özel dostluklarla ilgili anılarımı ekledim.

Bu kitabı yazmam için beni teşvik eden, destekleyen sevgili asistanım Ayla Yüksel'e yardımları için sonsuz teşekkürlerimle.

Bugün tüm dileğim, Atatürk izinde giden, laik ve demokratik bir Türkiye'ye veda edebilmektir.

Prof. Dr. Nermin Abadan Unat

GİRİŞ

İnsan neden anılarını yazar? Bu tür bir girişimin çeşitli nedenleri olabilir: tarihe tanıklık etmek, erken yitirilen bir yakınını evladına tanıtmak, belli ilkeler peşinde yapılanmış bir kişilik modeli sunmak, bir dönemin özlem, istek, değer ve ümitlerini dile getirmek, çetin bir yaşam mücadelesini açıklamak. Beni bu alana iten birbirinden farklı etkenler olmuştur: biri benim gibi babasını on yaşına girmeden yitiren oğluma babasını tanıtmak, taşımakta olduğu soyadının anlam ve sorumluluğunu daha iyi anlamasına aracı olmak, diğeri topraklarında doğmadığım halde babamın ülkesini irademle neden vatan olarak seçtiğimi açıklamak, bir aydın olarak kimlik arayışımın hesabını vermek. Bu gerekçelere bir sonuncuyu eklemek gerek: bir yüzyıl süreyi kapsayan yaşantıma benim genel olarak yaşama ve dünyada olup biten olaylara ne kadar farklı baktığımın açıklamasını yapmak ve yazıya dökmek.

Evet, hayat sayısız ve beklenmeyen gizlerle doludur. Bana da ülkemi, dilimi, yurttaşlık kimliğimi seçebilme olanağını tanıdı. Bu tercihimi çok erken yaşta yaparken kararımı etkileyen koşullardan çok zihnimde geliştirdiğim ideal ve ümitlerim olmuştur. Bu düşüncelerimi yoğuran Türkçe hariç izleyebildiğim Almanca, Fransızca ve İngilizce dillerdeki basın ve dergilerde çıkan Türkiye ile ilgili yayınlar olmuştur.

Sosyal psikologların betimlemesi ile on-on dört yaşları kişiliği biçimlendiren "geliştirici – formative" yıllardır. İşte ben o yılları annem ve anne bir ablamla Budapeşte'de geçirdim. O yaşlarda çocukluğumda öğrendiğim ana dilim Almancadan başka Fransızca, İngilizce, yatılı okulda edindiğim Macarca konuşuyordum. Türkçeyi babamın büyük arzusuna rağmen bir Türk ilkokuluna gönderilmediğim için öğrenememiştim.

Altı ile on yaşları arasında İstanbul'daki yaşantımın belleğimde bıraktığı izler ve bu yıllarda edindiğim deneyim ve gözlemler, düşünce dünyamda bir Türkiye tasavvuru oluşturmuştu. Bu koşullar altında hayalimde canlandırdığım Türkiye'nin belirleyici niteliklerini yabancı basında "Yeni Türkiye", "Dirilen Türkiye", "Atatürk'ün yarattığı Türkiye"ye ilişkin yazılar oluşturmaktaydı.

İki dünya savaşı arasını yaşamayanlar, Avrupa'dan bakınca küllerin içinden doğan Phoenix'i andıran Türkiye'nin neden günümüze kıyasla çok farklı bir görüntü oluşturduğunu bilmezler. Bugün, yirmi birinci yüzyılın ilk çeyreğinde, Türkiye'nin nasıl kökten değiştiğini, Batılı dünyada neden derin bir hayal kırıklığını yarattığını da anlamazlar. Birinci Dünya Savaşı'nın bitiminde Türkiye o dönemde zorla kabul ettirilen uluslararası antlaşmaları reddederek ulusal bağımsızlığı uğruna direnip savaşmayı yeğleyen, karanlık bir ortaçağ perdesini aralayarak köklü toplumsal değişiklikleri başarı ile gerçekleştiren tek yenik ülke görüntüsündeydi. 1917'den itibaren, tasfiyeye uğrayan imparatorluklar –Bismarck'ın kurduğu Almanya, Habsburgların Avusturya-Macaristan'ı, Romanofların Çarlık Rusyası– çalkantılı süreçten kurtuluş yolunu çeşitli siyasal modellerden ararken, en zayıf, en yoksul, en güçsüz görünen Osmanlı İmparatorluğu'ndan kendine güvenen yeni bir Türkiye çıkmıştı.

Sahi, o dönemde Türkiye'ye neden imrenerek, hasetle, gıpta ile bakılıyordu? Çünkü o dönemde Versailles Antlaşması'nın ağır hükümlerinden sıyrılmaya çalışan Almanya, katlanılması güç yaptırımları, savaş tazminatını silkip atabilmek için daha sonraları dünyayı felakete sürükleyecek olan çılgın bir diktatörü genel oyla iktidara getirme zorunluluğunu duymuştu. Macaristan ise kendisine haksız bölüştürmeler getiren Trianon Antlaşması ile Romanya ve Yugoslavya'ya eklediği Macarların yaşadıkları bölgeleri geri alamamanın acısı ile "Nem, nem soha" (Hayır, hayır asla!) sloganını benimseyerek aşırı milliyetçilik akımının kapılmıştı. Yenilginin acı tadını tadan Avusturya ise ileriki yıllarda Almanya ile birleşmeye çalışan, Nazizme eğilimli yurttaşların çabaları ile Hitler'in oldu bitti işgal hareketi ile Alman devletince ilhak edildi.

Birinci Dünya Savaşı'nın galipleri olsun, yenilenler olsun, o tarihe kadar karikatürlerinde gülünç kıyafet ve püsküllü feslerle simgeleştirmiş oldukları Türklerin nasıl olup da on yıl içinde yepyeni bir ulusal kimliğe kavuşmaya çabaladığını ve bağımsız bir ulusal siyaseti gütmeye başardığını anlamaya çalışıyorlardı.

Nüfusunda "Nermin Suley" yazılı olmasına karşın Türk basınını izleyemeyen genç kız elbette bu büyük çalkantıları kavrayacak durumda değildi. Ne yaşı ne de o tarihe kadar gördüğü eğitim buna olanak vermiyordu. Şu kadar ki gönlünde tutku şeklinde yanan tek bir istek vardı: öğrenimine devam etmek, kişisel "bağımsızlığını" geliştirmenin sihirli anahtarını bulmak! Atatürk'ün ülkesinde kız-erkek farkına bakılmaksızın her gencin dilediği okula ücretsiz devam edebildiği gerçeği onun düşünce dünyasında izlemesi gereken yolun tek pusulası oldu! 1995'te neredeyse bir yüzyılın dörtte üçünü doldurduktan sonra rahatlıkla "Mücadelem çetin koşullar altında geçti, fakat buna değdi, seçtiğim ülke bana insan olmanın, kadın olarak birey olmanın olanaklarını sundu" diyebildim. Ne yazık ki halen bir yüzyılı dolduran yaşamımın son diliminde Türk toplumunun gençlerine sunduğu bu harika olanaklar yitirildi, eğitim sistemimiz ancak varlıklılara belli bilgileri aktaran, buna karşı çoğunluğunun gençlerini rasyonel düşünce sistemi yerine duygulara hitap eden inançlarla yetiştirmeye çalışmaktadır.

Geç kalmadan (1995)

Yasal emekli yaşımı aşalı sekiz yıl oluyor. 1988 yılının Eylül ayında bürokratik işlemle yaşamımın üçüncü ve sonuncu bölümüne resmen adım atmış oldum. Kutlamalar, törenler, daimi oturma yerimi Ankara'dan İstanbul'a değiştirme ile birlikte yorucu, hareketli günler, haftalar, aylar, yıllar... Sonra Ege'nin mavi, masmavi, insana "doğa bundan daha güzel olamaz" diye haykıran bir denizin kıyısında hesaplaşmalarla dolu geçen uzun saatler. Homer'in, Herodot'un, Sophokles'in yaşadığı, düşüncelerini insanlığa yaydığı bu topraklar kişiyi ister istemez geçici ömrümüzün anlamı üzerinde bir nebze durmaya davet ediyor. Etrafımız o kadar güzel ki insanın ebedi olarak yaşayası geliyor, heyhat aklımız, o yerinde durmayan, zaman zaman bilinçaltındaki dürtü ve arzularımızı bile suyun sathına çıkaran o şeytani melekemiz bizlere geçici konukluk sıfatımızı hatırlatıyor. İnsan yaşamının hesabını başkaları ile paylaşmalı mı? Mücadelerle dolu bir meslek yaşamının az ya da hiç bilinmeyen yönleri ile özel yaşamının belirli olayları kimleri ilgilendirir? Yoksa yazmak kişinin toplumsal deneyimlerinin paylaşılması mıdır? Yaşam ne ölçüde rastlantıdır, yoksa iradeye dayalı kararlar ve toplumsal verilerin oluşturduğu ve her defasında tekrarı hemen hemen imkânsız bir çabalama mıdır?

Daralan, küçülen, son otuz yıldır sayısız insanın göçüne tanık olan dünyamızda kafamızdaki imgeler, gönlümüzdeki özlemler nelere yol açabiliyor? Ülkesini, dolayısıyla vatandaşlığını, dilini, kültürünü, inançlarını geleneksel biçimde aile ocağından alacak yerde kendi iradesi ile seçmiş, kadın olarak özgürlüklerinin, eğitim alanındaki şanslarının ancak 1930'ların Türkiye'sinde gerçekleşebileceğine inanmış, böylece Batı yerine Doğu'ya öncelik tanımış, Batı ile Doğu arasındaki farklılık ve çelişkileri yarım yüzyıl önce küçücük özel yaşamı çerçevesinde bir çözüme ulaştırmaya çalışmış bir insan olarak bu uzun yolu bir kez daha katetmenin geçirmekte olduğumuz kültürel kimlik arayışımızda bir odak noktası olabileceği kanısı ile Proust'tan esinlenerek *"Kaybolan zamanı arayış"* yolculuğuna çıkmış bulunuyorum.

On ikiye beş kala (2019)

İlk baskıyı tamamlamam üzerinden yaklaşık yirmi beş yıl geçti. Aslında kısa görünen bir zaman dilimi, oysa dünyamız ne kadar değişti... Başta teknoloji olmak üzere, sonra iklim ve uluslararası ilişkiler kökten değişti. Doğduğum yıllarda insanlar arasındaki iletişim santral aracılığı ile çalışan telefon, telgraf ve mektuplaşma yolu ile kurulurken, bugün Bill Gates'in 1975'te piyasaya sürdüğü kişisel bilgisayar ve hemen onu takiben Steve Jobs ve arkadaşlarının tasarladıkları ve diğer firmaların da benzerlerini ürettiği bir çanta hafifliğindeki cihazların çeşitli biçimleri: laptop, I-pad, akıllı telefonlar... günlük yaşamımıza damgasını vuruyor. Eskiden Marconi'nin icadı sayesinde her eve giren radyo müzik, tiyatro, dünyadan haberler ve sporu naklediyordu. 1928'de tarafsız bir devlet kurumu sıfatıyla BBC'nin yayına soktuğu siyah-beyaz televizyon her şeyi değiştirdi. Bu kitle iletişim aracı, yani görsel medya, 1960'lardan sonra özellikle Birleşik Amerika'da yoğun bir rekabet ortamı içinde renkli ve kişisel beğenilere göre şekillendirilmiş yüzlerce kanalla atmosferi kaplamıştır. Rekabete dayalı medya kuruluşlarının yanı başında bugün bireylerin görüşleri, eleştiri ve isteklerinin doldurduğu "sosyal medya" egemen olmaya başladı. Hele ekonomi alanında küreselleşme sürecinin yaygınlaşması, ulusal iletişimin yerini, küremizi saran bir haber bombardımanına bırakmak zorunda kaldı. Sosyal medya sınırları ve zaman kavramını yok edip herkesi herkesle temas eder hale getirdi.

Sovyetler Birliği'ni parti bürokrasisinin boğucu prangalarından kurtarmak ve ülkesinde yurttaşların normal gereksinmelerini karşılamak için "perestroika" (yeniden yapılandırma) ve "glasnost" (şeffaflık) ilkelerinden oluşan programını gerçekleştirmeye çalışan Mihail Gorbaçov, ne yazık ki bu amacının teknolojinin hızlı gelişmesi sayesinde günün birinde tüm küre ölçeğinde gerçekleşeceğini öngörememişti. Ne yazık ki, bugün bu iki ilke, dünya çapında bireye yeni özgürlükler getirmemiştir. Aksine, yerine günün yirmi dört saati, yılın on iki ayı boyunca aralıksız işleyen ve kayıt tutan bir "gözleme" sistemi yerleşmiştir. Bunun sonuçlarını halen yaşarken bu anılarıma başladığım zaman içimde taşıdığım "Euphorie" (mutluluğun) yerini neden kısmi bir ümitsizliğin aldığını bu anılarımı sonuçlandırdığım zaman anlatmaya çalışacağım. Ama önce 1921'e geri dönmeli...

VİYANA

1920'lerde Avusturya'nın başkenti

Belleğimi zorlamaya çalışıyorum. Taa ilk anılarıma kadar uzanmaya, kimliğime ilk damgayı vuran çevreyi, insanları, olayları anımsamaya çalışıyorum. Gözümün önüne gelen ilk görüntü, sonradan mitolojide rasladığım tanrı ve hayvan heykellerinin süslediği kocaman bir binanın önünden geçmemdir. Avusturya-Macaristan İmparatorluğu'nun görkemli başkenti Viyana'da ilk parlamento denemelerine işte bu binada girişilmiş. Bu meclisin arkasına düşen, kullanılan iri, koyu gri, kahverengiye çalan taşları nedeniyle kasvetli bir atmosfer taşıyan bina, Bartenstein Stresse Nr.9, I. Bezirk'teki kocaman apartman, ilk yuvam olmuş. O zamanlar en itibarlı yer, Viyana'da birinci bölgeye giren caddelerdi. Bunlar eski kenti çepeçevre kuşatan geniş kuşak, Ring Strasse'ye (bulvarına) koşut düşen yeni bir semtin ara sokaklarıydı. Yine bu dönemde belli bir kat sınırlaması olduğundan, en beğenilen konut yerleri üst katlar olmayıp, asansörsüz çıkılabilen, "Mezzanin" olarak vasıflandırılan giriş kattaki dairelerdi.

Beni oraya hangi kuş bıraktı? Neden Viyana da başka yer değil? Babamı çok az tanıdım, daha doğrusu yüz yüze temasımız çok az oldu. Bildiklerim hep etrafımdaki yakınlarımın, akrabalarımın anlattıklarıdır. Hele çocukluğu, gördüğü öğrenim konusunda bilgilerim olağanüstü sınırlı.

Babam

Babam, Mustafa Süleymanoviç, Cumhuriyetin ilanından önce İzmir'in, katıksız Müslüman semti sayılan, Basmane'nin üst sırtlarına düşen Tilkilik mahallesinin Namazgâh sokağında dünyaya gelmiştir. Doğum yılını bilmiyorum. Ailenin büyükleri Balkanlarda, Bosna-Hersek'te, Saraybosna'dan gelip İzmir'e yerleşmişler Büyük bir olasılıkla Bosna-Hersek'in 1878 yılında Avusturya-Macaristan İmparatorluğu'nca ilhak edildikten sonra zorunlu askerlikten kaçan sayısız Müslüman Boşnak gibi büyükbabam da Türkiye'ye yerleşmeyi yeğlemiş olacaktır...

Babamın okula nerede devam ettiğini bilmiyorum. Sanırım daha üst öğrenim yıllarının bir kısmını Bosna-Hersek'in başkenti Saraybosna'da geçirmiştir. Kardeşi Sabri Amcamla İzmir'de üzüm, incir ve fındık ihraç eden bir firma kurduktan sonra yedi düvelin yabancı oğulları ile rekabet etme kararına sahip bir iş adamı sıfatıyla Almanya'nın kuzeyindeki Hamburg kentinde bir temsilcilik açma cesaretini göstermiştir.

Babam Almanca ve Fransızcayı iyi biliyor, çok rahat konuşyordu. Olağanüstü yakışıklı, uzun boylu, şık giyinen, güzel bir erkekti. Dünya fındık ihracatının fiili merkezi haline gelmiş olan Hamburg'da iş yapmak amacıyla her yıl bir ya da iki defa Avrupa'ya uzanırdı. Başta Agatha Christie olmak üzere pek çok romancının ilgisini çekmiş olan ünlü Orient Express treni ile İstanbul'dan Kuzey Avrupa'ya doğru yol alırken önce Avusturya'nın başkenti Viyana, daha sonra ise o dönemin ünlü kaplıca kentlerinden, Mustafa Kemal Atatürk'ün de tedavi gördüğü, günümüz Çek Cumhuriyeti'nde yer alan Karlsbad'a uğramış birkaç kez.

Karlsbad'daki güzel kadın: Annem

Karlsbad, mide ve böbrek hastalıklarına iyi gelen şifalı suları ile ün salmış bir içme kaplıcasıdır. O dönemde iki üç haftalık kür yapan hastalar zarif bir bardak ellerinde, kentin nehir kıyısındaki gezinti şeridinde bu suyu yudumlayarak dolaşırlardı. Babamın bir gelişinde, daha sonra öğrendiği üzere Viyana'da yaşayan, on iki yaşlarındaki genç kızı ve onun mürebbiyesi ile yaz tatilini geçiren, saçları kızıla çalan, geniş alınlı, yeşil gözleri ile etrafı seyreden bir kadın dikkatini çekmiş. Esrarlı gülümseyişi ile azıcık Mona Lisa'yı andıran, giyim ve kuşamına düşkün, zaman zaman elinde süslü bir şemsiyesi olan bu kadını merak etmiş. Adını sonradan öğrendiği kadın meğer Avusturya-Macaristan İmparatorluğu'na mensup bir kentsoylu imiş, Barones Elfriede Karwinsky. Bu kadın aklını çeler. Ne kadar mı? Bilmem. Kışları mektuplaşıyorlar mıydı, arada kaç mevsim geçti, onu da bilmem... Ancak şurası kesin: 1920 yılının sonbaharında Viyana'daki Türkiye Büyükelçiliği'nde nikâhları kıyılıyor. Meğer ilk eşi Birinci Dünya Savaşı'nın ilk yılında cephede şehit düşmüş. Kadın ve kızı bu acı kayıptan sonra Viyana'da yaşamaya devam etmişler. Karlsbad ziyaretleri ise tatil gezileri imiş.

Çocukluk yıllarım

1921 yılının 18 Eylül'ünde Avusturya'nın başkenti Viyana'da dünyaya geldim. Annem gibi ben de başak burcuyum. O Eylül'ün 8'inde, ben ise on gün sonra bu gezegene ayak bastık. Başak burcundakiler gerçekçiliğe, örgütlenme, evde düzen kurma, ayrıntılı iş yapmaya öncelik tanıyan kişiler olarak tanımlanırlar. Oysa annem, benim "Mutti" diye çağırdığım kadın, gerçek anlamda bir romantikti. Hayalinde durmadan düşler kurar, estetiğe, üst sınıfların yaşam üslubuna olağanüstü değer biçer, buna karşın yakın çevresine karşı olan sorumluluklarını göz ardı ederdi. Benzerlerine artık çok az, belki de hiç rastlanmayan türden bir "salon kadını" idi.

Fotoğraflarına baktıkça güzel giyime, şıklığa büyük önem vermiş bir kadın olduğu ilk bakışta belli oluyor. Kim bilir Osmanlı İmparatorluğu'nun son yıllarında edebiyatta, günlük zevklerde alabildiğine değer kazanan "alafranga" bir tipi canlandırdığı için mi babamın gönlünü çaldı, bilemeyeceğim. Sorularıma yanıt verebilecek olan kişiler artık bu dünyada yaşamıyor, geç kaldım meraklarımda.

Fotoğraf albümümü karıştırıyorum, dönemin en şık çocuk arabasında oturuyorum, resim sağlıklı, güleç yüzlü, siyah saçlı bir bebek yansıtıyor. Diğer bir resimde Avusturyalı genç kadınların geleneksel giysisi olan "Dirndl" giymiş, geniş kenarlı şapkasının altında güzel yüzünü gösteren bir genç kızla, ayaklarının dibinde oynayan bir küçük kız görülüyor. Üvey ablam Martha ve ben. Onu ne kadar beğenir ve severdim!

Bir yaz ablam ve mürebbiyemle birlikte Avusturya'nın göller bölgesi sayılan Salzkammergut'ta Wolfgang gölünün kıyısında St. Gilgen'de bir otelde kalmıştık. Her gün kocaman göbekli, mavi beyaz çizgili bir atlet giymiş olan yüzme hocası, iri bir kalasın üzerine oturmuş, o kalasa bağlı küçük kıza "Bir-iki, bir-iki" komutları ile ders veriyordu. Çok ilkel bir yöntemle öğretilen yüzme, daha sonraki yıllarda, gerçek sporcuların uyguladıkları "crawl" stilini neden bir türlü doğru dürüst benimseyemediğimi de açıklıyor. O arada meleğe benzer güzellikteki ablam beni sevindirmek için bana eflatun renkli kadifeden yapma ufacık bir fil getirmişti. Yüzlerce oyuncağım arasında en çok onu severdim, uyurken yanımdan ayırmazdım. Ablam kışın Viyana'daki manastırda okula devam ediyordu. Onu yazın görmek benim için her defasında büyük bir sevinç vesilesi oluyordu.

Viyana'daki evimiz parlamento binasının arkasındaki sokakta bulunuyordu. Birkaç katlı bir apartman binası olup, sokağın köşesini işgal ediyordu. Aynı zamanda Viyana'nın görkemli belediye binasına da çok yakındı. Bugün o daire belediyenin imar müdürlüğü tarafından işgal edilmektedir.

Dairemizin iç içe girmiş büyük salonları vardı, hepsi baştan aşağı ayna ile kaplı bir antreye açılıyordu. Antrenin bir kısım duvarlarında siyah renkli ahşaptan yapılma Çin üslubu dolaplar bulunuyordu. Benim çocuk odam ve dadımla birlikte işgal ettiğim yatak odası ayrı bir bölümde idi. Koyu kırmızı ve sarı renkli brokar veya satenlerle kaplı mobilyası bulunan salonlara girmem yasaktı. Anlaşılan annem İngiliz aristokratlarının kuralı sayılan "Children are to be seen but not heard" (Çocuklar görünür olmalı fakat sesleri duyulmamalıdır) ilkesini benimsemişti, beni ancak günün belli saatlerinde kabul ediyordu. Geri kalan zamanı sokağa bakan, oyun oynadığım bir odada dadım "Kuschi" ile geçiriyordum. Bembeyaz sade duvarları ile daha çok bir hastane odasını andıran bu iç içe geçen odalar mutfak ve ofise yakındı, böylece diğer hizmetkârlarla dostluk kurmama olanak sağlıyordu.

Hemen her gün sokağa çıkıyorduk. Genellikle evin çok yakınında bulunan, parlamentonun karşı sırasına düşen "Volkspark"a gidiyorduk. Adı "Halk parkı" olmasına rağmen oraya gelen çocuklar benim gibi dadıları, mürebbiyeleri olan burjuva ailelerin çocukları idi. Birinci Bezirk (bölge) o dönemin Viyana kentsoylularının yeğlediği bir semtti. Harfleri erken sökmüştüm, bu nedenle sokak isimleri dikkatimi çekiyordu. Sokak isimlerini kendime göre yorumlamaya merak salmıştım. Daha sonraları uykumuzu kaçıracak kadar şiddetli halk protestolarına sahne olan "Schmerling-Platz"ı, ben "Schmetterling Platz"a (Kelebek Meydanı) çevirmiştim. Buna benzer şekilde Viyana'nın ünlü Stephans Dom kilisesine giden diğer ara sokaklarını da yeniden adlandırmıştım. Kentin çekirdeği anlamına gelen "Innenstadt"ın vitrinlerini seyretmeye bayılırdım. Beş yaşıma geldikten sonra pek nadiren bu tür gezintilerimi annemle yapıyor ve ondan sergilenen eşyalar, porselen, antik mobilyalara dair bilgiler edinirdim. Annem daha sonraki bir çağda yaşamış olsaydı kuşkusuz başarılı bir iç dekoratör olabilirdi.

Opera ve soğuk ıspanak

Annemi genellikle akşamın erken saatlerinde, yedi civarında görürdüm. Benim odama gelir, iştahsız ve kaprisli bir çocuk olduğum için önüme getirilen yemekleri itirazsız yiyip yemediğimi kontrol ederdi. Ben aşçının hazırladığı yemekleri yememek için türlü bahaneler bulurdum, annem ise bu konuda hiç esneklik göstermezdi. Babam ancak belli mevsimlerde ve aylarda Viyana'ya gelebildiği için annem çok sevdiği operaları izleyebilmek için bir loca abonmanına sahipti. O dönemde seyirciler hafta günlerinde de olsa operaya uzun gece elbiseleri ile giderdi. Annem aynı operayı tekrar tekrar görmekten hiç usanmıyordu, kim bilir *Tosca*'yı, *Aida*'yı, *Carmen*'i, *Cavalleria Rusticana*'yı, *La Bohème*'i kaç defa dinlemiştir.

Yine akşamlardan biri, karşımda koyu lacivert ipek muareden yapılmış, dekoltenin etrafı mercan ve incilerle işlenmiş bir tuvalet giymiş olağanüstü güzel bir kadın oturmuştu: annem. Omuzlarına chinchilla kürkünden yapma etolünü hafifçe atmış, heykel gibi duruyordu. Annemdi, fakat erişilmez uzaklıkta bir anne! Önümde ıspanak püreli bir tabak duruyor, bakışıyoruz, konuşmalarımız çok kısa, söyledikleri çok özlü "Nermerl!" (Nermin adımı Avusturyalıların bazı kelimelere ekledikleri küçültme ile şekil değiştirmiş) "Yemeğini bitirmeden kalkmak yok!" Biliyordum, ödün vermeyecekti, gerekirse operaya ancak ikinci perdeyi görmek üzere gidecekti. Küçük, beyaz eşyalarla döşeli, estetik ve sıcaklıktan hiç nasibini almamış, daha çok bir hastane odasına benzeyen çocuk odasında ezici bir sessizlik hüküm sürüyordu. Birkaç denemeden sonra sıcak ıspanağın soğuk ıspanağa kıyasla daha lezzetli olduğuna kanaat getirmiştim. Annemin bu katı disiplini sayesinde ileriki yıllarda, özellikle aç kaldığım zamanlarda, önüme konulan her yemeğin hakkını vermeyi öğrendim.

Babam ve annemle birlikte, ne en erken çocukluk yıllarımda ne de sonra İstanbul'a taşındığımız zaman birlikte yemek yediğimi hatırlıyorum. Sadece çok nadiren, babam geldiğinde birkaç dakikalığına aynalı kapılardan geçip, koyu kırmızı satenle kaplı koltukların bulunduğu salonlardan birine girmeme izin çıkıyordu. Etrafımdaki gümüş biblolar, geçmiş yüzyılların yaşam biçimini yansıtan porselen figürleri, onların bulunduğu, yarı yarıya camla kaplı vitrini incelerdim. Babam Viyana'da çok az kalırdı, geldiğinde beni öper, sonra kaybolur, annemle seyahate çıkardı, ben yine "Kuschi" ile tek başıma kalırdım. O dönemin babaları galiba küçük bir çocukla ne yapılır, nasıl oyun oynanır bilmezdi, çocuk sadece bir evliliğin simgesi sayılırdı. Bu şefkat eksikliğini ileriki yıllarda fazlasıyla duymuştum...

Tatillerim

Annem ve ablamla birlikte Avusturya'nın doğa güzelliği ile ünlü göller bölgesi birlikte gittiğimizde Wolfgang gölünün kıyısında bulunan ve operet dünyasında adı geçen "Zum Weissen Rössl" (Beyaz At Hanı) adlı otelde kalırdık. İlk kulaç atmayı o gölde öğrendim. Daha sonraları Marmara denizinin nefis hafifliğini tattığım için olacak herhalde bugün de göl suyunun ağırlığını duyuyor, görünmeyen kapkaranlık dibinden ürküyorum.

Bir kış kabakulak oldum, doktorlar anneme dağ havası ile güneşlenmenin iyi geleceğini söylemişler. Dadımla Viyana'dan çok uzak olmayan Semmering'in ünlü bir oteline gönderildim. Şımarıklıktan olsa gerek yemeklerin hiçbirini yemiyordum. Müdür nihayet günün birinde çare olmak üzere beni otelin mutfağına indirdi, büyük bir havuzda yüzen alabalıkları gösterdi ve bir tanesini seçmemi önerdi. Zavallı balık maydanozlar içinde odama geldiğinde yine mızıklanmaya başladım. Odada bir koşuşturma başladı, ben direndikçe, Kuschi'nin sabrı tükendi, zorla yedirmek istiyordu. Bunun üzerine ben banyoya koştum, saklanayım derken, kafamı tuvaletle duvar arasındaki boru arasına soktum ve tabii çıkaramadım... Kurtarılıncaya kadar ne çok ağladım. İnsan bu tür olayları unutamıyor. Bugün ekranlardaki bir deri bir kemik kalmış Afrika ve Asya'daki çocukları gördükçe eski huylarımdan ne kadar utanıyorum...

Beyaz kürk ve şapkalı kız

Altı yaşıma gelmiş olmalıyım, beyaz kürklü bir şapka ve manto ile beni fotoğrafçıya götürüp fotoğrafımı çektirdiler. Halamın anlattığına göre bu fotoğrafı günün birinde babam İzmir'de Namazgâh sokağında bulunan biri üst, diğeri alt iki ayrı sokağa kapıları açılan kocaman konakta oturan babaanneme uzatıp "Bu çocuğa ne dersin?" diye sormuş. Ergin yaşamının tüm yıllarını İzmir'de geçirdiği halde hâlâ doğup büyüdüğü Bosna-Hersek'i unutamayan babaannem fotoğrafa şöyle bir baktıktan sonra "Bogamim[1], gâvurun piçinden bana ne?" deyivermiş. Odaya büyük bir sessizlik çökmüş. Beş dakika sonra babam kendini toparlayarak "Fakat o senin torunun!" diyebilmiş. Yine beş dakika süren uzun bir sessizlikten sonra "Öyle ise onları Türkiye'ye getir" yanıtı gelmiş.

1 Boşnakça "evladım".

Avusturya'nın yemyeşil doğası, dağları, orman içi düzenli patikaları, çam, gürgen, meşe, çınar gibi iğneli ve yapraklı ağaçların bezendiği gür ormanları, koyu yeşil gölleri, Viyana'nın Kaertner Strasse'de gezinen şık kadınları, hızla geçen tramvayları, dev bir tekerleğin süslediği "Prater" denilen lunaparkı, annem, ablam ve dadım Kuschi'nin de yer aldığı bazı anılar belleğimde takılı kaldı. Ayrıldığımda altı yaşımda idim, bu kenti tekrar görmek, ancak yirmi altı yıl sonra nasip olacaktı ve hayret onu hemen hemen hiç değişmeden buldum. Yalnız çocukluğumun ilk yıllarını geçirdiğim Bartenstein Strasse 9 numaralı binanın giriş katı Viyana belediyesinin imar müdürlüğü olmuş, oraya çok sonraları, belediyenin halkla ilişkiler müdiresinin yardımı ile girebildim. Çocukluğumun ilk yıllarını geçirdiğim odalar elbette çok değişmiş, hemen hepsinde yeşil saksıların varlığı dikkatimi çekti, yine de eskiden kalma bir mekânı buldum: yemek odasının cilalı tahta kepenkleri aynen kalmış...

İSTANBUL - I

Türkiye'ye taşınma

Yıl 1927. Baba evinin bulunduğu İzmir yerine babamın bir bürosunun bulunduğu İstanbul'a taşınma kararı verildikten sonra Viyana'daki evde hummalı bir hazırlık başladı. Her taraf sandık ve ambalaj kâğıtlarıyla dolmuştu. Fırsattan yararlanarak aynalı kapıların bulunduğu holde top oynamaya kalktım – ve tabii ki top aynalardan birine isabet etti, ayna paramparça oldu. O sırada Viyana'da bulunan babam beni o anın öfkesi ile cezalandırmak istedi, ortada duran küçük bir halıya sarıp, pataklamaya kalktı. Aslında sadece biraz okşanmış oldum. Sıra yolculuğa geldi, ünlü Orient Express'e binildi. Trende yemekler beyaz eldivenli garsonlarca özel vagonunda servis ediliyordu, yeşil meralar, ormanlar, nehirler, kentler gözümün önünde akıp gidiyordu. İstanbul'a geldiğimizde o dönemde Pera Palas'tan sonra kentin en ünlü, bakımlı ve şık otelleri arasında yer alan Beyoğlu İstiklal Caddesi'nde, Galatasaray'a yakın Tokatlıyan'a yerleştik. Bugün o binanın bakımsız merdivenlerine, zevksiz mağazalarına, üst kattaki kirli bürolarına baktıkça, bir zamanların görkemli Beyoğlu'sundan ne kadar uzaklaştığımızı daha iyi anlıyorum. Ablam da bizimle beraber gelmişti. Gençliğin verdiği tazelikle birlikte güzelliği herkesin dikkatini çekiyordu. Tokatlıyan otelinin bembeyaz örtüleri, kristal bardakları ve tabakları ile seçme servis veren yemek salonunun geniş pencerelerinden İstiklal Caddesi'nden gelip geçenleri seyretmek mümkündü. Tramvayın vagonlarından kimisi kırmızı, kimisi kirli sarı veya haki idi. Birinci mevkii simgeleyen kırmızı renkli ile "sade vatandaş"ın bindiği haki renkli vagonlar, ta benim üniversiteye girdiğim yıllara kadar, keskin çıngırak sesleriyle yayaları dikkatli olmaya davet ediyorlardı. Kırmızı vagonun bilet ücreti beş, haki vagonunki üç kuruştu.

Ablamla beraberliğimiz kısa sürdü. Otelde karşılaştığı Yunanlı bir delikanlıya yıldırım aşkı ile vurulup babamdan izi almadan evlendi ve kocası ile Avrupa'ya döndü. Ablamı çok seven babam onun bu hareketinden çok kırılmıştı. Böylece ben yine tek başıma kaldım. Annem de yeni evimize taşınmak için sabırsızlanıyordu. Babam vaktiyle Viyana'da Avusturya-Macaristan İmparatorluğu'nun tasfiye döneminde, annemin teşvikiyle Schönbrunn sarayında yapılan açık artırmalarda antika değeri yüksek mobilyalar, tablolar satın almıştı. Türkiye'ye kesin dönüş yapınca bu eşyalar ancak iki tren furgonuna sığmıştı. Asıl sorun, şimdi bu eşyaları annemin zevki doğrultusunda yerleştirmekti.

Ralli Apartmanı'nın beşinci katı

İstanbul'da ilk oturduğumuz apartman dairesi bir zamanlar Bulgar, daha sonra Suriye Başkonsolosluğu'nu barındıran, birçok tanıdıklarımın, bu arada ünlü ressam Fahrünnisa Zeyd'in de atölyesinin bulunduğu Maçka'da Ralli Apartmanı'nın üst katı idi. Bu apartman bugün de Teşvikiye Camii'nin karşısında aynen duruyor. Zaman zaman sevdiklerimizin cenazeleri vesilesiyle gittiğim caminin geniş avlusunda geçmişin anıları canlanıyor.

Hayalperest, dönemin Türkiye'sinin yaşam standardı ile bağdaşmayan bir estetiğe düşkün, paranın hesabını bilmeyen, müsrif annem bu dairenin tüm salonlarının duvarlarını kimisini açık sarı ipek muare, kimisini koyu kırmızı damast ile kaplatmıştı. Ne var ki sağlam bir inşaat malzemesi kullanılmadığından daha sonraları yağmura karşı dayanıksız olduğu anlaşılan çatı bu güzelim duvarlarda isli, çirkin izler bırakacaktı. Bu dairede iki odam vardı, biri uyumak, diğeri ders yapmak ve oynamak için. Bunları önce dadım sonra gelen mürebbiyelerimle paylaşıyordum. Arka tarafta annemle babamın yatak odaları bulunuyordu. Babamın koyu renkli ahşaptan yapılma, oymalı dolaplarının bulunduğu yatak odasının zemini kocaman bir kaplan postu süslüyordu. Kaplanın kafası doldurulmuştu, pırıl pırıl ışıldayan gözleri vardı. En büyük zevklerimden biri bu kaplanın üzerinde yuvarlanmak, kendimi vahşi ormanların içinde farz etmekti.

Viyana'dan bizimle birlikte gelen dadım Kuschi İstanbul'a alışamadı, çok geçmeden ülkesine döndü. Yerine İsviçre'den Matmazel Alice geldi. Anadilim Almancadan sonra Fransızca öğrenmeye gelmişti sıra. Babamın yoğun isteğine rağmen Türkçe öğrenememiştim. Bunun başlıca nedeni annemin "Cici çocuklar okula gitmez" saplantısıydı. Dolayısıyla ilkokula gönderilmedim, akranım olan çocuklarla tanışamadım. Mürebbiyem beni her gün Maçka'nın ucunda, günümüz "The Bosphorus" Swissotel'in bulunduğu, vaktiyle Taşlık diye adlandırılan açıklığa kadar yürütüyordu. Orada ahbap olduğu diğer mürebbiyelerle sohbet ederdi. Çok geçmeden alt katta oturan Bulgar Başkonsolosu'nun oğullarının mürebbiyesi ile yakın bir dostluk kurdu. Böylece her sabah, biri benden bir yaş büyük Gigi, diğeri benden bir yaş küçük Cocos adlı iki erkek çocuğu ve ben olmak üzere, üç çocuk ve iki mürebbiye Boğaz'ın eşsiz manzarasına açılan Taşlık'taki çay bahçesine yollanıyorduk. Bizim küçük çetenin en büyük zevki, bir zamanlar ünlü Türk mimarı, rahmetli Sedad Hakkı Eldem'in tasarlamış olduğu, fakat koruyamadığımız Şark Kahvesi'nin bulunduğu yer inmek, biraz ilerisinde olduğu gibi kalmış kocaman kaya parçaları arasında saklambaç oynamaktı.

O zamanlar bana o kayalar erişilmez büyüklükte görünüyordu. Benzer bir duyguyu yıllar sonra Mısır'a gidip Karnak Tapınağı'nı ziyaret ettiğimde duymuştum.

Okula gidememek

Annemin anlamsız "kibar çocuklar okula gitmez..." saplantısı yüzünden okula gidemiyordum. Bu yüzden evde Matmazel Alice'ten Fransızca okumayı, yazmayı, aritmetiği öğreniyordum. Oysa ben okula gitmeyi ne kadar istiyordum. Okula gidememek bana her zaman büyük bir yoksulluk, dayanılmaz bir ceza gibi gelmişti. En fazla kıskandığım çocuklar okula gidebilenlerdi. Sabahleyin penceremin önüne dikilip onların neşeyle okula gitmelerini iç çekerek izlerdim.

Okumayı çok seviyordum, merakla izlediğim dergiler içinde Fransa'dan gelen dergilerle oyalanıyordum. Kitaplar arasında Kontesse de Ségur'ün çeşitli çocuk romanları, özellikle *Les Malheurs de Sophiye*'yi yaşamış gibi anımsıyorum. Çok az Türk arkadaşım vardı, hatırlayabildiğim kadar ikisi de babamın iş arkadaşlarının kızları idi. Biri günümüz ünlü kadın gazeteci, eleştirmen, yazar Zeynep Oral'ın annesi Selçuk Birsen, diğeri daha sonraları kocasının diplomatik kariyeri nedeni ile çeşitli ülkelerde büyükelçi Necdet Kent'in eşi olarak yetenekle temsil etmiş olan ressam Sevim Kent'ti.

Babaannemin ziyareti

Nişantaşı'ndaki apartman katına yerleşmemizden kısa bir süre sonra babaannem halamla birlikte İzmir'den evimize geldi. Bu geliş onun oğlunun evine ilk ve son gelişi oldu. Yaşlı ve hasta idi –halam ona ömür boyu bakmıştır. Yüzünü, hatlarını yılların sisleri arasında kaybettim, ancak bugüne kadar hatırladığım iki husus var: sevecen ve yumuşak bir sesle

"Bogamim, bogamim" diyerek beni kucaklaması, öpmesi, okşaması, benim de onun ördekbaşı yeşil, kalın ipekli çarşafına sarılmam. Dillerimizin ayrı oluşu konuşmamızı engellemişti, fakat biri yaşlı diğeri körpecik iki vücudun sıcaklığı, sevgi iletişimimizi kurmayı yetmişti. Bugün de ipekli kumaş deyince o ağır, insanın elinin arasından kayıp akan, nefis bir yumuşaklık duygusu veren o koyu yeşil çarşaflık kumaşı anımsarım. Gelini ile konuşamıyordu, oğlunun görkemli evini gezdi, birkaç gün sonra yine İzmir'in yolunu tuttu.

Evimizdeki antikalar

Babam, annemin telkini ya da ısrarı ile olsa gerek Habsburg Hanedanı'na ait Viyana ve Schönbrunn saraylarındaki mobilyaların bir kısmı açık artırma yolu ile satılırken, bunlardan oldukça hacimli bir miktarını satın alıp Türkiye'ye getirmişti. Bu antika eşyalar çocukluğuma ilişkin anılarım arasında çok önemli bir yer tutmaktadır. Belki okula gidememiş olmam, yalnızlığım konusunda belirleyici bir rol oynamıştır. Hâlâ bir kısmını tüm canlılığı ile görür gibiyim.

Ralli Apartmanı'nın en üst katına taşınmıştık. Bu katta caddeye bakan cephesinde iç içe geçen dört büyük salon bulunuyordu. Yemek odası apartmanın bir köşesini oluşturuyordu, hem balkonu hem caddeye bakan penceresi vardı, aydınlık bir mekândı. Yemek salonu ile bitişik salonun duvarlarını annem açık sarı muare kumaşı ile kaplatmıştı. Tavana yakın bir yerde altın yaldızlı bir çıta duvarın bitim çizgisini belirliyordu. Yemek odasının mobilyaları çarpıcı, siyaha yakın bir keresteden –sanırım abanoz– yapılmıştı, oymaları göz oyalıyordu. Sandalyeler daha sonraları ancak Topkapı Sarayı'nın padişah elbiselerini barındıran bölümde rastladığım, bir zamanlar Venedik dokumacıları ile rekabet eden Bursa'nın mor renkli kabartmalı kadife kumaşla kaplı idi. Caddeye bakan pencerenin arkasında uzun ve alçak bir konsol duruyordu. Üst kısmında kalın camdan yapma iki katlı dikdörtgen bir vitrin yer almıştı. İçinde güneş ya da elektrik ışığında gökkuşağının renklerini yansıtan kesme kristal bardak ve kadehler duruyordu. Yemek odasının tavanı ufacık yapraklarla süslü, kartonpiyerden yapılma krem renkli kareciklerle kaplanmıştı. Her kareye bir ampul yerleştirilmişti. Bitişik salonda Louis XV stilinde yaldızlı bir oturma grubu vardı, oturulacak kısımlar bej fon üzerine işlenmiş goblen elişi ile kaplı idi. Bu salonda her iki köşesinde ilgimi sürekli olarak çeken, alışılmamış iki mobilya yer almıştı. Birisi bir zamanlar Avrupa'da soyluların ayaklarını çamurlu sokaklarda kirletmemeleri için kullandıkları bir tahtırevandı. Bir çeşit insan boyu dolaba benzeyen bu tahtırevanın ortası bölünmüştü: Üst kısmının üç yanında pencereler vardı. Tahtırevan deri ile kaplanmıştı. Bu derinin rengi petrole yakın bir mavi-yeşil olup ayrıca bronz röfleleri de vardı. Tahtırevanı iki uşak taşırdı. Bizdeki örneğinde taşıyıcıların kavradıkları tahta sopaları çıkarılmıştı. Annem İstanbul'da herhalde ikinci bir örneği olsa olsa İngiliz ya da Fransız sefaretlerinde bulunan bu tahtırevanın üst kısmını yine ikiye böldürmüş, ortasına bir cam raf koydurmuştu. O dolaba on sekizinci yüzyıl Avrupa modası, yaşam biçimini ve çeşitli sınıflarca benimsenmiş giysileri yansıtan porselen figürler yerleştirmişti. Köy ve kent yaşamını canlandıran erkek, kadın, çocuk ve hayvanlardan oluşan bu kalabalık biblolan seyretmeye bayılırdım. Her salona girme izni çıkınca o dolabın önüne uzun boylu dikilir, dünkü dünyayı somut bir biçimde gözümün önüne seren bu figürleri benim masal kitaplarında rastladığım kahramanlarla kıyaslar, her birine bir isim takıp, dağarcığımda onlarla ilgili öyküler oluştururdum. Bu köşenin karşısındaki duvarda lacivert kadife ile kaplı büyük bir tablo asılmıştı. Bu tablo her salona girişimde dikkatimi çekerdi. Bu kocaman tablo aslında bir koleksiyonu çerçeveleyen yapıttı. Üstünde sanırım kırk sekize yakın kare ya da oval biçimde küçük çerçevelere sığdırılmış minyatürler iliştirilmişti. Yaldızlı iri ana çerçeve ile minyatür koleksiyonu bir bütünlüğe kavuşturulmuştu. Minyatürlerin hemen hepsi ya beyaz peruklu erkekleri ya da Marie Antoinette'in yaygınlaştırdığı abartmalı, yüksek saç biçimleri taşıyan kadın portreleri yansıtıyordu. Salondaki koltuklar elişi goblenle kaplı olduğu, değeri yüksek, bakımı ise güç olduğundan buraya ancak istisnai günlerde girebiliyordum. Hemen onun bitişiğinde bulunan kütüphanede kocaman meşin kaplı koltuklar ve babamın yazı masası bulunuyordu. Annemi her gün en çok gördüğüm yer bu üç salonun açıldığı holdü. Buranın duvarları koyu kırmızı atlasla kaplanmıştı. Yumuşak yastıkların süslediği divan ve koltuklarla insanı rahatlatan bir havası vardı. Özellikle akşamları, porselen kaideli lambaları süsleyen abajurların yaydığı yumuşak ışığın egemen olduğu saatlerde, insanın buralarda oturası geliyordu. Kışları, akşam vakti, annemin yanına girme izni çıktığı saatlerde, onu bıkıp usanmadan "patience" oyunları açarken orada bulurdum. Anladığım kadarıyla çok sınırlı ahbapları vardı. Zamanın büyük bir kısmını poker türü kâğıt oyunu ile geçirirdi.

Avrupalı bir kentsoylu: Annem

Annem tipik bir on dokuzuncu yüzyıl sonu Avrupalı burjuva kadınının değerlerini ve beğenilerini benimsemişti. 1883'te Wagner'in gözlerini yumduğu yılda dünyaya gelmişti. Halen Polonya'nın sınırları içinde kalan doğum yeri, Baltık denizine açılan Stettin limanı idi. Babasının evinde ilk ve orta öğrenimini tamamladıktan sonra hiç tanımadığım anneannemin ısrarı ile evli ablasının yaşamakta olduğu Berlin'e gönderilmişti. Orada öğrenimine devam etmek yerine "uygun bir eş" çıkıncıya kadar yeni kurulmuş olan Alman İmparatorluğu'nun hareketli, gerginlik dolu Alman başkentinin sunabildiği çeşitli sanat ve müzik olaylarını izlemeye çalışmıştı. İlk evliliğini 1911 yılında Macar asıllı bir baronla yapmış, bu nedenle Avusturya-Macaristan İmparatorluğu'nu İngiliz Kraliçesi Victoria'ya benzer şekilde, altmış yıla yakın bir süre yönetmiş olan İmparator Franz-Joseph'in damgasını taşıyan, valsler diyarı Viyana'ya yerleşmişti. Bir yıl sonra dilimiz, dinimiz, ulusumuz farklı olduğu halde her zaman ibadet edercesine sevdiğim üvey ablam Martha dünyaya gelmiş. Annemin ilk kocası Bosna-Hersek'te Avusturya-Macaristan İmparatorluğu'nun veliahdını öldüren bir kurşun nedeni ile patlak veren Birinci Dünya Savaşı'nın ilk kurbanlarından biri olmuş. Eşini kaybettikten sonra tekrar baba evine, kuzeye dönmemiş. Anlaşılan yirminci yüzyılın ilk çeyreğinde değişik etnik grupların karışımından oluşan bu çökmüş imparatorluğun çok dinamik ve canlı kıldığı Viyana'nın havasına kaptırmıştı kendini. Güzeli, katıksızı, ahenkliyi bulmak hususunda çok yetenekli sayılırdı. Modayı öncelikli bir kadın uğraşısı olduğu kadar, estetiğe önem veren bir sanat tarihçisi gibi izlerdi. Tarih onu her zaman cezbetmiştir. Okuduğu kitaplar çoğunlukla biyografilerdi. Ben de bu kitapları okuma izni çıktıktan sonra özellikle Stephan Zweig ve o dönemin romancıların kaleme aldıkları Marie Antoinette, Marie Stuart, Fouchet, Boucher, Sekizinci Henry, Birinci Elisabeth, Nelson, Napolyon'un girift iktidar mücadeleleri ve aşkları ile dolu yaşamlarını büyük bir ilgiyle okumuştum. Benimle fazla meşgul olmazdı. Ne küçük iken benimle oynadığını ne de daha büyüyünce benimle uzun boylu konuştuğunu hatırlıyorum. Babamı çok nadir görürdüm, annem ise "uzak" bir otorite figürü olarak yaşamımı biçimlendirmiştir.

İstanbul'a taşındıktan sonra kumar düşkünlüğü giderek artmıştı. Farklı kültürlere mensup annemle babamın arasını açan da bu oyun merakı ve ondan doğan borçları olmuştur. Sonunda bu tutku hem onun hem de benim yaşamımı olumsuzluğa dönüştüren başlıca etken oldu. Bu yüzden tüm yaşamım boyunca hiçbir kâğıt oyununu öğrenmek istemedim. Korktum, acaba böyle bir tutku kalıtımsal mı diye kendi kendimi sorgulardım... Benim bugüne dek tek bir tutkum olmuştur: Kitap, daha doğrusu okuyabileceğim bir şey...

1930'ların İstanbul'u

1930'lu yıllarda İstanbul'da parmakla sayılacak kadar az otomobil vardı. Babam, o ayrıcalığa sahip bir iş adamı olarak yazları beni mürebbiyemle birlikte bembeyaz, üstü açılabilen bir Lancia ile Florya'ya gönderirdi. O zamanlar Marmara denizinin kıyıları bomboştu. Florya'da sadece Atatürk'ün su üzerindeki yazlık köşkü ile Beyaz Rusların işlettikleri bir plaj bulunuyordu. Bembeyaz kumların parıldadığı kumsalda kaleler yapmak ne kadar hoştu. Babam yılın belli mevsimlerinde kâh İzmir ve İstanbul'daki bürosunda, kâh Hamburg'daki bürosunda bulunuyordu. Mürebbiyem değişmişti. Matmazel Alice'ten sonra gazeteci Cihat Baban'ın evinde de görev almış olan Matmazel Koçaref gelmişti. Yıllar geçiyordu. Evde Fransızca dersler yapıyor, *Le Petti Point* isimli Fransızca bir çocuk dergisini izliyordum. Hâlâ Türkçe öğrenememiştim.

Babamla ilgili anılarım sayılıdır. Bir defasında beni Sirkeci'de Dördüncü Vakıf Han'ında bulunan bürosuna götürüp daktilo makinesinde birkaç kelime tıkırdatmama izin vermişti. Diğer bir defa Boğaz'da Bebek'te Turquoise isimli bir gazinonun önünde, ağaçlık yerlerden inerek annemle birlikte beni bir sandala bindirdiğini hatırlıyorum. O sırada Boğaz vapurlarından biri yanaşıyordu. Aniden gemi ile kıyı arasında yükselen dalgalar üstünde kayığın nasıl dans ettiğini ve ne kadar korktuğumu bugün de duyar gibiyim. Bir başka gün ise evimizin üst katından görülebilen Beşiktaş'ın ahşap köşklerinin yangınını nasıl endişe ile izlediğimizi anımsıyorum. Babam sık sık çıktığı iş seyahatleri nedeniyle evde hep kısa sürelerle kalıyordu. Vakti olsaydı herhalde bana Türkçeyi öğretecekti, fakat onun yoğun işleri, annemin ise snop değerleri yüzünden okula yollamaması, beni odamdaki oyuncak dünyamla baş başa bırakması, Türkçeyi öğrenmemi engelledi. Yemek odasındaki sofraya ancak çok istisnai günlerde çağrılıyordum. Çok sıkılınca mutfağa kaçıp erkek aşçı ve garsonla yarenlik ediyordum. Hiç unutmam, bir akşam üstü aşçı satın alınan ıstakozu mutfağın taşlarında yürütmeye kalktı, sonra da bana kıskaçlarının gücünü kanıtlamak için çelik bir bıçağı nasıl eğebildiğini göstermişti.

Atatürk'le karşılaşma

Belleğimde babama ilişkin en canlı anılarım, onun ölümünden bir önceki yıl, 1930 yazına aittir. O yaz babam tatil boyunca Büyükada'da Nizam Caddesi'nde, Seferoğluları karşısında bulunan, bahçesinde güzel çiçeklerin, heykellerin bulunduğu bir köşk kiralamıştı. Daha çok Yunan mimarisini andıran bu beyaz boyalı ahşap binanın her iki yanında benzer villalar ve bahçeler, gökyüzüne uzanan koyu yeşil serviler bulunuyordu. Çok yıllar sonra Capri Adası'nda benzer bakımlı bahçelere rastlayacaktım. Bir yaz akşamı, herhalde ağustos sonu olacak, güneş yeni batmıştı, gökyüzü hâlâ kırmızı ve mavinin karışımı nefis bir kubbe sergilerken, villanın sokak kapısının önünde oynuyordum. Babamın geldiğini fark ettim, aynı anda bir fayton durmuştu önümüzde. Babamın "İşte Paşam, kızım" dediğini duyar gibiyim. Faytonda karanlıkta yüzünün hatlarını pek fark edemediğim bir erkek oturuyordu. Ancak çakan şimşek keskinliğindeki bakışlarını bugüne dek unutmadım. Çok daha sonraları o gün Gazi'nin Anadolu Kulübü'ne geldiğini, başka birçok kulüp üyesi ile birlikte annemle de oyun oynadığını, oyun sona erince kazanan/kaybedenin olmadığını belirtmek üzere bütün fişleri karıştırdığını öğrenecektim.

Valikonağı Caddesi'ne geçiş

O yıl çok önemli değişiklikler oldu. Maçka'daki Ralli Apartmanı'nı bırakıp Harbiye'de, hâlâ olduğu gibi duran Vali Konağı'na bitişik, üç katlı bir konağa taşındık. Bu konak yerini kişiliksiz bir apartmana bırakmış bulunuyor. Üst katlarda eşyalarımız bütün görkemi ile sergilenmişti, fakat o koca konak çoğunlukla tenha idi. Bana yeni konağın en üst katında bir oda, sırf bebeklerimle oynamam için, tahsis edilmişti. Orada camekânlı bir dolapta, bir evin bütün kat ve odalarını yansıtan, minyatür ebatta yapılmış mobilyalarla döşeli bir bebek evi yarattım. Hoş bu bebek eviyle çok az oynayabildim... Annem babam nihayet en büyük dileğimi gerçekleştirmeye karar verdi. Evimizden birkaç yüz metre ötedeki Dame de Sion'a yazdırdılar, hem de yatılı olarak! Evde el bebek, gül bebek olarak yetiştirilmiş küçük kıza rahibelerin uyguladıkları, insan sıcaklığından uzak, acımasız bir katılık taşıyan disiplin çok aykırı gelecekti. Okul hayatını o kadar özlemişken büyük bir düş kırıklığına uğradım. Geceleri o kocaman yatakhanenin bir hücreyi andıracak şekilde dört çarşafla ayrılmış bulunan bölümde daracık yatağımın soğuk çarşafları arasında nasıl büzülüp üşüdüğümü hâlâ duyabiliyorum. Hafta sonunu iple çekiyordum. Bir kış günü beni almaya gelen aşçı "Sana bir sürprizim var" demişti. Sonra anlatmaya koyuldu. Yağmurlu, soğuk bir kış gecesi en alttaki servis kapısının önünde, arkası kesilmeyen bir miyavlama sesi duymuş, bakmaya gidince, ufacık, iliklerine kadar ıslanmış, küçük bir beyaz kedi yavrusu bulmuş. Acıyarak hayvanı içeri almış. Bu tatlı, minicik arkadaşı çok sevdim. Tek arkadaşım o idi. Hafta sonları bile annemi babamı doğru dürüst göremiyordum. Bu nedenle o tarihe kadar sabırsızlıkla beklediğim Noel de unutuldu gitti... Kimse bana hediye getirmedi, kimse beni öpmedi, kimse sarılmadı...

Babamı kaybediyorum

1931 yılının Şubat ayı hafta sonunda eve gelişimde büyük bir telaşa tanık oldum. Annem salonda simsiyah elbiseler giymişti, pek çok gelen giden vardı. Kimse bana bir açıklama yapma zahmetine katlanmadı. Küçük kedimi arayıp durdum, kimse kaybolduğunun farkına varmamıştı. O gün bugün uğursuzluk getirir gerekçesi ile eve kedi almak istemiyorum. Nitekim yıllar sonra, Yavuz'u kaybettiğimiz yıl, ölümünden on beş gün önce çok sevdiğim rahmetli Seha L. Meray'ın eşi Els bana dağıtmak istediği kedi yavrularının bulunduğunu, acaba bir tanesini isteyip istemediğimi sordu. Ben de önyargılı hareket etmemek kararı ile "Olur, biz de alalım" diye cevap verdim. Böylece oğluma beyaz bir kedi yavrusu almış oldum. Bir ay kalmadan evimizin direğini yitirdik...

Çocukluğuma dönersek, evdeki telaşa ilaveten bana hafta başında "Artık okula gitmene gerek yok" denildi. Okulu sevmediğim için fazla bir üzüntü duymadım. Eski mürebbiyem Matmazel Koçaref yine bize gelmişti. Beni eskisi gibi öğlene doğru gezmeye çıkarıyordu: Soğuk, güneşli bir sabah yine Taşlık'a doğru yürümeye başlamıştık. Sokakta adını bilmediğim, şık bir hanımın bizi durdurtup, "Vah vah küçük kıza" dediğini duydum. O an kalbime bir bıçak saplandı, günlerce içimde büyüttüğüm kuşkuların bir gerçeği yansıttığını anlar gibi oldum. Babama bir şey olmuştu, artık hiç göremeyecektim. Mürebbiyemi sıkıştırdım, "Yok canım, baban her zamanki gibi yolculuğa çıktı, yine gelecek" yanıtını verdi.

Hiç ses çıkarmadım, eve gelince hemen tavan arasına tırmanıp, bütün valizlerin durduğu yere koştum: babamın bütün valizleri duruyordu! O zaman anladım: Babam dönüşü olmayan bir yolculuğa çıkmıştı...

Evde çok hareketli günler birbirini kovalıyordu, bir kısım eşya paketleniyor, diğer bir kısım ise bilmediğim yerlere taşınıyor. Anneme küsmüştüm, bir şey sormuyordum, o da benimle konuşmaktan kaçınıyordu. Kendimi yakında bu evle birlikte bilmediğim bir yere atılacak bir eşyadan farksız, bir cansız nesne olarak hissediyordum. O zamana kadar fazla önemsemediğim, az gördüğüm, az konuştuğum babamın geri gelmesini, yaşamasını istiyordum. Hayallerimin yıkılmaması için konuşmamayı yeğliyordum. İçimde çok cılız da olsa ufacık bir ümit ışığı yanmaya devam ediyordu. Bu arada İzmir'den babamın ortağı, Sabri Amcam geldi, fakat birkaç gün sonra onun sarılık tanısı ile hastaneye yattığını öğrendim. Nihayet annem kararını açıkladı: Ablamın yanına, Budapeşte'ye gidecektik. Yine de babamın akıbeti hakkında hiçbir şey söylemiyor, ben de susuyordum.

Çok daha sonraları, büyüdüğümde, o günlerin mozaiklerinin eksik taşlarını tamamlayacaktım. Babam, Atatürk'ün İzmir İktisat Kongresi'nde alınan kararlar doğrultusunda ilk Türk iş adamları grubunun üyesi olarak Avrupa piyasasında, bir kısım Türk tarım ürünleri üzerinde yabancı firmalarca konulan tekeli kırmayı amaçlamıştı. Babamın Hamburg'da açmış olduğu ihracat bürosunun faaliyetinden önce Türk fındık rekoltesine biri Alman diğeri Yunanlı ortaklarından oluşan Rickertsen/Pisani firması el koyup dünya piyasasına sunuyordu. Babam yabancıların üstlendikleri bu tekeli bozmak istiyordu. Oysa 1930 yılının yaz aylarında Rum asıllı rakibi babamı rekabet alanından uzaklaştırmak için Türkiye'deki fındık ürününü çok erken bir tarihte tümden kapatmayı başarmıştı. Babam ise aynı yılın yaz aylarında büyük çapta alivre (mahsul almadan önceki satışlar) için kesin bağlantılar yapmıştı. İş ihracat işlemlerini gerçekleştirmeye gelince, fındık fiyatlarının olağanüstü yükseldiğini fark etmiş. Elindeki sermaye ile bunları satın alamayacağını anlayınca bunalıma düşmüş. O günlerde candan bir arkadaşa ihtiyacı vardı herhalde, oysa annem yine oyun masasını yeğlemişti, sürekli kaybetmesine rağmen... Sabaha doğru eve döndüğünde babamın yatak odasından garip hırıltıların geldiğini duymuş, hemen içeri girmiş, fakat babamı derin bir uykuda bulmuş. Babam üç gün Amerikan Hastanesi'nde yaşam mücadelesi vermiş, ne yazık ki uyku ilacının dozu baskın gelmiş. Geriye bir mektup bırakmaksızın... Sabri Amcam hemen mahkemeye başvurmuş, annemin yabancı olması gerekçesiyle kendisini benimle ilgili olarak vasi tayin ettirmiş, ancak o da sarılıktan hastalanınca, bu görevinin gereklerini yerine getirememiş. Böylece annem İstanbul'da o dönemin ünlü zenginlerinden Nemlizadeler, Meserretçiler, İpekçiler'in vs. katılımı ile eşyalarının büyük bir kısmını açık artırmaya sunmuş, beraberinde sadece 48 minyatür ve bir kısım tablo ile beni alıp Avrupa'ya hareket etmeyi başarmıştı. Orient Express'in yataklısına girdikten sonra annem bana ilk defa olarak babamın öldüğünü söylediğinde, kendisine sadece "Çoktan biliyordum" karşılığını verdim. Tarih: Mart 1931, henüz on yaşına girmemiştim. Sınıra geldiğimizde kondüktör, gelen memurlara içeride kalp hastası bir yolcunun bulunduğunu bildirmişti. Annem böylece benim de tüm geleceğimi, öğrenimimi, özetle yaşamımı belirleyici bir adım atmıştı. Çocukluk dönemim bu yolculukla birlikte bir bıçak darbesi ile sona erdi. Zengin ve yalnız kız hikâyesi yerine fakir ve yalnız kız hikâyesi başlamıştı...

BUDAPEŞTE

Gençliğe doğru

Macaristan'ın başkentine ulaşınca Tuna Nehri'nin Peşte kıyısını süsleyen ünlü Corso'ya bakan Carlton Oteli'ne yerleştik. Önceleri bunun geçici olacağını sanmıştım, oysa biz, daha doğrusu annemle ablam, uzun yıllar boyunca bu oteli mesken bilecekti. Annem bir ara Venedik'te Lido'ya gidip yeşil çuhalı masada şansını denemiş. Götürülen paralar, daha sonra elden çıkarılan tablolar, minyatürler, hepsi İtalya'da kalmış, kendisi eli boş olarak ablamın yanına dönmüş. Ve o tarihten itibaren yaşam biçimimizi belirleyen ablam Martha oldu. On dört yaş büyüğümdü, çok güzel ve yetenekliydi. Viyana'da manastırda okumuştu. Latince, İngilizce, Fransızca, Almanca, Macarcayı çok iyi biliyordu. Sinemanın yeni parladığı bir dönemde senaryolar kaleme alıyor, kendisini ve bizleri geçindirmeye çalışıyordu. 1931 yılının sonbaharında beni bir çeşit yatılı okula yerleştirdiler.

Yeni bir yatılı okul

Budapeşte'nin en önemli bulvarlarından sayılan Andrasy ut'un bir yan sokağı, Bulyovsky utça 10'da bulunan Förstner İntézet'e girdim. Burası özel bir okuldu. Öğrencilerin bir kısmı mesleki lise, gimnasyum gibi farklı okullara devam ediyor, ders saatlerinden sonra okula geliyorlardı. Diğer bir kısım öğrenci ise tüm derslerini bu kurumda görevli olan öğretmenlerden alıyordu. Bana genç kızlık dönemim sırasında en etkili rol modelliğini yapan Almanca öğretmeni, Miss Hilde'yi orada buldum. Küçük adının önünde "Miss" denilmesinin nedeni kendisinin Almancadan başka İngilizce derslerini de üstlenmesi idi. Aslen Alman, hiç evlenmemiş spor seven, sarışın, enerjik bir kadındı. Annem ve ablamdan çok farklı bir kişiliğe sahipti. Disipline, kurallara, ilkelere son derece bağlıydı. Bana bire bir ders verdiği dört yıl boyunca sürekli olarak herkesin kadın-erkek farkı gözetmeksizin bir meslek sahibi olması gerektiğini söylüyordu. Her vesile ile kişinin bir kariyer sahibi olmasının getireceği büyük yararlardan söz ederdi. Öğrencilerin çoğu onu soğuk ve sevimsiz buluyordu. Okulun tüm öğrencileri farklı okullarda iken o beni her gün dersten sonra öğleyin tam bir saat Szigetvarliget Parkı'na götürüp sıkı bir yürüyüşe zorluyordu. Ona hayrandım, benimle konuşmasını istiyordum, kimseden görmediğim sevgi, şefkati arıyordum. Fakat Miss Hilde kısacık saçları, mavi gözleri, spor kılığı ile benim gibi bir "ufaklıkla" ne diye uğraşsın, o düşüncelerine dalıp sporunu yapıyordu, ben de adımlarımı sıklaştırmak suretiyle gerçekleşmeyen ümitler peşinde koşuyordum. Çok uzun zaman sonra onun çağın en korkunç diktatörlerinden, Adolf Hitler'e hayran olduğunu ve Budapeşte'de gizli bir şekilde Nazi partisinin kadın kolunu kurduğunu öğrenecektim: Fakat on bir yaşında bir kız çocuğu olarak bütün bunlardan habersizdim. Daha doğrusu tümden habersiz sayılmazdım, çünkü annem Hitler'e inanılmaz derecede kin besliyordu. Pazarları ya da tatilde söz Hitler'e geldiğinde "Onun öldüğünü haber aldığım an, sevincimden sokakta gecelikle dans edeceğim" derdi. Ne yazık ki o, Hitler'in akıbetini öğrenemeden bu dünyadan göçtü. İkinci Dünya Savaşı'nın en azgın yılı, 1942'de, kısa süren bir felç sonucu yaşamını yitirmiş. O yıllarda, artık Türkiye'de yaşadığım için bu haberi ancak nice aylardan sonra kara çerçeveli bir mektup aracılığı ile öğrenecektim.

Förstner Okulu'nda tüm derslerimi tek başıma Alman dilinde Miss Hilde'nin rehberliğinde yapıyordum. Bu tarz bir öğrenimi hâlâ Oxford ve Cambridge'de uygulanan "tutor" sistemine benzetmek mümkün, şu kadar ki o ünlü üniversitelerde farklı bilim adamlarının konferansları da verilmektedir. Ödevlerimi yapmamak söz konusu değildi. Her gün dokuzda Miss Hilde'nin karşısına geçip çalışmalarımı sunmam gerekiyordu. Bu arada İngilizce derslerine de başlamıştım, böylece Almanca ve Fransızcadan sonra üçüncü bir dilin yapısını, kelimelerin söyleniş tarzını öğreniyordum. Aslında bu saptama da doğru değil, çünkü aynı zaman kesiti içinde dördüncü bir dili de pratik yoldan edindim. Öğleden sonra okullarından dönen arkadaşlarımla sohbet etmek, oyun oynamak, şakalaşabilmek için benim çok kısa bir süre içinde Macarcayı da öğrenmem gerekmişti.

Dersler arasında en çok tarih, coğrafya ve biyolojiyi seviyordum, matematik ve gramerle başım hoş değildi. Yatılı okulumuz küçük bir villadan oluşmakla birlikte spor ve sanat olayları açısından çok yönlü katılım olanakları sunuyordu. Okula çok yakın bulunan Güzel Sanatlar Müzesi'ne gitmeye bayılıyordum. Macarlar özgün sanat yapıları koleksiyonlarının yanı sıra Batı Avrupa'nın belli başlı müzelerinin tablolarının kopyalarını da yaptırmışlardı. Perşembe öğleden sonra gençlere özgü rehberli turlar yapılıyordu. Sanat rehberinin açıklamalarını dikkatle izliyordum. Rubens'in ten neşelerini çağrıştıran pastel renkleri ile yaşam deneylerinin gizini gölge ve ışık tezadında arayan Rembrandt'ın koyu kahve –sepya– renklerini arkadaşlarıma anlattığım gün çok mutluydum. Operaya da giderdik. Ne var ki daha büyük kızları, örneğin Verdi'nin yapıtlarına götürürlerken, küçüklere ancak Lehar'ın *Tebessümler Diyarı* ya da Humperdinck'in *Hansel ve Gretel*'i uygun görülüyordu. Olsun, gecenin sekizinde, balkonun üst galerisinden de olsa, şık giyinmiş kadın ve erkek seyircileri izlerken yetişkinlerin yaşamının bir parçasını paylaşmaktan mutluluk duyuyor, müziğin, sanatın toplum hayatındaki önemli yerini anlamaya başlıyordum. Hele balelere bayılırdım, özellikle yılbaşı sırasında temsil edilen Tschaikovski'nin *Fındıkkıran Süiti* ile Saint-Saens'ın *Hayvanlar Karnavalı*'nı her yıl eksilmeyen heyecan ve zevkle seyrederdim, içimden "Ben de balerin olabilsem" isteği geçerdi.

Yürüyüş dışında yaz başı ve sonbaharda Budapeşte'de günümüze dek zengin spor tesisleri ve kafeleri ile çeşitli serbest zaman faaliyeti olanakları sunan Margareth Adası'nın kapalı yüzme havuzuna da giderdik. Lastik bone giymek, önce duş yapmak şarttı, sonra gelsin balıklama dalma ve yüzme yarışları. Kışın havalar iyice soğuduğunda günlük yürüyüşler yerine okula yakın parkın göletlinde kurulan buz pateni alanında kaymaya giderdik. Neşeli bir müzik eşliğinde kimi yalnız, kimi bir arkadaş, bir kavalye ile tur atıyordu. Fonda karanlık gökyüzüne karşı tiyatro kulisini andıran bir siluet çizen Hunyadi şatosu, özellikle kışın erkenden çöken akşam karanlığı nedeniyle, nefis bir çerçeve oluşturuyordu. Günümüz TV programlarında izlediğimiz göz kamaştıran paten kıyafetlerinin eseri bile bulunmazken, o dönemin genç paten ustaları yine de zarif klasik, kısa giysiler içinde karmaşık figürler çiziyor, piruetler yapıyorlardı. Onlara öykünen çocuklardan biri de bendim. Usanmadan, bıkmadan, düşe kalka, gösterilerde gördüğüm biçimde sekizler ve "S" harflerini çizmeye çalışırdım. Yurda dönünce çok kez her tarafımın bu düşüşler nedeni ile mosmor olduğunu fark ederdim, yine de yılmıyordum. Amacım kendimi kanıtlamaktı... Cumartesi günü öğleden sonra dans dersleri vardı. Taş plakların çalındığı gramofon müziğinin eşliğinde, dans öğretmenimizin buyruğu doğrultusunda tangolar, fokstrotlar ve valsler yapmaya çalışıyorduk. Kiminle mi? Aynı semtte bulunan yatılı bir erkek okulundan yaşımıza denk düşen kavalyeler davet ediliyordu. Okulun en heyecanlı günlerinden biri ise 6 Aralık'tı. O gün Macaristan'da, doğum yeri ülkemizin güney kıyılarında Demre olduğu anlaşılan Aziz Nicholas'ın doğum günü büyük gösterilerle kutlanıyordu. Bu gelenek herhalde günümüze dek sürmektedir... Ne var ki bu azizin doğum gününde diğer Batılı ülkelerden farklı olarak Noel Baba kılığında evleri ziyaret eden sakallı, kırmızı elbiseli sevecen yüzlü ihtiyar dedenin yanında elinde çalı süpürgesi bulunan simsiyah, boynuzlu bir şeytan da bulunurdu. Adı "Krampus"tu. Mephisto'yu andıran bu korkunç yüzlü, sevimsiz ziyaretçinin görevi her birimizin yaramazlıkları ile suçlarını sıralamaktı. Noel Baba ise her birimizin "hal ve gidişine" göre takdir yetkisini kullanıp hediyelerini dağıtırdı.

Hafta sonları, tatiller

Benim için en sorunlu ve hüzünlü gün cumartesi akşamları olurdu. Herkes güzel eğlenceli bir günden sonra anne babası ile evlerine giderdi. İzin pazar akşamına kadardı. Fakat ben gidemezdim, ablamla annem otelde tek bir odayı işgal ettikleri için beni genellikle ancak pazar günü öğle yemeğinden sonra birkaç saatliğine alırlardı. Bazı hafta sonları hiç kimse gelmezdi, ben de kederimden boş bir dolabın içine girip saatlerce ağlardım. Biraz daha büyüdüğümde kendi başıma çıkmaya başladım. Her hafta hangi saatte beni beklediklerini telefonla bildirirlerdi. Haber yine "Pazar yemekten sonra" olunca, kalbime bir bıçak saplanır gibi bir acı duyardım, demek tüm hasretimi, iki üç saatte giderecektim.

Yılbaşında okul tatil olunca nihayet birkaç günlüğüne annemin yanına gitme izni çıkardı. Otelde, daracık, ufacık kanepemsi bir yerde yatmam gerekiyordu, olsun, ben her şeye razıydım. Carlton Oteli araçlara kapalı, her mevsimde Budapeştelilerin piyasa yaptıkları Corso denilen bir rıhtım üzerinde bulunuyordu. Corso'da gezinirken bir yandan Tuna'nın ağır akışını, öte yandan Buda'nın tepelerinde yükselen kral sarayını seyretmek çok hoştu. Corso'nun ortasında "Hangli" isimli bir kahve vardı. Güzel havalarda bahçede, kışın kapalı yerinde annemle ablam ve onların tanıdığı bazı yaşlı ahbapları ile orada vakit geçirirlerdi. Ben de bu arada çeşitli gazete ve dergileri okuma fırsatını buluyor, ablama hediye edilen "Toto" isimli pekinua köpeğimizi gezdiriyordum. Carlton'daki odamız Tuna Nehri'ne değil, arkadaki caddeye bakıyordu, numarası 220 idi. Noel sırasında çok yakınında bulunan ünlü Vàczi Utca'nın vitrinleri göz alıcı eşyalarla süslenirdi, onları keyifle izlerdim. Arada bir beni de Vörösmarty meydanında bulunan ünlü "Zserbò" pastanesine götürürlerdi. Odamızda minnacık bir radyo vardı, onun yardımı ile annem ve ablamla oyun oyardım. Çalınan aryanın hangi operada geçtiğini ya da müziğin hangi bestecinin eseri olduğunu bildiğimde bir puan kazanırdım. Puanlarım yirmiyi bulunca, çok istediğim bir dergi ya da kitap alınırdı bana. Ablam hayvanlara çok düşkündü. Okul yıllarım sırasında ardı ardına iki köpek almıştı. Birincisi beyaz bir Sealham terrier idi. Kötü bir talih sonucu trafik kazasına kurban gitti. Birkaç ay sonra bir Paris yolculuğu dönüşü ablam "Toto" adlı sevimli bir pekinua ile dönmüştü. Ancak onun da garip bir yazgısı vardı. Bilindiği üzere pekinua köpeklerinin gözleri patlak ve dışarı fırlaktır. Bir dolaşma sırasında Toto ablam fark etmeden azgın bir köpeğin saldırısına maruz kalıp, gözünün birini yitirmiş. Gerçi Toto derhal ameliyata alınmış, fakat gençliğine rağmen kusursuz güzelliğini yitirip "sakat"lar kategorisine girmişti.

Toto benim en yakın arkadaşım, sırdaşımdı! Sevinç ve üzüntülerimi önce onunla paylaşırdım. Onun anısı beni hiç terk etmedi. 98 yaşıma girdiğimde keza Çin kaynaklı bir shitzu köpek yavrusu evimize girdi. Ona da "Toto" adını verdik! Yakın davranışları ile beni güldürüyor.

Yılbaşı yaklaşınca odamıza minnacık bir Noel ağacı konulurdu. Ufacıktı, masamızın üstünde dururdu, yine de beni sevindiren bir simgeydi. Aculluğum yüzünden üst üstte iki Noel gecesini büyük bir telaşla geçirdik. Macarlar geleneksel olarak Noel gecesi sazan balığı yerler. O gece yine annem ve ablamla otelin lokantasında oturup yemek yiyorduk. Annemin "Nermerl, kılçıklara dikkat et" demesine kalmadı, telaşla kocaman bir kılçık yutmuş bulundum, boğulmak üzereydim. Ablam beni hemen Kosuth Lajos bulvarındaki Rokus hastanesine götürdü. Noel gecesi, tüm doktorlar izinli, koğuşlarda sadece ölgün birer mum ışığı yanıyor, doktorların hiçbiri yok, neyse ki genç nöbetçi bir stajyer kocaman bir pensle boğazımdaki kılçığı çıkarttı. Derken bir yıl geçti, aynı gece, aynı sözler ve acul Nermin yine aynı akıbete uğradı! Sonra... sonra artık Noel gecesi balık bir daha sofraya gelmedi.

Akşam yemeği bitince odaya çıktığımızda radyodan Noel ezgileri dinlerdim. On ikiye on kala yakındaki kiliselerin çanları ağır ağır çalmaya başlardı. O zaman penceremizi ardına kadar açar, dondurucu soğuğa rağmen sokakta telaşla gece yarısı Noel ayinine koşan insanları izlerdim. Radyodan "Yeryüzündeki insanlar barış içinde yaşasın" dileği duyulurdu. Olaylar bu dileğin ne kadar yapay, ne kadar aldatıcı olduğunu sayısız vesilelerle ispatlayacaktı. Neler uğruna silaha sarılmadı ki insanlık, iktidar tutkunları, para hırslıları... Gerçi o sıralarda savaşın vahşetini ne yaşamış ne de görsel araçlar yardımıyla görmüştüm. Yine de belleğimde Erich Maria Remarque'ın *Batı Cephesinde Yeni Bir Şey Yok* adlı romanının sahneleri canlanıyordu. İnsanların birbirlerini öldürülmelerinin doğru olacağına oldum olası inanasım gelmedi.

Yabancı basında Türkiye'nin imgesi

Evet, bu yıllarda Türkçe henüz konuşamıyordum, fakat Türkiye hep aklımda idi. Neden mi? Annemle birlikte İstanbul'u terk ettikten sonra babamdan kalan firmaya Sabri Amcam ortağı sıfatıyla el koymuş, babamın tek vârisi olduğum halde beni dışlayarak işlerini sürdürmeyi başarmıştı. Artık fındıkla uğraşmıyor, sadece Ege'nin ünlü ürünleri, kuru üzüm ve incir ihraç ediyordu. Yılda birkaç kez, üzümlerin kurutulması sırasında gerekli olan potasyumu Macaristan'da ısmarlamak üzere Budapeşte'ye gelir ve beni görmek isterdi. Fakat benliğimde Türkiye'yi canlı tutan amcamın seyrek yoklamaları değildi. Ülkeme karşı ilgimi, merakımı kamçılayan, o yıllarda Almanca, Fransızca dergi ve gazetelerde çağdaş Türkiye ve onun mimarı Atatürk hakkında çıkan yazılardı. Bunları annem ve ablamla birlikte kahvelere götürüldüğüm zaman okuyordum. Evet, benim koparılıp uzaklaştırıldığım ülkede çok heyecan verici, övülecek hamlelerin, atılımların yapıldığını göğsüm kabararak okuyordum. Tüm okullar, kız erkek çocukları için parasız kılınmış, kadınlara yeni haklar tanınmış (demek bir kısım Türk kadınları halam gibi baş örtülü ya da babaannem gibi çarşaflı gezmeyecek). Türkiye küllenmiş bir ateş ortasında Phoenix kuşu gibi yeniden dirilmiş, yeni demiryolları döşenmiş, fabrikalar yapılmış. Okulda her sorana her zaman "Türk" olduğumu söylerdim. Bu konuda Miss Hilde'den de çok destek görüyordum. Bana milliyetçiliğin gurur verici, kişiyi güçlü kılan bir düşünce olduğunu telkin ederdi. Bu sözleri kabul etmekle beraber daha o sıralarda güçlenmeye başlayan Yahudi aleyhtarlığının insanlar arasında olması gereken eşitliği bozan, çok olumsuz bir düşünce olduğunu keşfetmekte gecikmedim. Ne garip, insan çok kez beğendiği, sevdiği bir insanın savunduğu fikirleri benimsememekle beraber onu yine de beğenmeye devam ediyor. Acaba bu hoşgörü mü yoksa tutarlı düşünmekten kaçmak mı?

Yaz tatillerinde üç dört haftalığına Buda'nın çiçekli bahçelerin süslediği villalar arasında yaz kursları düzenleyen kamplara, bir keresinde ise Macarların tek geniş su alanını oluşturan Balaton gölünün kıyısına gönderildim. Bu kısa tatillerde sürekli arkadaşlıklar kuramıyor, yalnızlığımı daha yoğun biçimde yaşıyordum. Hoş, Förstner okulunda da unutamadığım, yakın bir fikir birliği içinde bulunduğum arkadaşım yoktu. Beni o yıllarda en çok etkileyen boy ölçüşme fırsatı veren Miss Hilde'nin çelik iradeli kişiliği, ödün vermez tavırları idi. Örneğin öğle yemeğinden sonra hepimizi sıraya dizer, salonun köşesinde duran tahta sopalarla on kere odayı tur atmamızı isterdi. Bu hareketler çok sonra sırtımın dik durmasını sağlayacaktı.

O sıralara geriye baktığımda sanki ilk çocukluğum üzerine bir daha açılmasına imkân olmayan bir demir kapı örtülmüş. Çocukluk yılları benim için kaygısızlık yılları sayılıyordu, her şeyin alınabildiği, yapılabildiği, sınırsız olanakların zamanını temsil ediyorlardı. Bir çeşit kişisel altın dönem yılları sayılıyordu. Oysa Budapeşte'ye ayak bastığım andan başlayarak para, fiyatlar, neyin alınabileceği, neyin özlemini dahi duymamam gerektiğini anlamak zorunda bırakıldım. Kısacası varlıktan yoksulluğa geçişim ani ve sert oldu. Toplumda belli sınıfların bulunduğunu fark etmekte gecikmedim. Ablamın özverili desteği giderek erimeye başladı. Artık Förstner okuluna devam bile katlanılmaz bir masraf kapısı olmuştu. Bereket versin her ders yılı sonunda Miss Hilde'nin isabetli girişimi yardımı ile Alman hükümetinin Budapeşte'deki resmi lisesinin yolunu tutup dışarıdan sınava giriyordum. Böylece öğrenimimi özel yapmakla beraber yine de düzenli olarak sınıf geçtiğimi belgeleyebiliyordum.

Alman ortaokuluna devam

1935-36 ders yılı yaklaşıyor, ailemizin ekonomik durumu giderek zayıflıyordu. Bereket ablamın kaleme aldığı bir film senaryosu kabul edilmişti. O sayede Buda'da, ünlü Zincirli köprüye bakan, Fö utça No.2'de bulunan çok sevimli, iki odalı, mobilyalı bir daireye taşınabildik. Böylece yıllardan beri ilk defa tekrar bir yuvamız oldu. Kocaman, açık sarı renkli fayans kaplı, bir odun sobamız vardı, annem o sobaya ayakta yaslanmaktan çok hoşlanmıştı. Hayatımda ilk defa en büyük dileğim gerçekleşmişti: normal bir okula devam etmek! Artık Förstner özel okulunu bırakıp annemlere taşındım. Alman lisesinin ortaokul kısmı son sınıfına gündüzlü öğrenci olarak gitmeye başladım.

Karma sınıfıma hemen ısındım. İlk defa erkek çocuklarla boy ölçüşme fırsatı doğmuştu. Okulda tüm dersler Alman dilinde okutuluyordu, ayrıca zorunlu olarak Macar edebiyatı dersi vardı, yabancı dil olarak ise İngilizce. Macar edebiyat öğretmenimiz sınıfa araştırmaya dayalı yazılı bir ödev vermişti. Konu, vaktiyle Türklerin kale kurdukları, sonra Avusturya-Macaristan İmparatorluğu döneminde kral sarayının bulunduğu tepenin toprak kayması tehlikesi ile karşı karşıya kalıp kalmadığını araştırmak. Evimiz Buda kıyısında, Tuna nehrine en hâkim tepenin hemen dibinde bulunduğu için bir öğleden sonra bir gazeteci gibi söz konusu semti yayan incelemeye çıktım. Tepenin altından kocaman bir tünel geçiyordu. O karanlık dehlizi aştıktan sonra herhalde Türklerden kalma olsa gerek "Rozsadomb" yani "Gültepe"ye geldim. Buraları zengin kentsoyluların villalarının bulunduğu bir yerdi. Serpentin gibi yılankavi dolanan asfaltı yürüye yürüye kral sarayına ulaştım. O sıralarda, Birinci Dünya Savaşı'nı izleyen yıllarda Macaristan'ı faşist bir ideolojinin uygulayıcısı olarak Amiral Horthy yönetiyordu. Denizi olmayan bir ülkede, bu nedenle uydurma bir filonun başkanı gibi görünen bu uydurma kral vekili kendine mesken olarak kral sarayını seçmişti. Bu sarayın birkaç yüz metre ötesinde Budapeşte'nin simgesi, "Balıkçılar Kalesi", Macaristan devletinin kurucusu sayılan Atilla'nın heykeli ve bütün Macar krallarının taç giydikleri Mathias Kilisesi bulunmaktadır. Atilla'nın heykeline baktım, içimden "demek atalarım buralara kadar uzandı" diye geçirdim. Daha sonra üç yüz yıllık Osmanlı egemenliğinin kalıntısı olan "Gül Baba" türbesini ziyaret ederek resmi makamların iddia ettikleri heyelan olayına ilişkin somut belirtiler, kanıtlar aradım. Gerçi bazı geniş caddelerde büyük çatlaklar göze çarpıyordu, fakat bunlar bende durumun ciddi bir tehlike olduğu izlenimini uyandırmadı. Eve dönüp yazmaya koyuldum. Macarca benim ayak üstü, akranlarımla sohbet sırasında edindiğim bir dildi. Kompozisyonumla sınıf birincisi seçilince nefsime olan güvenim iyice arttı. Öğretmenimden ödül olarak ünlü bir Macar yazarın eseri *Buğdaylar Olgunlaşırken* adlı, lacivert kaplı bir kitap aldım. Bu olay sınıftaki itibarımı yükseltti.

Derste ırkçılık

Okulda hem çocuklarla olan temasımdan hem de öğretmenlerin farklı ders verişlerinden çağın baskın ideolojisi sayılan Nazizmin nasıl yaygınlaştığına tanık oldum. Başka bir deyimle o tarihe kadar ancak gazetelerden izlediğim fikir tartışmasını bu kez yaşayarak gözlemleme fırsatını buldum. Coğrafya öğretmenimiz anlaşılan hızlı bir Hitler hayranı idi. Dünyadaki belli başlı bölgeleri anlatırken, söz Ortadoğu'ya geldi. Filistin'den bahsederken bu topraklara Avrupalı Yahudilerin göz koyduklarını, Siyonizm doktrini ile oraları ele geçirmek istediklerini anlattı. Sonra Semitik ve Aryan ırklardan bahsedip, ön sırada oturan iki erkek çocuğunu ani bir hareketle saçlarından tutup bize örnek olarak göstermeye kalktı.

Oğlanlardan biri zayıf, nahif, esmer, kıvırcık saçlı, Akdenizlileri andıran bir tipti. "İşte" dedi, "bu arkadaşınız Semitik ırkının tüm özelliklerini yansıtıyor, burnuna, saçına bakınız!" Sonra seçtiği ikinci öğrenciye işaretle "Bu da Aryan ırkının tüm üstünlüklerini taşıyor, gözleri mavi, saçları sarı, boyu uzun, vücut yapısı ahenkli" diye ekledi. Sınıfta aniden inanılmaz şiddette bir gülme koptu. Meğer öğretmenin seçtiği her iki arkadaş da Yahudi imiş! Öğretmenimiz gülüşümüzün nedenini anlamadı, bunu Aryanlar lehine bir sevinç gösterisi saydı. İçim burkulmuştu, hayatta her gün rastladığım eşitsizliklere, demek ırkçılık da eklenecekti. Oysa ben bütün insanların eşit olarak dünyaya geldiklerini, dünya nimetlerinden eşit pay almaya hakları olduğuna inanmak istiyordum. Annemin neden Hitler'den böylesine nefret ettiğini daha iyi anlamaya başladım.

Okulda atletizm çalışmaları oluyordu, arkadaşlarla birlikte daha fazla vakit geçirebilmek için ben de takım çalışmalarına katılmaya başladım. Derken güçlü bir kış, şiddetli soğuklar, ağır bir öksürük, doktorun teşhisi: bronşitle birlikte kalp adale iltihabı. Evde ablamın yatağında yatıyorum, şımartılıyorum, ilk defa annemin bana sahanda tereyağlı yumurta yaptığına şahit oldum, alışık olmadığım bir şefkatle bakılıyorum. Okumalarıma da fazla karışmıyorlar. O sırada Dostoyevski'nin *Suç ve Ceza*'sını okuyorum. Bu mutsuz yazarın yarattığı kahraman şımartılıyorum neden yaşlı fakir kadını öldürdüğüne aklım yatmıyor. Çok uzun yıllar sonra aynı yapıtı tekrar okuduğumda, insanın her yaş döneminde bir edebi yapıtın farklı yönleri üzerinde durduğunu anlıyorum. Günümüzde edebi yapıtları "yapı bozum – deconstraction" yöntemi ile yeniden anlamlandırmaya çalışanlar bir bakıma aynı şeyi yapmıyorlar mı?

Sınıfta matematik dışında oldukça başarılı bir öğrenci sayılıyordum. Ne var ki ekonomik durumumuz aniden baş aşağı gidiyor. Çok sevdiğim mobilyalı daireden çıkıp, Peşte'nin merkezinde bulunan bir pansiyona taşınmak zorunda kalıyoruz. Önümüzdeki yılın okul parasını ödeyemeyecek bir durumda olduğumuzu söylüyor annem. Bu arada ablamla da sürekli tartışıyorlardı, sevdiğim bu iki insanı kaybetmekten korkuyor, gecelerimi içimde yoğun bir güvensizlik kaplıyordu. Okula devam edememek, bana korkunç, katlanılamaz bir durum gibi geliyordu. Yeni bilgiler edinebilmek için gece gündüz kafamı yoruyor, bir mucizenin olması için hep dua ediyorum. Kafamda annemlerin beni daktilo kursuna göndermek projesini uygulatmamak için çok cüretli bir plan oluşturuyorum. Madem ki Atatürk Türkiye'sinde herkes için öğrenim ücretsizdir, okulların kapıları açıktır ve ben Türk vatandaşı sayılıyorum, o halde tahsilimi sürdürmek için tek çıkar yol Türkiye'ye dönmektir. Yaşım on dört, henüz ergin olmadığıma göre tek başıma karar veremiyorum. Olsun, önce anneme, ablama danışacağım, bakalım onlar ne diyecek... Annemin yanıtı kısa ve özlü oldu: babanın firmasını kendi mülkiyetine geçirmiş olan Sabri Amcana yaz, senin buradaki öğrenim masrafını üstlensin, oraya gidip ne yapacaksın... Dediğini yaptım, her gün postacının yolunu gözlemeye başladım. O kadar ki taşındığımız pansiyonun sokağa açılan penceresinden ayrılmayıp, postacının geliş saatlerini beklemeye koyuldum. Günler geçiyor, yaz bitiyor, okullar açılmak üzere, hiçbir haber yok... Bazen o kadar yeise kapılıyorum ki tek teselliyi yakınımızdaki bir kilisede dua etmede buluyorum. Tanrı tek olduğuna göre yer önemli sayılmaz. Fakat mektup bir türlü gelmiyor...

Türkiye'ye gitme kararım

Günün birinde tüm cesaretimi toplayarak eski okulumun yakınında, başkentin en görkemli bulvarı olan Andrasy Ut üzerindeki Türkiye Büyükelçiliği'ne gidip, kapıcıya büyükelçiyi görmek istediğimi söyledim. Bu dileğimi tabii Türkçe olarak ifade edemedim. Görevli isteğimi üst katta iletti, on dört yaşındaki genç kıza sihirli kapılar açıldı! Sonradan büyükelçinin Atatürk'ün yakın arkadaşı Behiç Erkin olduğunu öğrendim. Kendisi İkinci Dünya Savaşı sırasında Paris büyükelçisi sıfatıyla yirmi bini aşkın Musevi'ye T.C. pasaportu sağlamak suretiyle onların canını kurtarmıştır. Ayrıca Paris Büyükelçiliği'ne bağlı olan Lyon ve Marsilya başkonsolosluklarına da aynı yardımı sağlamalarını emretmiştir. Böylece Türkiye'de yerleşmiş olan yetmiş bin küsur Musevi'nin canı kurtarılmıştır.

Büyükelçi benim kimin kızı olduğumu biliyormuş, çünkü Sabri Amcam her Budapeşte'ye gelişinde büyükelçiliğe ziyaretini yapmakta kusur etmiyormuş. Salona girdikten sonra büyükelçiye dileğimi hangi dilde anlatmam gerektiğini sordum: "Almanca mı yoksa Fransızca mı?" Derdimi Fransızca olarak ifade etmemi istedi. Sonra Atatürk'ün Türkiye'sinde okumak için sabırsızlanan küçük kızın arzusunu ciddiyetle dinledi, zile basıp bazı emirler verdi, bana da üç gün sonra gelmemi söyledi. Tekrar gittiğimde elime yurda girişi mümkün kılan bir göçmen pasaportu, üçüncü mevki bir tren bileti ve üç gün sürecek yolculuk boyunca yemek için kullanabileceğim, vagon-restoranda geçerli kuponlar verdi. Biletin tarihi 5 Kasım 1936'yı gösteriyordu. Bu işlemlerin hiçbirinden annemle ablamın haberi yoktu... Karşılarına çıktığımda, yaptığım girişimleri anlattım, onları ikna etmek için amcama gidip öğrenimimi sürdürebilmem için kendisinden gereken parayı isteyip döneceğimi söyledim. Önce olmaz dediler, sonra gerekçemi makul buldular. Böylece dilini bilmediğim anayurda dönüş hazırlığım başladı...

Büyükelçi Behiç Erkin

Uzun yıllardan sonra beni Türkiye'ye yollayan diplomatın kim olduğunu öğrendim. Dönemin unvanını taşıyan miralay Behiç Erkin hem Birinci Dünya Savaşı'nda özellikle Çanakkale, sonra Kurtuluş Savaşı süresince insan ve malzeme sevkiyatında lojistik harikalar yaratmış ünlü bir ailenin üyesidir. 1876'da doğan, Atatürk'le Harbiye'de tanışan, Cumhuriyetin ilk yıllarında demiryollarını millileştiren, Bayındırlık Bakanlığı yapan, Mühendis Mektebinin öğretim programının Türkçe yapılmasını sağlayan, özerkliği savunmak suretiyle ileriki İstanbul Teknik Üniversitesi'nin temelini atan odur. 1928'den itibaren diplomasi alanında görev alan, on bir yıl Budapeşte'de büyükelçi olarak görev yaptıktan sonra Paris Büyükelçiliği'ne geçen, İkinci Dünya Savaşı sırasında o dönemde görülmemiş bir insanlık aşkı ile Paris'e yerleşmiş olan Türk Yahudi'si, toplam 20.000'i aşkın Yahudi'ye Türk pasaportu, bu kalabalık gruba kimlik ve işletme belgesi sağlayarak başta Auschwitz olmak üzere Nazilerin ölüm kapılarına gönderilmelerini önlemiş bir kahramandır. 1961'de ölen Behiç Erkin'in tek dileği çok emek verdiği demiryollarının Eskişehir'deki tren makasının ortasında gömülmektir. Bu dileği yerine getirilmiştir. Torunu Emir Kıvırcık yıllar süren titiz bir araştırma sonucu olarak *Büyükelçi* adlı bir kitap ile dedesinin tam 61 yıl boyunca tuttuğu günlüklerini *Cepheye Giden Yol* adlı incelemesinde bizlere aktarmıştır. Bütün bu bilgileri öğrendiğimde ne kadar şanslı olduğumu bir kere daha anladım. Birleşmiş Milletler'ce oybirliği ile ilk soykırımın gerçek tanığı olarak Behiç Bey'in yaptığı çalışmanın çapı karşısında tarihçilerimize ne kadar önemli görevler düştüğünü düşündüm...

Erkin kuşkusuz dönemin faşizmine karşı amansız şekilde savaşan önemli bir kahramandır...

Orient Express'le yolculuk

Tarih, 5 Kasım 1936. Yine ünlü Orient Express'e binecektim, ancak vaktiyle geldiğim tertemiz yataklı kısmına değil, tahta sıralı üçüncü mevkide altı kişilik bir kompartımanına. Hareket günü heyecanlıydım, Budapeşte'nin doğu yönünde bulunan Keleti garına girdiğimde kalbim sıkışacak gibi oldu, fakat sonra gençliğin verdiği umursamazlıkla bu işin üstesinden gelebileceğimi ve çok geçmeden tekrar sevgili okuluma kavuşabileceğimi sanıyordum. Trenin penceresinden annemle ablama el sallarken, annemi bir daha hayatımda hiç göremeyeceğimi, ablama ise ancak yirmi yıl sonra kavuşabileceğimi aklımdan bile geçirmedim. Annemim İkinci Dünya Savaşı'nın üçüncü yılının kışında kısa süren bir hastalıktan sonra, 60 yaşını tamamlamadan bu dünyayı terk ettiğini, araya giren savaşın kanlı dönemleri yüzünden ve postaların aksaması nedeniyle çok sonra öğrenecektim. Biricik üvey ablam Martha'nın izini ise baskıcı bir komünist rejim yüzünden ancak 1950'lerin ilk yarısında bulacak, yıllar süren mektuplaşmalardan sonra birbirimizi yeniden görmemiz için tam yirmi yıl bekleyecektim. İnsan kaderin kendisine ne tür ağlar dokuduğunu nereden bilsin?

Büyük bir tutku ile beslediğim yeniden okula devam etme hayalinin çekiciliği ile yorucu, bilinmeyenlerle dolu bir yolculuğa çıktığımda ilk gençliğimin ikinci bölümünün sahifelerini kapattığımı tahmin edemezdim.

Tren hareket etti, ilk gün nispeten kolay geçti, tren Belgrad'a girdiğinde azıcık hava almak için perona indim, sonra yemeğimi keyifle vagon-restoranda yedim. Kompartımandaki yolcularla pek sohbet edemiyordum, fakat herkes bana karşı anlayışla hareket ediyordu. Belgrad'dan sonra müthiş uyku bastı. Kompartımanda bulunan yaşlı, sempatik yüzlü bir Bulgar –ellerine bakarak bahçıvan ya da çiftçi olduğunu tahmin ediyorum– bankete uzanabilmem için bir düzenleme yaptı, sanki torunuymuşum gibi beni koruyordu. Ertesi gün Sofya'ya geldik. Tren uzunca bir ara verdi, gençliğin verdiği umursamazlıkla kenti azıcık dolaşmaya çıktım, dikkatimi kral sarayının önündeki kısa etekli nöbetçi askerler çekmişti. Doğrusu bugün düşündüğümde fütursuzluğuma şaşıp kalıyorum. Epey dolaştıktan sonra yeniden gara döndüm, nasılsa treni kaçırmamışım, tahta kanepeme yeniden kurulabildim. Türk sınırına doğru yol aldıkça heyecanım giderek artıyordu. Gece yarısını geçiyordu, tren durdu, dışarı baktığımda çok zayıf, ölgün bir ışıkla aydınlatılmış küçücük bir istasyon binası fark edebildim. Pasaport memurları geldi, elimdeki göçmen belgesi ile birlikte sunduğum pasaportu evirip çevirdiler, benimle Türkçe iletişim kurmaya çalıştılar, fakat ne yazık ki ben sordukları hiçbir soruya cevap veremedim. Memurlar birbirini izliyordu, meraklılar trenin bir türlü hareket etmemesine bir anlam veremedikleri için benim vagonumun önünde toplanmaya başladılar. Acaba on beş yaşındaki kızın gizli bir casus olabileceğinden mi kuşkulandılar? O dönemde henüz "gomünistler", daha sonra "teröristler" Balkanlara gelmemişlerdi... Nihayet bir düdük sesi duyuldu ve tren ağır ağır kalktı. Sabah ışıkları ile birlikte Trakya'nın uçsuz bucaksız topraklarına bakıyorum. Kasım başı olduğundan henüz kar basmamış. İçimden "Geldim, babamın ülkesine geldim!" diyorum. O baba ki sağlığında çok seyrek görebildiğim bir insandı...

Yeniden İstanbul

Nihayet İstanbul'un varoşları belirdi. Yedikule zindanları, surlar. Surların kalın duvarlarını yalayarak Sirkeci'ye giriyoruz, yabancısı olmadığım bir yer, beş yıl önce buradan hareket etmiştik. Gar binası İstanbul'un bugün de çehresini ve işlevini yitirmemiş nadir güzel yapılarından biri. Tren durunca yanımdaki orta boy bavulumu bir hamala veriyorum, Budapeşte'de elime verilen ve üzeri "İstanbul-Sirkeci Garı, Emniyet Müdürü" yazısını taşıyan zarfı birisine gösteriyorum. Çok geçmeden gar emniyet müdürlüğü odasındayım. Fransızca bilen müdür bana bir polisin refakatinde İzmir'e gidecek vapura bindirileceğimi anlatıyor. Polisle gardan çıkıyoruz. Yeni Cami'nin önünde insanlar kaynıyor, kimisi güvercinlere yem atıyor, kimisi işportacılık yapıyor, simit satanlar, sırtlarında yük taşıyanlar, su, ayran satanlar. Bakıyorum karmakarışık bir kalabalık, telaşla koşuşturuyor. Köprü, evet bunca yıl cefa çekmiş, son yıllarda yerini yenisine bırakmış olan vefalı Galata Köprüsü'ne çıkıyoruz. Bir zamanlar bu köprünün her iki tarafında bilet gişeleri bulunurdu. Artık onlar kalkmış, İstanbul'un her geleni bir kez daha cezbeden, büyüleyen, dünyada eşi bulunmayan siluetine bakıyorum. Üç günlük uzun tren yolculuğunun yorgunluğu uçup gitmiş. Camiler, Galata Kulesi, Kadıköy ve Adalar'a yollanan yolcu gemileri, ekmek içinde balık satan kayıkçılar, köprüyü sarsarak geçen tramvaylar, her şey ilgimi çekiyor: Ziraat Bankası'nın hizasında demirli duran, güzel bir gemiye doğru yöneliyoruz. Adı *Kadeş*. Polis beni kaptanlardan birine emanet ediyor, valizimi de yere bıraktırıyor. Kaptan geceyi salonda geçirebileceğimi, yemekte ise misafiri olacağımı kıt bir Fransızca ile açıklıyor. Gemi saat üçe doğru demir alıyor. Masmavi bir deniz, Marmara'ya doğru açılıyoruz. Adalar'ın önünden geçerken babamın sağlığında Büyükada'da geçirdiğimiz o gamsız, sıkıntısız, mutlu günleri hatırlıyorum. Kasım ayının günleri kısa, çok geçmeden salona giriyorum, akşam yemeğinin başlamasını iple çekiyorum, uzun yolculuktan sonra çok acıkmıştım. Geceyi salonda, kırmızı kadife kaplı bir köşe kanepede geçiriyorum. Ertesi sabah, gün ağarırken, erkenden yine güvertedeyim.

İZMİR

Amcamın evi

Gemi ile İzmir Körfezi'ne giriş, hele güneşli bir sabahta unutulmaz bir göz ziyafetidir. Amazonlar ülkesi en güzel görünümü ile önümüzde. Körfez kocaman bir gölü andırıyor, sular masmavi. Düzgün Fransızca konuşan bir delikanlı artık İzmir limanına yaklaşmış olduğumuzu söylüyor. Ticaretle uğraşan Musevi bir ailenin oğlu, amcamın adını duyar duymaz "İzmir'in dış ülkelere ihracat yapan üç beş iş adamından biri, mutena bir semt sayılan Birinci Kordon'da oturuyor" diyor, sonra "Siz bir faytona binin, amcanızın adını söyleyiniz, o sizi götürür" diye ekliyor. Verdiği öğüdü yerine getiriyorum. Süslü püslü fayton çok geçmeden palmiyelerin sıralandığı Birinci Kordon'da 256 numaralı evin önünde duruyor. Bugün o konağın yerini kocaman bir apartman işgal ediyor, fakat o konağın bir eşi, iki ev ötesi "Atatürk Müzesi" olarak aynen korunmuş durumda. Atatürk İzmir'in Yunan işgalinden kurtulduğu 9 Eylül 1922'de bu konakta dinlenmiş. Arabacıya Büyükelçi Behiç Bey'in bana vermiş olduğu sınırlı paranın bir kısmını veriyor, kapıyı çalıyorum. Çok geçmeden ağır demir kapıyı ben yaşta, iri yeşil gözlü güzel bir genç kız açıyor. Fransızca kendisine "Ben Nermin'im" diyorum o da "Ben Perizat'ım" diye karşılık veriyor. Amcamın kızını şahsen tanımamakla beraber adını biliyorum, demek doğru yere geldim, diyorum içimden. Amcamın kızı hemen elime yapışıyor ve beni taşlıktan geçirerek üst kattaki sofaya çıkarıyor. Karşıma kısa boylu, makyajlı, şık bir hanım çıkıyor.

Amcamın karısı, Münevver Yengem. O da biraz Fransızca biliyor. Sanırım Çerkez asıllı idi, annesi sarayda ebelik yapmış bir ara. Yüzeysel bir Batılılaşma örneği sayılıyordu. Olağanüstü süse meraklı, modayı izlemeye çalışan, küçük kentsoylu kökeninden bir türlü sıyrılamayan bir kadındı. İzmir'deki Atatürk Müzesi'nin mimari açıdan bir eşi sayılan Birinci Kordon'daki cumbalı evin üst katında dört büyük oda büyük bir sofaya açılıyordu. Ayrıca Kordon'a bakan cumbalı bir balkonu vardı. Duvardaki büyük aynadan herkesi gözetlemek mümkündü. Amcam her zaman olduğu gibi akşam üstü İzmir'in Levanten sosyetesinin buluştuğu Cercle d'Orient kulübünde idi; oyun arkadaşları ise Chester Emin Bey, Şerif Remzi, Atıf Ödül gibi kentin ileri gelen tüccarları. Oraya yengemi pek nadiren götürürdü. Oyun masalarına ancak Giraud'lar, Arditti'ler, Kardiçyalılar gibi Levanten ailelerin kadınları otururlardı.

Yengem telefona sarıldı, öfkeli bir sesle bağırıyordu. Birazdan amcam geldi. Ailemiz Boşnak kökenliydi; tarihini bilmediğim bir sırada Bosna-Hersek'ten gelip İzmir'e yerleşmişler. Baba ocağımız İzmir'in Müslüman mahallesi Tilkilik'te, Agora'ya hemen bitişik sayılan büyük bir konaktı. Amcam bir kapısı Namazgâh adlı sokağa, diğer kapısı alt sokağa bakan ve Osmanlı mimarisinin güzel bir örneği sayılan bu evi babaannemle halama bırakmıştı. Kendisi toplumsal mevkiini belirlemek üzere İzmir'in bir avuç zenginin yeğlediği Birinci Kordon'a yerleşmişti. Babam, yazar Mithat Cemal'in tanımı ile bir "erkek güzeli" olmasına karşın Sabri Amcam orta boylu, ince yapılı, fazla yakışıklı olmayan ancak konuşma tarzıyla kendini dinleten, saydıran bir insandı. İngilizceyi çok iyi, Fransızcayı da iyi bilirdi. Kızılçullu'da Adnan Menderes'le birlikte Amerikan Koleji'ne devam etmişti. Gelir gelmez hararetli bir tartışma başladı. Birkaç dakika sonra yengem öfke ile gözleri dönmüş bir halde eline geçenleri sofadaki kocaman aynaya fırlatmaya başladı. Anladığım kadarıyla bir türlü benim kendiliğimden Türkiye'ye geldiğime inanmıyor, gelişimi amcamın hazırlamış olduğu bir sürpriz, daha doğrusu emrivaki olarak değerlendiriyordu... Amcam ise hayretler içinde kalıp söylediklerimi dinlemekle yetiniyordu.

Evet, tartışmalar anlayamadığım bir dilde çok şiddetli bir biçimde sürüyordu. Bir süre sonra amcam büyük kızı Perizat'a dönerek beni odasına götürmemi söyledi. Amcamın kızına çok yorgun olduğumu, birazcık dinlenmek istediğimi söyledim. Sonra akşam üzeri İzmir'in Birinci Kordon'una dolaşmaya çıktık. Günümüz İzmir'inden farklı olarak körfezin suları henüz doğal rengini koruyordu. Kordon'da en büyük apartman üç katı geçmiyordu. O dönemin binalarının hepsi halen bozulmadan günümüze kadar gelebilmiş Yunan, Alman konsoloslukları gibi cumbalı, birkaç basamakla sokak kapısına çıkılan, Rum tipi konaklar gibi yapılardan oluşuyordu. Bugün koskocaman olan palmiyeler o zamanlarda insan boyunu azıcık aşıyordu, öyle ya bunlar Kurtuluş Savaşı'ndan sonra dikilmişti! Geldiğim yıl günümüzde de mimari üslubunu korumuş olan Fransız Konsolosluğu'na bitişik Tayyare Sineması'nda Charles Boyer'in bir filmi, *Mayerling Faciası* oynuyordu. İzmir o dönemde daha çok uyuyan güzeli andırıyordu. Sokaklarda tek tük geçen faytonlardan başka araç görünmüyordu, herhalde sayısı ancak parmakla sayılacak kadar az taksi vardı. Kamu yaşamının tüm canlılığını Konak'tan başlayarak Pasaport, Alsancak ve Karşıyaka arasında gidip gelen körfez vapurları yaratıyordu. O günlerde merakla izlediğim bu vapurlarla bir yıl sonra her gün okula gideceğimi tabii bilemezdim. Evdeki fırtınanın dinmeyeceği anlaşılıyordu. Kavga tüm gece devam etti.

Baba ocağında: Tilkilik'teki konak

Ertesi sabah beni Tilkilik'te, Namazgâh sokağındaki baba ocağına götürdüler. Evde halamla kızı Cahide, oğlu İbrahim ve üvey oğlu Cevat vardı. Bunlardan hiçbiri Türkçeden başka bir dil bilmiyordu. Evin kocaman odalarında hemen hemen hiç eşya yoktu. Duvarları sedirler çevreliyordu, halamın oturduğu odanın ortasında bir mangal vardı. Halamın saçları ağarmış, hayatın darbeleri yüzüne sert çizgilerle yansımıştı. Yüzünün güldüğünü hiç hatırlamıyorum. Yazgısı gerçekten acılı idi.

Büyükbabam peşi sıra üç defa evlenmiş. İlk evliliğinde iki oğul sahibi olmuş, bunlardan Tahir Amca, Kurtuluş Savaşı'nda Kuvayı Milliye'ye katılmış, Ayvalık cephesinde dövüşmüş, İstiklal Madalyası ile ödüllendirilmiştir. İkinci evliliği uzun sürmemiş anlaşılan. Üçüncü karısı, yani babaannemin dört çocuğu olmuş: babam Mustafa, otuz yaşlarında kalpten yaşama veda etmiş olan hukukçu Ali Amcam, babamın ortağı bulunan Sabri Amcam ve en son tek kızı Raziye Halam. Ailenin en küçüğü olarak halam gençliğinde sevgi ile büyümüş, ağabeyleri tarafından korunmuş ve şımartılmıştı. Gençliğini tasavvur edemiyorsam da alımlı olması gerekirdi. Tuttuğunu koparan, azimli ve gayretli bir kadındı. Ne var ki büyükbabam onu dönemin gelenekleri uyarınca sevmediği ve başka bir eşi bulunan zengin bir tütün tüccarına vermiş. Bu evlilikten önce doğar doğmaz ölen ikizler, daha sonra bir kız Cavide, bir oğul İbrahim dünyaya gelmiş. Ayrıca üvey oğlu Cevat da o evlendiğinde beş yaşında bir çocukmuş. Bu evlilik Raziye Halama sanırım hiçbir yönden mutluluk getirmemiş. Yunanlılar İzmir'i işgal edince eniştem tutuklanmış, daha sonra tütün deposunun karşısında bir sokak lambasının direğine bağlanmış, tütün deposu da tutuşturulmuş. Adamcağız tüm servetinin gözlerinin önünde kül olduğunu seyrederken kalpten oracıkta can vermiş. Halam da baba evine dönmek zorunda kalmış. O tarihte artık büyükbabam hayatta değildi. Babaannem ise ağır hastalıkların pençesine düşmüş, hem veremdi hem de göğüs kanseri olmuştu. Halamın gençliği Namazgâh sokağındaki koca konakta sürekli ilgi ve bakım isteyen annesinin isteklerine cevap vermek, çocuklarını da verem mikroplarından uzak olarak büyütmekle geçmiş. Tanıdığım zaman kaderin darbeleri yüzünden hayata küsmüş, mutsuz, ümitlerini yitirmiş bir insandı.

İlk büyük şoku bu kocaman evde geçirdim. İletişim kurmaksızın, sokağı görmeksizin bu yabancı çevreyi çok yadırgamıştım. İkinci geceyi gözyaşları içinde geçirdim. Aklım fikrim amcama nasıl ulaşacağım, kendisinden okulum için gerekli olan parayı nasıl isteyeceğim düşünceleri üzerinde yoğunlaşmıştı. Ertesi sabah hiç beklemediğim bir olay oldu: süslü püslü Münevver Yengem bir faytonla daracık sokağın kapısına dayanıp, sabah kahvesine geldi. Önce halamla kısa bir görüşme yaptı, daha sonra bana Fransızca olarak "Haydi eşyanı topla, seni bize götürüyorum, evimizde senin yaşında olan çocuklar var, bizde daha rahat edersin" dedi. Kordon'daki evin düzeni, değişik üsluplara sahip, eklektik bir zevkin ürünü olarak gözükmekle beraber yine daha uygar görünüyordu bana. Böylece tekrar "alafranga İzmir"e dönmüş oldum. Anladığım kadar yengem "Evropa'dan!" çıkagelmiş olan bu kızı bir tür vitrin objesi olarak kullanmaya karar vermiş olacak.

Birinci Kordon'da yaşam

Evde yaşıtım olan Perizat'tan başka onun küçüğü, yaklaşık on yaşında olan Hale ile o sırada altı yaşında olan ailenin tek erkek çocuğu İsfendiyar bulunuyordu. Evde ayrıca bir erkek aşçı ve kadın orta hizmetçisi bulunuyordu. Dönemin varlıklı evlerini bilenler, hatırlayacaklardır: zenginliğin bir göstergesi erkek aşçı istihdam etmekti. Alışveriş ona yaptırılırdı, aşçı sadece mutfakta çalışır, evin diğer odalarına nadiren giderdi. Buna karşın evin hanımı mutfağa hiç karışmazdı. Aşçı çok güzel yemekler de yapsa genellikle fazla temizliğe meraklı olmazdı, dolayısıyla mutfaklar evin en kirli suratlı yerleri idi. Kordon'daki evin alt katında çeşitli müzayedelerden toplanmış, birbiri ile bir ahenk oluşturmayan stil eşyalarla döşenmiş bir salon vardı. Bu salon ancak misafirlere açılırdı, normal zamanlarda kapalı tutulurdu. Bu eve ilk geldiğimde Perizat beni bu salona sokmuştu. Eşyaların nasıl bir "kitsch" görüntüsü verdiğini bugün gibi anımsıyorum. Oysa daha sonraları bana o salon özlediğim Batı'nın tek simgesi gibi görünecekti. Salon, yerleri mermer, büyük bir hole açılıyordu, arka tarafta yemek odası, bitişiğinde ise mutfak, kiler bulunuyordu: Yemek salonunun kapısından İkinci Kordon'a açılan bir bahçeye çıkılıyordu. Üst kata çıkan merdivenin ortasında bir asma katı vardı. Bu asma katta hizmetçiler için yapılmış, üç minnacık, hücreye benzer odacıkla yatak, minder, yastık ve kilimlerin yığıldığı, karanlık bir mekân bulunuyordu. Üst katta ise Birinci Kordon'a bakan, cumbalı büyük bir salon ile bitişikte yine denizi gören bir yatak odası, ortada kocaman bir sofa, arka bahçeye bakan iki yatak odası ile bir banyo vardı. Sofanın aydınlığı merdivenlerin üstündeki camekânlı çatıdan geliyordu. Cumbaya kurulup denizi, körfezdeki vapurları, ara sıra limana giriş yapan büyük gemileri, akşam körfezde kocaman kırmızı bir top gibi batan güneşi seyretmek çok hoştu. İzmir'in havası ilk geldiğim yıldan bu yana hemen hemen hiç değişmedi: Sabahları deniz ipek gibi yumuşak, sakin bir şekilde gözler önüne seriliyor, derken saat iki sularında "imbat" denilen vahşi bir rüzgâr çıkıyor, körfezin o zamanlarda kıyılarda artık kirlenmeye yüz tutmuş, kahverengiye çalan dalgaları rıhtıma vuruyor, insanı serseme çeviriyordu, güneş batıp deniz yine sakinleşinceye kadar. İzmir'in bu değişmeyen havasından olacak herhalde, Birinci Dünya Savaşı'ndan önce İzmir'in ekonomik hayatını denetim altında bulunduran Levanten burjuvazi, özellikle İngiliz kökenli olanlar, kendilerine Buca ve Bornova'da büyük bahçeli villalar yaptırmış, böylece o rahatsızlık veren rüzgârdan korunma yollarını bulmuşlardı. Çoğu tütünle uğraştıkları için Basmane'dan Bornova'ya kadar döşenen özel bir demiryolu hattı ile rahatça işlerine gidip gelebiliyorlardı. Günümüz Bornova'sında, Ege Üniversitesi'nin civarında ayakta kalmış birkaç bahçeli köşk bu geçmiş zamana tanıklık etmektedir.

Yengem tarafından "keşfedildikten" sonra ilk günlere kıyasla daha yumuşak, anlayışlı bir hava ile karşılaşıyor, hoş, Türkçe bilmediğim için hakkımda söylenenleri pek anlamıyordum. Bu arada Ramazan başlamış, halam ve diğer akrabalarım hepsi oruç tutuyorlar, amcamın evinde ise kimse tutmuyor. Yaklaşan Şeker Bayramı nedeniyle herkes yeni giysiler tasarlamakla meşgul. Amcam bana da bir kumaşın alınacağını bildirdi. Yengemle o sırada İzmir'in en ünlü kumaş mağazası İkbal'e gidildi. Kendime koyu kahverengi, kalınca yünlü bir tayyörlük kumaş seçtim, modeli de kendim buldum. Gündelikçi terzinin marifetlerini de bu vesile ile öğreniyorum. Kadın bir günde bana ve Perizat'a birer tayyör dikti. Tabii yengem bu gündelikçi terziyi birkaç gün daha çalıştırıyor, bana da elbiselerin iç dikişlerini "sürfile" etmenin sırrını öğretiyor ve yaptırıyor. Gündelikçi olunca ikide bir düğme, çıtçıt, agraf gibi dikiş malzemeleri gerekli oluyor. Her defasında çarşıya gidip bunları satın almaya talip oluyorum. Tek başıma çıkıp dolaşmayı ve alışveriş yapmayı artık başarıyorum. Şu sıra gündelik uğraşılarımın başında anneme ve ablama mektup yazmak ve onları postalamak geliyor. Öğle üstü ya da karanlık basmadan Birinci Kordon'u arşınlayıp son zamanlara kadar PTT'nin telgrafhanesi olarak faaliyet gösteren büyük postaneye gidip mektuplarımı bizzat göndermeyi her şeyden üstün tutuyorum. Budapeşte'ye geldiğimde amcamla Fransızca olarak sohbet edebildiğim halde İzmir'e geldikten sonra onunla evde konuşmanın hiç de kolay bir şey olmadığını keşfetmekte gecikmedim. Yengem akşam üzeri süslenip püsleniyor, bir sevgili ile randevulaşmış gibi amcamın eve gelmesini bekliyordu. Bizleri çoğu kez sofralarına almaksızın yatmaya gönderirdi, sofraya kabul edildiğimizde ise kural sadece büyüklerin konuşmasıydı. Dolayısıyla amcama bana ne zaman Peşte'ye okula gidebilmem için para vereceğini bir türlü soramıyordum... Günler sıkıntılı bir bekleyiş içinde geçiyordu.

Bu arada çevremi, geldiğim kenti gözlüyor, sık sık anneme ve ablama mektup yazıyorum. Daha sonra neo-feministlerin bol bol kullandıkları "özel alan, kamusal alan" kavramının pratik anlamını keşfediyorum. Her Müslüman ülkede farklı yoğunluklarda görülen bu ayrım pek tabii İzmir'de de göze çarpıyor. Gerçi bu ayrım yirminci yüzyıla kadar tüm Hıristiyan ülkelerde de uygulanmaktadır. Pratiğe dönük uygulaması kısaca şudur: toplumda kadınların özgürce dolaşabildikleri ya da adım bile atamadikları yerler vardır. Gerçi Sabri Amcamın evi bu açıdan hiç de temsili sayılmaz, zira orada namaz kılan yoktu. Sadece halam Tilkilik'ten kalkıp geldiğinde namaz kılmak için bir seccade arardı, o zaman da bütün ev halkı seferber olurdu. Fakat öyle de olsa kadınların kısıtlı hakları birçok vesilelerle ortaya çıkardı: karanlık olmadan mutlaka evde olmak, erkek arkadaş fikrinin –İzmir'de yaşayan azınlıkların aksine– asla kabul görmemesi, insanın dilediği zaman izinsiz sokağa çıkamaması gibi hususlar.

Nice yıllar sonra Şerif Mardin'in on dokuzuncu yüzyılda İstanbul'da yaşayan alafranga züppeleri keskin bir fırça ile tasvir eden Ahmet Mithat Efendi'nin *Felâtun Bey ile Râkım Efendi* romanı konusundaki denemesini okuduğum zaman, bunun en canlı bir örneğini vaktiyle İzmir'de yaşadığımı anladım. Yengem ufak tefek, bir ölçüde Tatarı andıran, çekici, albenisi olan bir kadındı. Aklı fikri moda, beğenilmek, Batılı gibi giyinmek ve hareket etmekti! Elinden birçok marifet gelirdi: saç yapmak, dikiş dikmek, nakış yapmak, güzel sofra kurmak. Kırık dökük Fransızca bildiği için ilk Türkçe derslerimi aslında ondan almış sayılırım. Çocukları ile günümüz anneleri gibi meşgul olmazdı, yani onlara kitap okumaz, onlarla oyun oynamazdı. Münasebetsiz işlere kalkıştıkları zaman hemen bir tokat patlatırdı! Benim gibi ömründe sadece bir kez babası tarafından yumuşak bir biçimde "okşanmış" bir insan için bu tür muameleler dehşet verici idi. Fırtınanın yaklaşmakta olduğunu sezinlediğim an kaçardım, zira bana göre dayak yemek çok alçaltıcı bir muamele sayılırdı. Buna katlanamamak ise bir türlü ısınamadığım halamın evine dönmek anlamına gelecekti.

O zamanki İzmir'in tenha Birinci Kordon'una ya da başka yerlere atlı araba ile gitmek çok hoşlandığım bir işti. Belli aralıklarla rahmetli babaannemin Tilkilik'teki evine giderdik. Halamın kızı Cavide o sıralarda henüz evlenmemiş, kimine göre evde kalmış, yirmiyi aşkın olmalı, uzun boylu bir genç kızdı, kardeşi İbrahim ise İstanbul'daki okulunu bitirememiş bir aylaktı. Cevat Ağabeye gelince, o halam evlendiğinde beş yaşında bir çocukmuş. Halama "Valide Hanım" diye seslenirdi (Uzun süre "Valide" kelimesinin bir şahıs ismi olduğunu sandım). Boşnaklığı ile her vesileyle övünen, öğrenim derecesi meçhul, tipik bir Türk erkeği sayılırdı. Dünyadaki baş görevinin ailenin namusunu korumak olduğuna inanmıştı. Evde özgürlüklerin alanını belirleyen o idi. Bağımsız bir uğraşısı olmadığı için amcam onu yanına almıştı. Ziyarete gittiğimizde yengem "hanım abla" dediği görümcesine yani halama bazı hususlarda danışırdı. Halam da oturduğu sedirin önüne mangalını çekerdi. Maşası ile küllere gömmüş olduğu kızgın, azıcık nara benzer odun kömür parçaları çıkarıp, ikili cezvesini sürer, kahveleri pişirirdi. Onu seyretmeye bayılırdım, baka baka alaturka kahvenin nasıl usturupluca pişirilmesi gerektiğini öğreniyordum. Halam da tipik bir Boşnak kadını sayılırdı. Yılların getirdiği üzüntüler uzun yüzünde derin kırışıklıklar yaratmıştı. Giyimine meraklı değildi. Renkleri nötr olan, küçük desenli entariler giyer, sokağa çıktığında üzerine siyah bir manto giyer, başına siyah krepten bir eşarp bağlardı. Bu geleneksel görünüşüne karşın çok uyanık, yeni bilgiler öğrenmeye meraklı bir insandı. Atatürk 1928'de harf devrimini başlattığı ve bu amaçla "Millet Okulları"nı kurduğu zaman, hemen okula kaydolanların birisi halamdı. Bu sayede rahatça okur yazardı, dolayısıyla akranlarına göre önemli bir farka sahipti. Halamın merakı bununla da kalmamış, dönemin kız enstitülerinin yetişkinler için açmış olduğu biçki-dikiş kurslarına devam etmişti. Bu sayede çok sevdiği kızı Cavide'ye de bir sürü elbise, tayyör dikebiliyordu. Yemek pişirmekteki marifeti ise herhalde ailesinden ona geçmişti. Halamı yufka açarken seyretmek de ayrı bir keyifti. Puf böreği yapmak için incecik açmış olduğu yufkaları bir jonglör marifeti ile havaya atar, yakalardı. Bugün sağ olsaydı herhalde rağbet gören bir "Türk yemekleri kursu" açardı. Onun da geliri yoktu, ara sıra amcamın kendisine sessizce harçlık verdiğine şahit olmuştum. Gelin-görümce açıkça kavga etmemekle beraber araları pek uyumlu değildi. Yengem halamı dedikoduculukla suçlar, halam ise yengemi hafif meşrep, havai ve müsrif bulurdu. Ailenin topluca kamuya açık bir yere, bir lokanta ya da o zamanın terimi ile gazinoya (açık hava kahvesi) gittikleri pek nadirdi.

Bayramlaşma

Aileyi bir araya getiren en önemli günler dini bayramlardı. Ben de böylece ilk defa Şeker Bayramı, (bugünlerde Ramazan Bayramı olarak anılıyor) daha sonra Kurban Bayramı'nda bu günlere özgü geleneklere tanık olacaktım. Sabri Amcam yaşça değil, fakat toplumsal statü açısından ailenin tepesinde yer aldığından, bayramın ilk günü herkes onun evine gelirdi. Oysa Ayvalık'ta Kuvayı Milliye'de görev alıp düşman ile çarpışan miralay Tahir Amcam daha yaşlıydı. O Karşıyaka'da otururdu. Ne var ki yatalak karısının ölümünden sonra, otuz yıla yakın bir süre karısına bakan kadınla karı koca gibi yaşadığından, ailenin içinde fazla itibarlı sayılmıyordu.

Bayramın ilk günü gelenler arasında kardeş torunu olan, Güzelyalı'da oturan akrabalarımız vardı. Bunlar içinde amcamın çok değer verdiği, daha sonraları İstanbul'un sayılı avukatları arasında yer alan Baha Akel'in annesi Zehra Halamla kızı, yaşıtım ve adaşım olan Nermin, keza Küçükyalı'da oturan ve İzmir'in tanınmış gazetecisi ile evli olan Saniye Halam, oğlu Dr. Kemal Edis ve akranım sayılan Müstecap, askeri kariyerini noktaladıktan sonra gümrük işleri ile uğraşan Sami Bey ile evli kızı Nüveyre Abla, oğlu Pulat, kızı Dilek, bir hava subayı olan Nuri Bey'le evli ikinci kızı Mesude ve oğlu Okan yer alıyordu. Saniye Halamın evli kızları çok güzeldi, onlar da son modaya uygun giysileri ve açık başları ile gerçekten Batılı bir görünüm yansıtıyorlardı. Buna karşın halamın kuşağından sayılan kadınlar geleneksel kent giyimine, yani palto ve eşarba sadık kalmışlardı. Bayram gününün ilk ziyaretçileri arasında ailenin Karşıyaka kısmında oturanlar yer alıyordu. Gerçi Tahir Amca bize gelmiyordu, ikinci gün onun elini öpmeye biz giderdik, fakat buna karşın Saniye Halamın büyüğü, Şefika Halam ve ailesi bize gelirlerdi. Daha sonraları iç içe bir yaşam sürdüreceğim

Şefika Halam, kızı Cavide yürüyemediği için oğlu Cevat ve damadı Osman'la gelir ve amcam tarafından büyük saygı ile karşılanırdı. Karşıyaka'da oturan diğer bir akrabamız İzmir Kız Lisesi'nde tüm öğrencileri titreten ünlü matematik hocası Cevdet Bey ile evli olan Süleyman Amcamın kızı Adile ile oğulları Tevfik ve Bülent'ti. Onlar da gelirdi. Bu arada mahallenin çöpçüsü, bekçisi, evin hizmetkârları da sıraya girip bahşişlerini alırlardı.

Bu değişik meslek ve dünya görüşüne sahip kalabalığı tanımak, algılamak, zihnime yerleştirmek hayli oyalayıcı bir işlemdi. Her gelene bir gümüş tepsiye yerleştirilmiş olan üç değişik reçel türü içeren kristal kâseler ve ortada gümüş kaşıkların bulunduğu bir gümüş kupa ile kristal bardaklarda buz gibi su ikram edilirdi. Konuk kaşıklardan birisini alıp tatmak istediği reçelden bir kaşık aldıktan sonra suyu içerdi. Çok kalabalık olunca reçel yerine gümüş kâselere yerleştirilmiş olan lokumlarla çikolata ikram edilirdi. İsteyene ayrıca kahve de sunulurdu. Dolayısıyla mutfakta çalışanlar tüm gün meşgul sayılırdı. Aile yemeği akşam, artık hiçbir misafirin kapıyı çalma ihtimalinin bulunmadığı varsayılan bir saatte yenirdi. Bayram yemeğinin sabit kadrosunu Sabri Amcamın ailesi ile Raziye Halamlar oluştururdu. Bayramın bir özelliği de herkesin yeni giysilerini sergilemesi, çocukların da aldıkları harçlıkları ile dönme dolap, salıncak ve benzer eğlencelerin bulunduğu parklara koşması idi. Benim gibi fiilen tek çocuk olarak büyümüş, annemin yabancı kökenli olması nedeniyle babasının akrabaları ile teması çok kısıtlı olan bir insan için bu gelenekler yepyeni bir ufuk açıyordu. Geniş ailenin yarattığı kan bağına dayalı bir dayanışmanın gücünü ilk defa somut olarak fark etmeye başlamıştım.

Planlarımı altüst eden mektup

1937 kışı amcamın oldukça sık eve getirdiği *Daily Express* gazetesinden Avrupa'da olup biten olayları, özellikle Hitler'in genişleme planlarını izleyebiliyordum. Güncel politika olaylarına karşı duyduğum yoğun ilgi kendimi bildim bileli yüksekti. Bunda sanırım annemin payı büyüktür. Annem Hitler'e karşı inanılmaz bir düşmanlık beslediği için Hitler'in emellerini eleştirel bakışlarla izliyordum. Ancak evdeki radyo yardımı ile ara sıra dinleyebildiğim Hitler'in nutukları, üzerimde anlaşılması güç bir etki yaratıyordu. Buna belki politik demagojinin rasyonel aklı çelme taktiği diyebiliriz. Hitler, Alman ulusunun üstünlüğü ve Alman milliyetçiliğinin haklı isteklerinden söz ettikçe, bu gerekçeleri haklı bulmaya başlıyordum. Tek başıma hitabet sanatının dayanılmaz çekiciliğinin nedenlerini uzun yıllardan sonra bu konuda ders verirken anlayacaktım. Yabancı basın, ara sıra Almanca ya da İngilizce radyo haberleri ve annemle ablamdan gelen mektuplar dış dünya ile olan tek bağlarımdı. İzin çıktığı zaman Perizat ve Hale ile Birinci Kordon'da Fransız Konsolosluğu'nun yakınındaki Tayyare ya da Konak'taki Elhamra sinemasına giderdik. Özellikle dramatik konular işleyen filmleri olağanüstü bir ilgi ile izliyor, zaman zaman kendimi çözümsüz senaryoların kahramanı olarak hayal ediyordum. Amcamdan almak istediğim parayı talep etme gücünü kendimde bir türlü bulamıyordum. Oysa tek ümidim Budapeşte'ye dönmekti. Derken günün birinde amcam beni yanına çağırdı. Meğer annem ona mektuplar yazmış, kendisinden hakkımız olan firmanın hissesini derhal ödemesin talep etmiş, gerekirse Türkiye'ye geleceğini ve dava açacağını bildirmiş. Amcamın yanıtı kesindi: annem babamın ölümünde mahkemece tayin edilen vasinin –yani amcamın– yetkilerini o sıradaki hastalığı nedeni ile hiçe saymış, terekenin tespitine fırsat vermeksizin İstanbul'daki evin tüm eşyalarını açık artırma yolu ile istekli alıcılara sunmuş, oluşan geliri yanına alıp, beni de ülke dışına götürmekle tüm haklarını yitirmiş, hatta onları kötüye kullanmıştır. Dolayısıyla Türk yasalarının önünde suçlu sayılmaktadır.

Amcamın benden istediği husus çok açıktı: Anneme bundan böyle mektup yazmasının benim aleyhime olacağını bildirmemi ve kendisi ile her türlü ilişkimi kesmemi istemişti! Bu arada PTT müdürünü çok iyi tanıdığını, bana gelen mektupların, nereye gelirse gelsin, ortaya çıkaracağını ifade etti, okula devam etmek istiyorsam Türkiye'de pek çok öğrenim kurumunun bulunduğunu, tek çarenin benim bir an önce Türkçe öğrenmem olduğunu ifade etti. Görüşme şefkat ve anlayıştan uzak, adeta bir ültimatom bildirgesi gibi geçmişti. Bana bir söz hakkı da vermedi, odayı terk etmemi buyurdu.

Günlerce kıvrandım, bu mektubu biricik anneme nasıl yazayım? Öte taraftan anneme kızıyordum, bana haber vermeden nasıl oluyor yine para istemek sureti ile istikbalimi gölgeliyordu. En son öğrenimime devam etmek arzusu galebe çaldı. Fransızların deyimi ile "la mort dans l'âme" (ruhumda ölümü taşırcasına) amcamın istediği mektubu yazdım. Bir daha annemden hiçbir mektup gelmedi... Çok çok sonra 1942 de, artık Hukuk Fakültesi'nin ikinci sınıfında bulunduğum sırada, İzmir'e geldiğimde, amcam bana siyah kenarlı bir zarf uzattı. İçinde annemin kısa bir hastalıktan sonra öldüğü yazılı idi. İlanda kızı olarak yalnız üvey ablamın adı geçiyordu: Küçükken çok sevdiğim, taptığım hatta bir bakıma babamın sık sık seyahat çıkması ve benimle çok az meşgul olması nedeniyle açıkça tercih ettiğim annemi, olayların akışı içinde farklı değerlendirme zorunda bırakıldım. Bir evlat için anne babasına karşı objektif olmak her zaman güçtür. İnsan yakınını ya çok sever, hiçbir kusurunu görmez ya da kendisine karşı yapması gerekenleri yapmadığı için gereğinden çok kızar, onu kolayca mahkûm edebilir. Ben de böyle bir değişim geçirdim. Bir türlü annemin bana neden öğrenim görebilmem için fedakârlıkta bulunmadığını anlayamadım. Çok sonraları onun on dokuzuncu yüzyıl burjuvazisinin tipik bir temsilcisi olduğunu kavradım. O yüzyılın kadınları için hayatta tek hedef, güzel olmak, zengin bir koca bulmaktı! Bir kadının meslek edinmesi, yeteneklerini geliştirmek suretiyle kişiliğini ortaya koyması akla bile gelmezdi.

Karşıyaka'da yeni bir yaşam

1937 baharında yazmak zorunda bırakıldığım mektup dolayısıyla annem ve ablamdan kopmak beni psikolojik bakımdan derin bir bunalıma sürüklemişti. Bana karşı anlayışsız ve aşırı derece maddi davranan amcamla da kendi çocukları ile benim aramda her vesileyle ayrım yapan yengemle de yaşamak istemiyordum. O sırada Karşıyaka'da oturan Tahir Amcamın ısrarlı daveti aklıma geldi. Çocuğu olmadığı için, bana ne zaman istersem evinde kalabileceğimi her fırsatta söylüyordu. Ne var ki çok sınırlı bir Fransızcadan başka dil bilmiyordu. Karısı hayatta iken ona bakmak üzere eve alınan, daha sonraları amcamın yatağını paylaştıktan sonra evlendirilip çoluk çocuğa karışan Şükran, çok basit bir kadındı. 1937 baharında yaşı herhalde yetmiş-yetmiş beş civarında olan amcam evin yönetimini tamamen ona bırakmıştı. Tahir Amcamın o sıralarda tek bir tutkusu kalmıştı, şarkıcı Hamiyet Yüceses'i dinlemek! Karşıyaka'da deniz gören, iki katlı, küçük bir bahçesi olan, sıradan bir evde oturuyordu. Bu ev Sabri Amcamın evine hiç benzemiyordu. Fakat ben yine Sabri Amcamın evinden ayrılmak istedim. Beni annemle ablamdan koparmak amacıyla giriştiği insafsız muameleden çok kırılmıştım. Öte yandan öğrenme sevdası ile yanıp tutuşuyordum. Daha Budapeşte'de iken tüm gençlere parasız öğrenim imkânı sağladığını öğrendiğim Atatürk'ün ülkesinde bulunduğuma göre bu olanaktan faydalanmalıydım. Macaristan'a parasız döndüğüm takdirde oradaki okullara devam etmem imkânsızdı. Amcamın sunduğu alternatiflerin bedeli gerçekten çok ağırdı. Uzun boylu düşündükten sonra kararımı vermiştim: buradaki öğrenim imkânlarından yararlanıp kendimi yetiştirecektim, sonra dönüp annemle ablamı bulacaktım...

İşte bu düşüncelerle günün birinde, bana verilen bir liralık harçlığın yardımı ile Alsancak'taki vapur iskelesine gidip Karşıyaka'ya yollandım ve Tahir Amcama gidip onun evine yerleşmek istediğimi söyledim. Babamı çok takdir eden, baba bir, anne ayrı Tahir Amcam kararıma son derece sevindi, Sabri Amcama durumu anlatacağını vaat etti. Eve dönmeden bana ilk baştan itibaren gerçekten bir anne şefkati ile kol kanat geren Şefika Halamın evine uğradım. Karşıyaka'nın tipik dar ve sevimli yan sokaklarından birinde bulunan bu ev 1937 yazından başlayarak Şefika Halamın beklenmeyen ölümüne rastlayan aralık ayına kadar yaşamımda yepyeni bir sayfanın yazıldığı bir ev olmuştu. Gerçi geceleri Tahir Amcamın evindeki sade odasında kalıyordum. Fakat tüm günlerim Şefika Halamlarda geçiyordu. Uzun boylu, zayıf fakat iri yapılı, Osmanlı bir kadındı. Evde iki erkeğin yaşamasına rağmen ev içi ve ev dışı tüm işlerin hâkimi idi. Kızı Cavide Ablam gençliğinde geçirmiş olduğu bir tifo nedeniyle tüm saçlarını yitirmişti, peruk takıyordu, daha sonraları, dizinde ortaya çıkan bir dislocation yüzünden yürüyemez hale gelmişti. Cavide'nin kocası Osman iç güveysi olarak eve girmiş, İzmir'de bir hastanede çalışıyordu. Tek çocukları Mefhar'ı anneannesi büyütmüştü. Sarışın, çok güzel ve afacan bu çocuk Karşıyaka'ya geldiğimde sanırım beş altı yaşındaydı. Türlü çeşit yaramazlıklar yapıp günde en azından bir kere bahçedeki küçük havuza düşüp anneannesini çileden çıkaran, sevimli bir şeytandı. Mefhar daha sonraları inanılmaz irade gücü ile İstanbul'da harap bir medresede barınarak birkaç arkadaşı ile birlikte tıp tahsilini bitirdi. Çocuk doktoru olup, İzmir'in en şöhretli ve sevilen bir tıp otoritesi olacak, kendisi kadar güzel ve çalışkan sınıf arkadaşı Galatasaray okul müdürünün kızı Sevinç ile evlenerek, çok vakitsiz bir anda, hayata elli yaşında kalp krizi ile veda edecekti. İyi ki insanlar kaderlerini önceden öğrenemiyorlar. Benim için Mefhar, Atatürk Türkiye'sinde öğrenme azmi bulunan gençlerin parasız olarak nereye kadar ulaşabileceklerinin en güzel ve çarpıcı örneklerinden biri kalacaktır.

Şefika Halamın evini birçok nedenden ötürü seviyordum: burada yeni kimliğimi oluşturacak ortamı bulmuştum. Ev tam Türk usulü döşenmişti, odalar ve sofalarda çepeçevre sedirler bulunuyor, misafir odasında ise kocaman bir ayna ve konsol yer alıyordu. Sedirlerin etrafını üzeri tiril tiril beyaz örtülerin bulunduğu sert yastıklar çevreliyordu. Bu yastıklar üzerindeki örtülerin hepsi el yapımı dantellerle süslenmişti. Ev halkının bir kısmı geceleri yer yatağında yatıyordu. Bunlar da gündüzleri yüklüğe kaldırılıyordu, tıpkı Japon evlerinde olduğu gibi. Odalardaki az eşya, mekâna ayrı bir derinlik ve huzur sağlıyordu. Sandalye ve masalar daha çok küçük havuzlu bahçede bulunuyordu. Diğer İzmir evlerinde olduğu gibi günlük yaşam "Hayat" adı verilen, sokak kapısının açıldığı, renkli taşlarla döşeli sofada geçiyordu. Cavide Ablamın burada hep oturduğu bir köşesi vardı, yanında duran bastonu ile gerektiğinde evin içinde dolaşıyordu. Şefika Halamın tek oğlu Cevat (Raziye Halamın üvey oğlu Cevat'la karıştırılmaması gerekiyor) Ziraat Bankası'nda çalışan ve o sırada kırkına yaklaşan bir bekârdı. O da biraz Fransızca biliyordu. Akşamları çok hoş bir aile sofrası olurduk: herkes Şefika Halamın pişirdiği yemeklerin süslediği sofranın etrafına toplanıyor oradan buradan konuşuyordu. Sabri Amcamın yalnız yengemle konuştuğu, çocukları görmezlikten geldiği daha zengin sofradan ne kadar farklı bir ortamdı. Türkiye'ye geldiğimden beri kendimi ilk defa sıcak bir yuvada, güvenlik içinde hissediyordum...

Türkçe öğrenme azmim iyice coşmuştu. Ne yapıp edip bir an önce bu dili öğrenerek okula devam etmenin çaresini bulmam gerekiyordu. O sıralarda ailemizin yüksek öğrenim yapan gözde iki delikanlısı da ara sıra Şefika Halamlara uğruyordu. Bunlardan biri Ankara Hukuk Fakültesi'ni yeni bitirmiş, çiçeği burnunda bir savcı yardımcısı olan Baha Ağabey ile İzmir'deki koleji bitirdikten sonra İstanbul'daki Tıp Fakültesi'ni bitiren ve doktor unvanını taşımaya layık olan Kemal Ağabeydi. Bunlar benim gözümde hayatta ulaşılabilecek en yüksek emelleri gerçekleştirmeyi başarmış iki kişiydi. Atatürk Türkiye'sinin sağladığı imkânlar ile üniversite öğrenimini bitirebilmiş iki genç, söylemeye gerek yok, rol modellerim bunlar olmuştu. Her ikisi benim Türkçe öğrenmemi destekliyorlardı. Özellikle Baha Ağabey bana bir sürü yararlı öğütler de veriyordu. Bu arada evin en etkin kişisi Şefika Halam ergin kişi olarak Bosna-Hersek'ten Türkiye'ye gelmiş olup, Abdullah Amcamın kızı Adile ile evlenmiş olan matematik öğretmeni Cevdet Bey'e gitmiş, kendisine benim Türk okullarına nasıl devam edebileceğimi sormuştu. Cevdet Bey'in uyarısı üzerine Budapeşte'deki Alman okulundan almış olduğum ortaokul diplomam Ankara'ya denklik kazanmak üzere gönderildi. Gelen habere göre okulların açıldığı eylül ayında tüm derslerden Türkçe dilinde bir sınav verecektim. Bunun anlamı çalışmak, çalışmak, yine çalışmaktı. Bu sırada Karşıyaka'da Peşte'den geldiğim için olacak "Macar Nermin" olarak adı çıkmış kişinin Almanca dersi verebileceği haberi yayıldı. Fazla çaba göstermeksizin gündüzleri

Almanca dersinden bütünlemeye kalmış birkaç öğrenciye ders veriyordum. Ders başına bir Türk Lirası alıyordum. Basmadan yapılan bir elbisenin o sırada kumaş ve dikiş parası dahil üç liraya çıktığı bir dönemde bu para hayli yüksekti.

Ben kazandığım parayı olduğu gibi akşamları bana tarih, coğrafya, tabii bilgiler, edebiyat, matematik dersleri veren iki liseli delikanlıya aktarıyordum. Böylece Şefika Halamın evi bir bakıma küçük bir dershaneye dönüştü. Sabahları benim öğrencilerim geliyor, akşam üstü ise benim hocalarım! Tahir Amcamın evine ancak yatıya gidiyordum, zira Şefika Halamın evi küçüktü. Cahide, Osman Bey ve Mazhar'dan oluşan Mançe ailesi bir odayı, Şefika Halam bir odayı, Cevat Ağabey ise üçüncü yatak odasını işgal ediyordu. Fakat ben kendimi iyice Şefika Halamın hane halkından sayıyor, herkese onun adresini veriyordum. Şefika Halam beni hem iyi bir Türk vatandaşı hem de dini bütün bir Müslüman yapmak üzeri gayretlerini eksik etmiyordu. Çok da anlayışlı bir kadındı. Zaman zaman annemi, ablamı özlediğimi anlıyordu. Karşıyaka'da bir Macar ailenin oturduğunu duymuştu. Tanıdığı bir Türk kadın avukat, Handan Hanım'ın aracılığıyla beni onlarla tanıştırdı.

Madam Ziffer, Hitler'in zulmünden Türkiye'ye sığınmış hoş bir Yahudi kadındı. Kocası galiba mühendisti, İzmir'de iş bulmuştu. Ara sıra onların davetlisi olarak evlerine gidip özlediğim Macar gulaşı ve kayısı reçelli palatinçalarını yiyor, Macarca sohbet etmek imkânı buluyordum. 1937 yazı böylece hummalı bir faaliyet içinde geçiyordu. Tahir Amcamın hatırını kırmamak için ara sıra onlarla da gece gezisine çıkıyordum. O dönemde İzmirliler sıcak yaz gecelerinde gazino adı verilen bahçelere giderlerdi. Kimisinde sadece gazoz içilir, dondurma yenilirdi, kimisinde ise bahçenin arka tarafında kurulu bulunan sahnede hanendeler saz heyetinin refakatinde şarkı söylerlerdi. Halk türküleri ile klasik Türk müziğinin belli bestelerinden hoşlanmakla beraber en az zevk aldığım alaturka müzikle Türk sanat müziği kategorisine giren şarkılardır. Oysa Tahir Amcam asıl onlardan hoşlanır, bizi de bu müziğin çalındığı bahçelere götürüp saatlerce kuru tahta sandalyeler üzerinde oturturdu. Bu tür "sanat ziyafetleri"nden çoğunlukla Türkçe derslerime çalışacağım bahanesiyle kaçardım. Buna karşın açık hava sinemalarına gitmeye bayılırdım, o dönemin komik film artistlerinden Laurel-Hardy'nin konuşmalarını seslendiren Ferdi Tayfur'dan çok hoşlanıyordum.

1937 yazı böylece benim için çok hareketli geçiyordu. Almanca ders vermek, Türkçe derslerime hazırlanmak, akşam üstü Türkçe ders almak, "Türk ve Müslüman usulü" bir yaşama ayak uydurmak, aralarında değişik ilişkilerin bulunduğu geniş ailemin içinde kendime göre bir denge kurmak ve herkesin gönlünü hoş tutmaya çalışmak.

Bir çıkıkçının marifeti

Yine o yaza ait unutamadığım bir hatıra geleneksel tedavi yöntemlerine ilişkin bir olaydı. Şefika Halamın bir kaza sonucu küçük bir çocuk başı kadar şiş bir dizi olan kızı Cavide bu dertten kurtulmak için kendisine tavsiye edilen bir çeşit tedavi usulünü denemeye hazır, melek gibi yumuşak huylu, çok sevecen bir insandı. Günün birinde Şefika Halamlara gelen bir kadın çok maharetli bir çıkıkçıdan uzun uzadıya söz etti. Adamı getirttiler, önerdiği yöntem çiğ ve dövülmüş balıktan oluşan bir bulamacın hastanın dizine sürülerek yirmi dört saat orada tutulmasıydı. Söylenenler yapıldı, tabii çok geçmeden değil evde, mahallenin arka sokaklarında bile fark edilebilen keskin bir balık kokusu yayılmaya başladı. Mevsim yaz ve sıcaktı. Cavide Ablam yerleri taştan yapılı, hayat denilen, antrenin bir köşesine kurulmuş bir sedirde oturuyordu. Oturduğu yerden sokak kapısı görülebiliyordu. Kapının iki tarafında demir parmaklıklarla korunmuş pencereler vardı. Pencereleri tabii açık tuttuk, bir de ne görelim: sayıları giderek artan sokak kedileri bu pencerelere hücum etmeye başladılar. Çok geçmeden bu kediler *Bremen Mızıkacıları*'nı andıran bir biçimde, üst üste binerek korkutucu bir manzara oluşturup, çıkarttıkları sesler ile bir Hitchcock filminin ortamını andırıyorlardı. Nihayet saat doldu ve çıkıkçı geldi, hastanın dizi ılık su ile yıkandı, sonra mahir bir el hareketi ile diz oynak yerine oturtuldu. Birkaç gün sonra dizin ödemi inince Cavide Ablam eskisinden çok daha rahat yürümeye başladı. O kadar ki ileriki yıllarda biricik oğlu Mefhar evlenip çoluk çocuğa karışınca kadın hastalıkları uzmanı olan gelinine yardım etmek üzere torunlarının arkasına yetişip, onlara da bakabildi. Evet, Asya'da yaptıkları gibi tıp bilimini birkaç kategoriye ayırmak ve hastaya hangi tür tıp yolu ile tedavi edilmek istediğini sormak aslında hiç yadırganacak bir usul değildir. Nitekim günümüzde hem akupunktur, homeopati ve kayropraksi tıp bilimlerinin bir alt disiplini olarak Batılı hastanelerin kadrolarında yer almış bulunmaktadır.

İzmir Kız Lisesi'ne kabul

Ağustos ayının büyük sıcakları geçiyor, günler kısalıyordu. Karşıyaka'da Papaz denilen yere kadar yüründüğünde, nefis güneş batımı manzaralarını daha erken saatte izlemek mümkündü. İçimi yoğun bir heyecan kaplamıştı, acaba sınavı başarabilecek miyim? Nihayet beklediğim gün geldi çattı. İzmir'in en güzel tepelerinin biri üzerinde kurulu İzmir Kız Lisesi'nin merdivenlerini kalbim küt küt atarak çıktım. Sanırım Adile Ablamın kocası matematik öğretmeni Cevdet Bey de gelmişti. Müdüre çıkarıldım. Müdür Türkiye'nin ünlü şairlerinden Necmeddin Halil Onan'dı. Yüzüme baktı, sonra güler yüzle bize doğru elindeki kâğıdı uzatarak,

"Sınava gerek yoktur, Bakanlık Budapeşte'den alınan diplomanın geçerliğini kabul etti" dedi. Söylenenleri hemen anlamadım. Sınava girmeyeceğim, "muadelet = geçerlilik" ne demek, beynimden bin bir korkutucu ihtimal geçti. Çok geçmeden durumumu anladım. O gün çok mutlu döndüm eve, herkes benim neşemi, sevincimi paylaştı. Sıra siyah önlük, beyaz kolalı yaka, kalın siyah çoraplara ve ayakkabılara gelmişti. Bunların hepsi alındı ve ben okulun ilk açıldığı sabah yine müdürlüğün kapısını çaldım. Müdür hemen zile basıp, hademeye 9-C'nin sınıf temsilcisini çağırtmasını tembihledi. Beni yabancı dil olarak Almanca öğretimi yapılan sınıfa koymuşlardı. Sınıf temsilcisi Nerime Elbe çıkageldi. Tire kökenli bu narin yapılı, kumral, bukleli saçlı kızcağız beni elimden tutarak yeni sınıfıma götürdü. Diğer kızlar beni merakla süzdüler. Çok geçmeden tüm lise beni "Macar Nermin" olarak tanımaya başladı. Bunun nedeni benim Türkiye'ye oradan gelmemdi. O dönemin İzmir Kız Lisesi çok değerli öğretmenlere sahipti. Edebiyat hocamız Esat Çınar, tarih öğretmenimiz Meliha Çınar Hanımdı. Türkçeyi iyi bilmediğim halde derste parmak kaldırmaktan çekinmiyordum. Hâlâ hatırlıyorum, tahtaya çıkıp tarih dersini anlatırken sınıfın benim kelimeleri yanlış ifade etmem nedeniyle gülmekten nasıl kırıldığını. Fakat hocalarımda büyük bir hoşgörü vardı. Hiçbiri beni eleştirmiyor, aksine Türkçe konuşmam hususunda hepsi özendiriyorlardı. Okulumdan çok memnundum. Yeni yeni arkadaşlıklar da kurmaya başlamıştım. Benim ilk rehberim olan Nerime'nin arkadaş grubu, yardımcı dil olarak İngilizce öğrenimi gören 9-A sınıfında idi. Onların iri yarı, ayağı hafifçe aksak Mr. Henry isminde bir İngilizce öğretmenleri vardı. Nedense 9-A sınıfı bana daha üstün kaliteli bir sınıf gibi görünüyordu. Nedeni galiba o sınıfta kendilerinden birçok şey öğrenebileceğimi sandığım kızların bulunması idi.

Bu kızların başında ölünceye kadar arkadaşlığımız hemen hemen aralıksız olarak sürmüş olan o zamanki adıyla Mübeccel Belik (sonra Türkiye'nin sosyoloji ve şehircilik uzmanı Prof. Dr. Mübeccel B. Kıray oldu), İstanbul'daki Arnavutköy Kız Koleji'nden naklen gelmiş olan Günseli Tamkoç (daha sonraları ABD'de Michigan'da Sosyal Hizmetler konusunda lisansüstü öğrenim gören ve on beş yıl North Carolina Üniversitesi'nde ders okutmuş olan Günseli Tilev), tüm bitki ve hayvanlara karşı büyük ilgi gösteren Karşıyakalı bir doktorun kızı Güner İçsezen, sevecenliği ve albenisi ile etrafında birçok dost kazanmış olan, "Kınalı Yapıncak" adı ile çağırdığımız, kızıl saçlı Türkân Erkin ve sevecen Perihan yer alıyordu. Bu gruba üye olabilmek başlıca emellerimden biri idi. Tabii bu dostluklar gençliğimize rağmen o kadar çabuk gelişmedi, fakat bir yıl sonra ben de bu halkanın ayrılmaz bir parçası olmuştum. Okula vapurla gidip geliyordum. Karşıyaka ile Konak arasındaki vapurda arkadaş olduğum diğer bir genç kız da "Güzel Engin" idi. Kendisi daha sonraları Türkiye'de sol hareketin öncülerinden olup, CHP milletvekilliği yapmış, *Yön* dergisini desteklemiş Cemal Eyüpoğlu ile evlenecekti. Okula gidip gelirken gözüme çarpanlardan biri de sabahları özel bir otomobil ve şoförle okulun kapısına bırakılan topluca bir kızdı. Onuncu sınıfla fen şubesinin son sınıfında da beraber okuduğumuz Nermin Arpacıoğlu İzmirli çok zengin bir tüccarın kızı idi.

Büyük bir kayıp

Rutin yaşamım devam ediyordu, beraberinde birçok güçlükler getirmecesine. Ramazan başlamıştı. Şefika Halamın evindeki düzene ayak uydurmak üzere ben de oruç tutuyordum. Tahir Amcamda yatmaya devam ettiğim için sahura da kalkamıyordum, dolayısıyla oruç beni hayli zorluyordu.

Allah'tan Ramazan kışa rastladığı için günler kısa idi. Okuldan sonra koşa koşa Şefika Halama gidip iftar sofrasına kuruluyordum. Orucu bir zeytinle bozup o sıcak çorbayı içmek ne kadar hoştu. Ramazan'dan sonra birdenbire büyük bir felaketle karşılaştım: çok kısa bir hastalık –sanırım zatürre– Şefika Halamı bizden koparıp aldı. Ne garip bugün bir iki Penisilin iğnesi ile tedavi edilebilen bu hastalık bir zamanlar ne kadar çok insanı Azrail'in pençesine düşürmüştü. Şefika Halam hastalanınca onu çok merak ediyor, her sabah vapura binmeden evlerine uğruyordum. Yine bir sabah içeri girdim, büyük sessizlikten dolayı her şeyi anladım, bana sahip çıkan, beni bir annenin sevencenliği ile kucaklamış olan "Hayatım" dediğim kadın o gece ölmüştü: Ömrümde ilk defa ölümün soğuk soluğu ile karşılaşıyordum. Şefika Halamı misafir odası olarak kullanılan, aynalı konsolun bulunduğu, odanın ortasında bir yer yatağı üzerine koymuşlardı. Güzel yüzünde sakin bir ifade vardı. Ağlamak istedim, ağlayamadım, oysa ikinci kez bir anneyi yitirmiştim. Bu olaydan sonra Karşıyaka'daki yaşamım büsbütün güçleşti. Sabri Amcamdan herhangi bir şey talep etmek istemiyordum, Tahir Amcam ise karısının elinde oyuncaktı. Bana verilen harçlık öğleyin ancak kaşarlı bir tost yemeye yetiyordu. Kısa bir zaman sonra vücudumu çok ıstıraplı bir egzama kaplamıştı, hastanede tedavi olmam gerekti. Şefika Halamın damadı Osman Bey aracılığıyla Tepecik'teki Deri Hastalıkları Hastanesi'ne yatırıldım. Bana yoğun bir B-Vitamini ve Kalsiyum tedavisi uygulandı. Hastanenin sevimsiz koğuşunda geçirdiğim günlerde o zamana kadar geçen yaşamımın öyküsünü yazdım –tabii Almanca...

Bitmek bilmeyen gecelerle dolu hastanedeki günlerim nihayet sona erdi ve tekrar okula dönebildim. Ancak Tahir Amcamın evindeki durumum giderek bozuldu. Evin tüm yönetimini eline geçirmiş olan Şükran'la aram iyi değildi, bana yine yol görünmüştü. Pek tabii gidebileceğim ilk yerlerden biri halamın evi idi.

İkinci Kordon'da yaşam

Halam 1937 yazında karşılaştığı ailevi facia nedeniyle Tilkilik'teki evi terk edip Sabri Amcama çok yakın, İkinci Kordon'da kiralık bir eve taşınmıştı. Meğer Karşıyaka'da bulunduğu yaz aylarında halamın göz bebeği gibi sakındığı, sevdiği, üzerinde titrediği tek kızı Cavide ansızın İstanbul'da ölmüştü! Ölüm nedeni olarak tüm aileye bireylerine "tifo" denildi. Ancak zamanla basında yer almış olan küçük bir haber İzmir'e ulaşmıştı. Buna göre genç bir kadın İstanbul'un en tanınmış doktorlarından berinin muayenehanesinde ilaç içmek suretiyle intihar etmişti... Anlatıldığına göre Cavide, daha önceki yıllarda bir apandisit ameliyatı nedeniyle İstanbul'da kendisini tedavi eden doktora âşık olmuştu. Karşılık görmeyince bu yolu seçmişti. Bütün bu olaylar ailenin çeşitli evlerinde ancak fısıltı halinde anlatılıyor, halam ise kızını bir tifo salgınında yitirdiğini tekrarlayıp duruyordu. Artık yaşama iyice küsmüştü. Evde üvey oğlu Cevat Ağabeyin karşısında sessizce oturuyor ya da namaz kılıyordu. Hala baba yarısı demektir, kuralı gereğince, herkes benim halamın yanında kalmamın uygun olacağını söyleyip duruyordu. Alsancak'tan okula devam etmenin daha kolay olacağını düşünerek ben de yavaş yavaş bu fikre ısındım ve var olan birkaç parça eşyamla bu kez halamın yanına geldim.

İkinci Kordon'da cumbalı tipik bir İzmir evi sayılan bu yeni yuvada da beklentilerimi gerçekleştiremedim. Halam üstesinden gelemediği bu büyük acı nedeni ile kimse ile fazla görüşmüyor, bana herhangi bir ilgi ya da şefkat göstermiyordu. Cevat Ağabey ile beni fikren meşgul eden herhangi bir konuyu tartışamıyordum, evin en şımarık bireyi, İbrahim

Ağabey ise beni her vesile ile aşağılıyordu. Kış soğuk geçiyordu, oturulan odaya konulan mangal ısıtmıyordu, eve gelir gelmez soluğu yatağımda alıyordum. Bu şartlar altında okul benim için yaşanmaya değer tek yer olarak görünüyordu. Oradaki arkadaşlar bana tüm özlemlerimi karşılayan, bana yaşama gücü aşılayan, Türkiye'ye uyumumu kolaylaştıran, bana yurdumu ve kültürümü sevdiren tek çevre idi. Böylece 1937-38 ders yılı sona erdi, ben onuncu sınıfa başarı ile geçmiştim. Arkadaşlarımın büyük kısmı İngilizce kısmında bulundukları için sınıf değiştirebilmem için başvuruda bulundum, idare bu isteğimi kabul etti. O yaz bir kez daha ev değiştirdim.

Tekrar Birinci Kordon

Münevver Yengem, halamın evinde karşılaştığım güçlükleri fark etmiş, tekrar Sabri Amcamın evine gelmemi önermişti bana. Başlangıçta tereddüt ettiğim halde sonunda öneriyi kabul ettim. Gerçi bana kendi çocuklarının yattığı üst kattaki odada yer vermemişti, fakat yine de bağımsız, iç avluyu şenlendiren tek bir ağaca bakan, küçük bir odam olmuştu. Yatağın samandan olması, bitişikteki diğer iki odada evin hizmetçilerinin yatması beni fazla etkilememişti. Şefika Halamın dışında barındığım diğer tüm evler bana hep geçici birer barınak gibi görünmüşlerdi. Bu da onlardan bir tanesi olacaktı, amaç liseyi bitirip, bir an önce meslek sahibi olmaktı. 1938 yazında yengem tüm aileyi İstanbul'a, Beşiktaş'ta yaptırmış olduğu küçük bir apartman dairesine götürmüştü. Yine sıkışık yatmak, yine ev halkından farklı, ayırımcılığa dayalı bir muamele görmek vardı. Fakat buna karşılık beni manen çok doyuran bir yer bulmuştum: yayan gidebildiğim Dolmabahçe Sarayı'nın salonlarında İkinci Türk Tarih Kurultayı nedeni ile düzenlenmiş olan görkemli bir sergi vardı. Her fırsatta oraya koşuyor, vitrinlerde sergilenen kitap ve haritaları inceliyor, güzel bir mekânın verdiği psikolojik rahatlamadan yararlanıyordum. Bir gece amcamın oğlu, ilkokul öğrencisi İsfendiyar, aniden kıvranmaya başlamıştı, amcam Avrupa'ya gitmişti, evde başka büyük yoktu, gece yarısından sonra kim taksi bulup çocuğu hastaneye yetiştirebilir? Tabii ancak Nermin! Çünkü onun başına bir şey gelse de önemi yok, önemli olan Sabri Suley'in ailesinin itibarının korunması idi... Gecenin üçünde Beşiktaş sokaklarında taksi ararken duyduğum korkuyu hâlâ kemiklerimde duyar gibiyim. Fakat gitmem isabet oldu, zira çocuğun apandisiti patlamış, kıl payı ile ölümden kurtuldu.

1938 yılının yaz ayları İstanbul kim bilir ne kadar güzeldi, fakat ben onun ancak Beşiktaş ve civarındaki güzelliklerinin tadına varabiliyordum. Aklım fikrim İzmir'de, okulumda idi. Nihayet dönüş tarihi belirlendi ve hepimiz yeniden Birinci Kordon'un sersemletici imbat rüzgârına, akşamüstü piyasa yapan, belli simalarına kavuşmuştuk.

İzmir'i anlatanlar

1920'lerden önce Rum, Ermeni, Musevi, Türk ve yabancılardan oluşan çok kültürlü bu kentin o zamanlarda otuz gazino ve elli yedi oteli bulunuyormuş. Ünlü İskandinav yazarlarından K. Hamsun ile H.C. Andersen *İstanbul'da İki İskandinav Seyyah* adlı kitaplarında İzmir'e ilişkin şu bilgileri veriyorlar:

"İzmir'in geniş ve derin körfezinin suyu bir karantina bayrağı gibi sarımsı yeşildi. Kıyıları Sicilya'yı andırmakla beraber daha bereketli görünüyordu. Güneş ateş gibi yakıcıydı... Sanki daha beşikteyken ninnilerde bana Asya kıyılarına ayak basacağım söylenmişti; hayalimde anılar canlandı ve ilk bakışta gözüme çarpan bir Fransız tiyatro salonu oldu. Burada bulunan Fransız kumpanyası bu gece *La reine de seize ans* (On altı Yaşındaki Kraliçe) ve *Les Premiers Amours* (İlk Aşklar) oynayacaklardı. İsveç Kraliçesi Christine pek çok şeyle meşgul olmuştu, ama, Asya'da bir tiyatroda kendisini Türklerle Rumlara göstereceğini aklına bile getiremezdi kuşkusuz."

İzmir'in kurtuluşunda çıkan büyük yangın on dokuzuncu yüzyıldan kalma binaların önemli bir kısmını götürmüştü. Ekonomik bağımsızlığını titizlikle koruyan Cumhuriyet yönetimi de yabancı sermaye sahiplerine fazla iyimser gözle bakmıyordu. Bu nedenle İzmir birazcık "uyuyan güzel"e benzer şekilde sakin, edilgen bir hayat sürüyordu. Akşam üstü Kordon'da gezinen delikanlıların ya da faytona kurulup dolaşan beyefendilerin kimliği hemen herkesçe malumdu. Normal bir yaşantım olsaydı her genç kız gibi bunlar beni de ilgilendirirdi. Oysa o sıralarda karşı cins beni tümden soğuk bırakıyordu. Aklım fikrim okulun başlama tarihi ve ona bağlantılı olarak arkadaşlarıma kavuşmamdı. Nihayet beklenen gün geldi ve ben de iyi öğrencilerinin bolluğu ile okulda ün salmış olan onuncu sınıfa girebildim.

Grubumuzun bilgi ve prestij açısından iki kutbu vardı: biri matematiği ve rasyonel düşünce tarzı ile kendini tanıtmış bulunan Mübeccel Belik namı diğer Beco, diğeri İngiliz dilindeki hâkimiyeti, zarafeti ve kuvvetli kalemi ile tanınan Günseli Tamkoç. Grubun diğer üyeleri Türkân, Güner, Nerime, Perihan ve ben bu iki önderin doğrultusunda hareket ederdik. Beco'nun ağabeyi Muzaffer, İstanbul Teknik Üniversitesi'nde okuyordu. Türk kamu hayatı, edebiyatı ve siyaseti ile ilgili haberleri onun mektuplarından öğreniyorduk. Atatürk'ün sağlığının giderek bozulmakta odluğunu yine bu kanaldan öğrenmiştik.

Atatürk'ün ölümü

Gazetelerde çıkan sağlık bültenleri Atatürk'ün sağlığının endişe verici olduğunu yansıtıyordu. Derken 10 Kasım 1938 geldi çattı... Daha okula yaklaşırken birçok öğrencinin gözyaşları içinde merdiveni tırmandıklarını gördüm. Yukarıda ise durum daha da hüzünlü idi, herkes gerçekten babasını kaybetmişçesine hüngür hüngür ağlıyordu. Öğretmenler bizleri avluda toplayıp birer konuşma yaptılar. Günlerce radyoda sadece Chopin'in *Marche Funebre'i* çaldı. Kulaklarımda hâlâ Behçet Kemal Çağlar'ın şiirleri çınlıyor. O dönemde yaşamamış kimse bu toplumsal psikolojiyi anlayamaz. Günümüz aydınları içinde Anti-Kemalizmi ilerici bir düşünce tarzı sayanlar bu milletin Atatürk'e olan bağlılığını anlayamazlar. Herkes, yaşlısı, genci, köylüsü, kentlisi, bu ülkenin ancak Mustafa Kemal sayesinde yeniden yaşanabilir bir hale geldiğini biliyordu. Özellikle yirmi birinci yüzyılın başında Bosna-Hersek'te, Müslüman azınlığa yapılan etnik temizlikleri izleyen bugünkü kuşaklar Atatürk'ün büyüklüğünü daha iyi anlamaya çalışmalıdırlar. Zira Mustafa Kemal, Hitler, Muslini, Primo de Rivera gibi akranlarından farklı olarak saldırgan bir milliyetçiliğe sarılmaksızın bizleri ulusal bir kimliğe kavuşturmaya, ümmetten ulusa geçme sürecinin güçlüklerini ise halkla bütünleşmek suretiyle yenmeye çalışmıştır.

Atatürk'ün ölümü okulda bir çeşit kitlesel psikoz yaratmıştı. Pek çok öğrenci cenaze günü bir ağlama ve bayılma krizine tutulmuştu. Radyo ve basından izleyebildiğimiz ölçüde Atatürk'ün cenaze töreni görülmemiş bir toplumsal matemin göstergesi olmuştu. Abartmaksızın denilebilir ki tüm uygar dünya Atatürk'ün şahsında yirminci yüzyıla damgasını vurmuş büyük bir devlet adamının yasını tutuyordu. İstanbul'a gelen devlet büyüklerinin demeçleri, yerli ve yabancı yazar ve düşünürlerin beyanları bu gerçeğin altını çizmişti.

Arkadaşlarımın beni toplumsallaştırma yöntemleri

Onuncu sınıf o dönemin ders programları açısından en zor sınıftı. Henüz bakalorya (olgunluk) sınavı kaldırılmamış olduğu için öğrenciler son sınıfta edebiyat/fen şubeleri arasında bir tercih karşısında bırakılıyorlardı. Dolayısıyla tüm ağırlıklı dersler lise bitirmeden bir yıl önceye alınmıştı. Türkçem sürekli olarak ilerliyordu. Bunda en büyük pay –bunu hâlâ şükran ve minnet duyguları ile anmayı borç biliyorum– beni bir Türk aydını yapmaya azmetmiş olan öğretmenlerimle arkadaşlarımla düşmektedir. Özellikle Beco ve Günseli benim hangi sıra ile Türk edebiyatçıların romanlarını okumam gerektiğine karar veriyorlardı. İşe Reşat Nuri Güntekin'in romanları ile başlamam uygun görüldü. Tıpkı evde ders çalışırcasına, evde ödevlerimi bitirdikten sona birde roman okuyordum. Bitince de "sınav kurulu" tarafından sorguya çekiliyor, yorum yapmaya zorlanıyordum. Başka bir deyimle resmi ders programına girmeyen, çağdaş Türk edebiyatını, ben akranlarımdan öğrendim. İyi ki bu işi bana yaptırdılar. Önce *Çalıkuşu*'nu, *Akşam Güneşi*'ni okudum. Reşat Nuri'den sonra sıra Yakup Kadri'ye geldi. Onun *Kiralık Konak* ve *Yaban*'ını büyük ilgiyle okudum; kendimi de azıcık *Yaban*'daki baş kişiye benzetiyordum, tüm çabalara karşın toplumla tam bütünleşemeyen bir kişi. Sonra Halide Edip Adıvar gündeme gelmişti. *Ateşten Gömlek, Handan*'dan sonra sıra *Sinekli Bakkal*'daydı. Tüm romanların içinde beni en fazla etkileyen bu roman olmuştur. Rabia ile Peregrini arasındaki konuşmaları sanki benim sorularımı, kuşkularımı da içeriyormuşçasına okuyordum. Halide Edip'e hayran kalmıştım. Çok sonraları Türkiye Büyük Millet Meclisi'ne Demokrat Parti'nin listesinden bağımsız aday olarak girdiği zaman tutucu düşüncelerini yadırgayacaktım. Ancak yaşamı boyunca giriştiği tüm mücadelelerine yine de hayrandım.

Türk edebiyatının yanı sıra grubumuz Türkçeye aktarılan yabancı edebi eserleri de izliyordu. Bunlar arasında Beco'nun ağabeyinin göndermiş olduğu André Gide'in Avni İnsel tarafından çevirisi yapılan *Dünya Nimetleri, Dar Kapı* önemli bir yer işgal ediyordu. O sırada hiçbirimiz eşcinsellik konusunda fikir sahibi değildik, hoş o dönemin genel ahlakı korumayı amaçlayan normları nedeniyle heteroseksüel aşkla ilgili konularda da pek bilgi sahibi sayılmazdık. Bu nedenle Gide'in Nathanael'e söyletmiş olduğu mısraları içimizdeki saf özlemlerin bir ifadesi olarak görüyor, özellikle İzmir'in emsalsiz gurubu karşısında bu satırları tekrar tekrar yüksek sesle okuyorduk.

Yeni hocalara kavuşmuştuk. Divan edebiyatına ufak tefek, güler yüzlü Munife Hanım, fizik dersine daha sonraları CHP İzmir Milletvekili Lebiboğlu ile evlenen Müveddet Hanım geliyordu. Sosyoloji dersini ağırbaşlı ve ciddi Kâzım Bey veriyordu, kimyaya da kendine özgü bir Türkçe şivesi olan Rum asıllı Ligor Bey giriyordu. İlk karnem çok parlaktı, beş onum, birkaç dokuzum vardı. Sınıfta saygın bir yer edinmiştim. Ancak bu başarılara karşın evdeki durumum giderek kritik bir hale gelmişti. Yengem her fırsatta yüzüme karşı bir sığıntı olduğumu haykırıp, beni çok hırpalıyordu. Günlük yaşantım da hayli sıkıntılı idi. Kendimi hep Dickens'in kahramanı David Copperfield'a benzetiyordum. Yengem şiddetli bir uykusuzluk çekiyordu. Bunu gidermek üzere benden ayaklarını ovmamı ve kendisine masal, hikâye anlatmamı isterdi. Bu istekleri genellikle gece yarısına doğru belirirdi, dolayısıyla derslerimi bitirip tam bir tatlı uykuya daldığım sırada yeniden uyandırılmak ve adeta halkalı bir köle gibi sabahın ikisine kadar ona lalalık yapmak çok ağır geliyordu. Sabahları okula genellikle ağlamaklı geliyor, önce arkadaşlarıma dert yanıyor sonra tekrar normal bir hale geliyordum.

Daha dokuzuncu sınıftan itibaren yakınlık duyduğum grubumdan başka İzmir Valisi Fazıl Güleç'in kızı Altıntaş'la da arkadaş olmuştum. Ara sıra İzmir'in Vali Konağına gidip onunla matematik derslerine çalışıyordum. Kendi grubumun dışında arkadaşlık ettiğim diğer bir kişi benim gibi ilk ve orta okulu evde, özel dersler almak suretiyle bitirmiş olan Nermin Arpacıoğlu idi. İzmir'in tanınmış bir ailesine mensup olan adaşım ağırbaşlı, çok çalışkan bir kızdı. Okula şoförlü özel otomobili ile gelirdi. İlk görünüşteki gururlu haline rağmen arkadaş canlısı idi. Takma adı "Profesör"dü. Ne var ki liseyi bitirince beklediğimizin aksine üniversiteye devam etmedi. Yurtdışına gitmek istiyordu, fakat savaş bu niyetini engellemişti. Ege Üniversitesi kurulunca önce Eğitim Fakültesi'ni bitirmiş, sonra Tıp Fakültesi'nde Halk Sağlığı alanında doktora yapmış. Nermin tüm yaşamını gönüllü işlere adamış, Kızılay kurumunda önemli ödevler yüklenmiştir.

İzmir Fuarı'nda çevirmenlik

Evdeki çekilmez duruma son vermek için aklımda kimseye açmadığım bir proje oluşturdum: yazın çalışıp son sınıfı yatılı okuyacaktım. Bugünlerde herkesçe son derece normal karşılanan bu masum istek, yani yazın çalışmak, ailede bir fırtınanın kopmasına yol açtı. Nasıl olur da bir Suley, üstelik bir kız, gidip dışarıda çalışır? Herkes Sabri Bey yeğenine bakmıyor diyecekmiş, bu durum Sabri Suley'in itibarına zarar getirecekmiş. Bu engellemelere rağmen niyetimi gerçekleştirme kararım kesindi. İlk fırsatta nerede iş bulabileceğimi düşünüp duruyordum, derken *Yeni Asır*'da 1939 yazında İzmir Fuarı'nın binalarının tasarılarını yapmak üzere Fransa'dan çok ünlü bir mimarlar heyetinin İzmir'e davet edildiğini okudum. Aralarında ününü sonradan öğreneceğim Le Corbusier de yer alacaktı. (Daha sonraları Le Corbusier, özür dileyerek gelemeyeceğini bildirmiş, ancak çok yetenekli yardımcılarını yollamıştı.) Bu mimarların çevirmene ihtiyacı olacağını düşündüm. Dönemin belediye başkanı Dr. Behçet Uz'un babamı da tanıdığını duymuştum. Nasıl ki Budapeşte'de sefire çıkmışsam, bu konuda da belediye başkanına gitmeye karar verdim. Gerçekten de İzmirlilere önemli hizmetlerde bulunmuş olan Dr. Behçet Uz benim gibi küçük bir liseli kızı huzura kabul etti, dileğimi dinledi ve inanılması güç bir olay, bana istediğimi verdi! Böylece son sınıfa parlak bir karne ile geçerken aynı zamanda bir iş sahibi de olmuştum. İlk işim çalışma ortamına uygun giysiler sağlamaktı. Biriktirdiğim harçlıklarımla biri lacivert beyaz puanlı, diğeri kırmızı –keza– puanlı iki elbiselik basma aldım. Sümerbank'ta bulduğum bu kumaşların metresi 33 kuruştu. Bu kumaşlarımla Karantina'da bir elbiseyi iki liraya diken bir terziye yollandım ve çok geçmeden düzgün bir gardıroba kavuşmuştum. Evet, yeni işimden dolayı çok sevinçli idim. Acemiliğimden olacak, bana ne kadar para ödeyeceklerini sormayı unutmuştum. Fakat Dr. Uz'a güvenim tamdı: benim herhalde sömürülmeme razı olmayacaktı. İşyerim o gün Fuar'daki yuvarlak havuzun arkasındaki bina idi. Mimarların hazırladıkları çeşitli proje önerileri ve raporları tercüme ediyordum. Türkçemin pek mükemmel olmadığını bildiğim için yanımdaki delikanlılara danışıyor, elimden geldiği ölçüde yararlı olmaya çalışıyordum.

Savaş bulutları

Gazetelerden izlediğim ölçüde Avrupa'nın gökyüzünde savaş bulutları toplanıyordu. Bu olumsuz gelişmeyi zaten bekliyordum, zira Hitler'in son yıllardaki saldırgan konuşmaları, buna karşın İngiltere başbakanı Chamberlaine'in özellikle Münih anlaşması ile belgelediği teslimiyetçi politikası nedeniyle bu işin er geç çatışma ile biteceğini tahmin ediyordum. Nereden mi? Amcamın eve getirdiği *Daily News* gazetesinde Almanya'daki Nazi şeflerinin her vesile ile halka "Bize tereyağı yerine top gereklidir!" (Kanonen stat Butter) dediklerini okuyordum.

Fuardaki işimden on dakika izin alabildiğim zaman iki spor türüne dadanmıştım. Biri akşam üzeri paraşüt kulesinden atlamak, diğeri ödünç bir bisikletle fuar alanının turunu yapmak. 3 Eylül 1939 günü yine bisiklete binmiştim, saat henüz erkendi, ortalık tenha idi. Arkeoloji Müzesinin önündeki havuza etraftaki ağaçların görüntüsü aksetmişti, hava ne sıcak ne serindi. Derken öğleyin saat birde Fuar'ın hoparlörünün açıldığını bildiren metalik bir gürültü duyuldu, arkasından gelen tok bir erkek sesi İngiliz ve Fransız hükümetinin Hitler'in 1 Eylül 1939 günü Polonya'ya karşı uyguladığı "Blitzkrieg" (Yıldırım savaşı) sonucu olarak gerçekleştirmiş olduğu ilhakı tanımadıklarını ve her iki devletin Almanya'ya savaş ilan ettiklerini bildirdi. Yorum yoktu. Hemen anlamıştım. Bu karar yeni bir dünya savaşının başlangıcı olacak, bizim kuşağımıza sayısız acı, gözyaşı, ıstırap getirecekti. Niçin, neden gibi sorular kafamı karıştırıyordu. Yanıt yoktu, fakat bana bir şey kesin görünmüştü: bizim kuşağımız tam hayatının ilkbaharını yaşarken üstesinden gelemeyecek ölçüde ağır uluslararası sorunlar ve çıkmazlarla karşı karşıya kalacaktır. Tek dileğim Türkiye'nin bir savaşa sürüklenmemesi olmuştu. Hitler orduları Avrupa'yı kasıp kavururken ve peş peşe Avusturya, Çekoslovakya, Polonya'yı ilhak ederken bizler, o günün gençleri sadece sonsuz ürküntü içinde kalmıştık. Kader bizlerin zihinlerini, 1940 yılı lise mezunlarına nasıl bir senaryo hazırlamıştır sorusu ile işgal ediyordu. Savaşa ilişkin haberleri amcamın eve sık sık getirdiği İngiliz gazetelerinden, bir liralık haftalığımdan 35 kuruşunu ayırdığım *Tan* gazetesinden ve radyodan izliyordum. Zekeriya Sertel ile Sabiha

Sertel'in yorumlarını büyük bir merakla izliyor, yorumlarını kaynak olarak kullanıyordum.

Son sınıfta yatılı okumak

Fuar'daki işim İzmir'in Kurtuluş Bayramı 9 Eylül'de sona ermişti. Tüm yaz boyu ücret olarak hiç para almamıştım. Oysa okulların açılışı yaklaşıyordu ve benim yatılı olabilmem için gereken ilk taksiti yatırmam gerekiyordu. Cesaretimi toplayıp belediyenin muhasebe müdürlüğüne gidip paramı alıp alamayacağımı sordum. Uzun formalitelerden sonra 120 liramı bir cuma günü, akşam üstü alabildim. O akşam amcam yemek esnasında bankaya gitmeye vakit bulamadığını, oysa acele bir ödeme yapması gerektiğini söyleyince, büyük bir nefse güven ve övünç ile "Amca, ben size borç verebilirim, birikmiş bütün maaşlarımı bugün aldım" diyebildim. Bunca yıl ve ayların ezikliğinden sonra böylece hıncımı almış oldum. Gerçekten de amcama bu parayı verdim, pazartesi ise onu geri alınca doğru liseye koşup yatılı ücretin ilk dört aylık taksitini yatırdım. Bu arada amcam yatılı okuma dileğimi makul bulup bana ikinci taksiti kendisinin vereceğini, ayrıca benden dört yaş küçük olan kuzenim Hale'yi de okula yatılı vereceğini bildirdi. Böylece ikimiz 1939 Eylül sonu İzmir Kız Lisesi'ne yerleştik.

Yatılı olmak bana cennete girmek gibi geldi. Yatakhanede otuza yakın arkadaşın bir arada yatması, bana ancak kapıya yakın bir yerin düşmesi hiç önemli gelmedi. Arkadaşlarımla daha çok vakit geçirecektim, gece yarısı kalkıp masaj zorunluluğu olmayacaktı. Okulun müdür yardımcısı Hayriye Hanım çok anlayışlı bir insandı. Bizim gruba güveniyor, bazı isteklerimizi yerine getiriyordu. Yatılı öğrencilerin en büyük merakı sinemaya gidebilmekti. Hayriye Hanım para toplayıp son sınıf öğrencilerinin kendi başkanlığında grup halinde gece Elhamra sinemasına gitmesine izin veriyordu. Böylece Ginger Rogers ve Fred Astair'in danslı komedilerini, Carmen Miranda'nın *La Cucaracha*'daki danslarını, Johann Weissmüller ve Maureen O'Hara'nın *Tarzan*'daki dalışlarını, Norma Shearer ile Mickey Rooney'nin Max Reinhard tarafından beyaz perdeye aktarılan Shakespeare'in *Bir Yaz Gecesi Rüya*'sını, Lilian Harvey'in *Kongre Eğleniyor* filmlerini seyredebildik. Özellikle Shakespeare'in hayal kudretimi zenginleştiren o nefis yapıtını ve o arada ormanların muzip cini Pan rolündeki Mickey Rooney'yi hiç unutmadım. Okul yönetiminin bizden esirgemediği güven bununla bitmiyordu. Yabancı dildeki radyo yayınlarını izlediğimizi bildikleri için bizim gruba yemekhanenin anahtarını da zaman zaman veriyorlardı. Biz o zaman kahvaltıda arttırabildiğimiz kaşar peynirlerimizi yemekhanenin ortasında duran kocaman sobada ekmekle birlikte kızartıyor, 16.00-17.00 arasında yayın yapan Hollanda'daki *Happy Station*'ı dinliyorduk. Bu yayından hem son haberleri alıyor hem de sevdiğimiz şarkıları dinliyorduk. Programın yapımcısı, dinleyicileri mektup yazmaya teşvik ediyordu. Biz de onu yaptık, bir de ne görelim: birkaç hafta sonra bu yayının başındaki spiker bize şöyle sesleniyordu: "Ey Türkiye'nin güzel kenti İzmir'den bize mektup yazan altılı kız çetesi! Mektubunuzu aldık, bizi izlediğinize çok sevindik, şimdi istediğiniz parçayı çalacağız!" Teker teker isimlerimizi okumasın mı... Bu olay bizi son derece sevindirmişti. Artık uluslararası alanda adı geçen kişiler olmuştuk! İnsan gençken ne kadar masum ve basit olaylardan keyiflenebiliyor...

Evet, bu zaman dilimi içinde İkinci Dünya Savaşı başlangıçtaki ağır temposu ile dünya kamuoyunu yavaştan yavaşa etkilemeye başlamıştı. Fransızların deyimi ile "cette drôle de guerre" (o acayip savaş) devam ediyordu. Fransızlar inşa ettikleri Maginot hattı nedeni ile durumlarını emin sanıyor, İngilizler ise Manş'ın ötesinden olayları soğukkanlılıkla izlemekle yetiniyorlardı. Bu arada Nazi Almanya'sının can düşmanı Sovyet Rusya ile anlaşması, Hitler ile Stalin'in saldırmazlık paktının imza töreni sırasında el sıkışması dünyayı iyice şaşırtmıştı. Hitler Almanya'sının güçlü propaganda mekanizması ve hırslı bakanı Göebbels'in Nazi ideolojisi lehine uyandırmaya başardığı ortam Türkiye'de de meyvelerini vermeye başlamıştı. Özellikle *Cumhuriyet* gazetesinde sütun sahibi olan asker kökenli Hüsnü E. Erkilet savaşın büyük olasılıkla Almanya'nın zaferi ile sonuçlanacağını yazıp duruyordu. Kurulacak yeni düzende belli bir ırkın, Aryanların, üstünlüğünün belirleyici olacağı açıktı. Aklıma hep annemin bu konudaki görüşleri geliyordu. Hitler'in durdurulmaz yükselişi ve dünyaya meydan okumasından çok ürküyordum. Bahar gelmişti. İzmir körfezinin o emsalsiz guruplarını lisenin bahçesinden seyrediyorduk. Zaman zaman bu gurubu şarkı söyleyerek kutluyorduk.

Okulumuz o bahar aylarında iki gezi düzenlemişti. Birincisinde Reşat Nuri Güntekin'in *Dudaktan Kalbe* adlı romanının önemli sahnelerinin cereyan ettiği Bozkaya'ya gitmiştik. Türkân'ın (sonra Erkin soyadını aldı) önerisi üzerine hepimiz papatyalar toplayıp, bunlardan ördüğümüz taçlarla başımızı süslemiştik. O günün resimlerine bakıyorum, tüm mütevazı yaşam tarzına rağmen geleceğe ne kadar ümitle bakıyorduk. Dışımızdaki ülkelerde savaşın estirdiği korkunç koşullardan haberimiz yoktu. İkinci gezimizi Bergama'ya yapmıştık. Bu eşsiz harabe ve kalıntılara daha önce gitmiştim. Hiç unutmadım: daha sonraları arkeoloji profesörlüğüne yükselen Jale İnan, Hollandalı ve Macar meslektaşlarını Bergama'ya götürürken, Macar hanıma çevirmenlik etmem için beni de davet etmişti. O yılların Bergama'sında müzeye bitişik temiz, küçük bir otel vardı. Programa göre güneş doğmadan kalkıp dünyanın en dik tiyatrosuna çıkacaktık. Gerçekten de sabahın dördünde bir araba ile o zamanlar hayati bir tehlike arz eden dönemeçli bir yoldan akropolün tepesine çıktık. Rehberimiz Jale Hanım'dı. Bizi akropolün avlusundan geçirerek küçük kemerli bir kapıya getirdi. Bu kapıyı aştığımızda ömrüm boyunca unutamayacağım bir manzara ile karşılaştım: doğan güneşin huzmeleri ayaklarımızın altında serilen o eşsiz amfiyi ve daha aşağılarda Menderes nehrinin çizdiği kavisleri aydınlatmıştı... Ülkem ne kadar güzel, burada yaşayabilmek bir mutluluk, düşünceleri aklımdan geçti. Sanata, bilime, öğrenime böylesine önem veren bir ülkenin yurttaşı olmaktan çok kıvanç duyuyordum. Bu ilk anımı izleyen ikinci gelişimde arkadaşlarla birlikte güle oynaya, akropole en alttan tepeye kadar yayan çıkmış, sonra o dik tepenin tüm uygarlık kuşaklarını yansıtan teraslarını teker teker dolaşarak kentin pazar mahallesinde bulunan Basilica'yı ziyaret etmiştik... Selçuklulardan kalma topların önünde çektiğimiz fotoğraflarda öğretmenlerimiz de yer almıştı. Tek partili dönemin yarattığı otoriter yönetim tarzına rağmen bizlerin, yani öğrencilerin, öğretmenlerimiz ile ilişkilerimiz çok yumuşak ve ahenkli idi.

Nazi çizmesi altındaki Avrupa

Mayıs gelmişti, garip savaş birdenbire ciddileşti. Hitler'in komutanlarının Blitzkrieg dedikleri yıldırım savaş yöntemi ile Alman ordularının birkaç gün içinde Avrupa üzerinden bir silindir gibi geçtiklerine tanık olduk. Norveç'ten başlayarak Danimarka, Hollanda, Belçika, Fransa'nın bir kısmı Nazi orduları tarafından işgal edildi. Fransız hükümeti başkentin tarihi binalarını koruyabilmek için Paris'i "açık şehir" olarak ilan etti. Sinemalarda gösterilen aktüalite filminde Hitler'in Paris'in en görkemli ana caddesi Champs Elysée'de askerlerinin resmi geçidini izlerken, sevicinden tek ayak üzerinde nasıl zıpladığını göstermişti. Avrupa'ya saldırgan, şoven bir ırkçılık ve koyu bir Yahudi düşmanlığı yayılmaya başlamıştı. Hitler'in en yakın müttefiki, uluslara can veren, onları gençleştiren tek etkenin savaş olduğunu haykıran Mussolini de Piazza Venezia'nın balkonunda insanlık için yeni bir çağın başladığını haykırıyordu. İtalyan faşizminin sloganı "Mare nostrum" (Akdeniz bizimdir), Türkiye'deki sorumlu makamları tedirgin kılmıştı. İlk önlemlerden biri başta Antalya olmak üzere Akdeniz kıyılarına inecek yolların yapılmasını yasaklamak olmuştur. Türkiye Cumhuriyeti çok isabetli bir öngörüşle savaşın başladığı aylarda İngiltere ve Fransa ile Nyon'da bir ittifak anlaşması imzalamıştır. Böylece tarafsızlığımızı korumakla beraber uluslararası hukuk açısından müttefikler safında görünüyorduk. 1940 baharında bu hareketli ve milyonlarca insana acılar, ıstıraplar getiren savaş harekâtını izlemek giderek güçleşiyordu, zira yürürlükte olan lise bitirme sistemine göre mezun olabilmek için önce sınıf geçmek, sonra da olgunluk sınavına girip başarılı olmak gerekiyordu. Vaktimi sadece gazete okumaya ve radyo dinlemeye ayıramıyordum.

Son sınıfta fen şubesi

Son sınıfa geçerken ileride kimya tahsili yapma niyeti ile fen şubesini seçmiştim. Oysa fen derslerinde edebiyat derslerinde olduğu kadar başarılı değildim. Özellikle matematikte çok zorlanıyordum. Bu eksikliğimi gidermek üzere belli aralıklarla İzmir valisinin kızı Altıntaş'ın misafiri olarak evine gider, birlikte ödevleri çözerdik. Ancak daha sonra İstanbul Üniversitesi'nde matematik profesörü olacak olan Altıntaş'ın yardımları da yetmez oldu. Hocamız aynı zamanda akrabamız olan "Sıfırcı" Cevdet Bey beni matematikten ikmale bıraktı, coğrafya hocası ise yeter derece Türkiye'nin nehir ve göllerini ezberlemediğim için Cevdet Bey'in değerlendirmesine katıldı. Birdenbire dünya olayları ortadan kalktı, benim dünyam savaşa girmediğimiz halde bir günde karardı. Mezun olamamak tüm hayallerimin suya düşmesi anlamına geliyordu. Korkunç bir bunalıma girdim. Bu başarısızlık karşısında okulun son haftaları süresince okuldan ayrılıp derdimle evde baş başa kalmayı yeğledim. Fen şubesinin diğer öğrencileri mezuniyetlerini kutlarken ben yoktum. Kimse ile vedalaşamamıştım.

1940 yazı

O yıl amcam Birinci Kordon'daki büyük konağı bırakıp yengemle daha kolay yönetilebilen, o zamanki NATO binasının arkasına rastlayan bir apartmanın birinci katına taşınmıştı. Okul bittiği sırada yengemle çocukları –Perizat, Hale ve İsfendiyar– tatillerini geçirmek üzere İstanbul'a, Suadiye Oteli'ne gittiler. Evde, amcamla ben baş başa kaldık. Yemeklerimizi sessizce yiyorduk. Sanki *Le Silence de la Mer* romanındaki kahraman gibi bir ortam doğmuştu, yalnız ben zaman zaman bazı düşüncelerimi dile getiriyordum, amcam karşılık vermeden dinliyordu. Amcam bürodaki çalışma saatleri dışında, İzmir'in Levanten kolonisinin kâğıt oyunu ile vakit geçirdiği kulübe devam ediyordu. Bir iki defa firmanın Kemeraltı'nda bulunan bürosuna gitmem gerekti. Yığılmış kuru üzümle incirin bozulmaması için üzerine dökülen potasyumun keskin kokusunu hâlâ duyar gibiyim. O dönemde incirlerin işlenmesinde uygulanan yöntemleri gözleri ile görenlerin daha sonra cicili bicili selofan kâğıtlarına sarılı kuru inciri yemek isteyecekleri düşünülemez. Zira geleneksel usullere göre incirler paketlenmeden önce üstü başı perişan yevmiyeli erkek işçilerin çıplak ayakları ile yoğruluyordu!

Handa, Cevat Ağabeyime de rastlıyordum, benim oralara gelmemi hiç istemezdi. "Burası kızlara göre bir yer değil, ne işin var" diyerek beni nazikçe kovuyordu.

Lisedeki parlak performansımdan sonra tam mezun olacağım sırada karşılaştığım büyük yenilgi bende sınırsız bir hırsa dayalı iki istek uyandırmıştı: bana karşı haksız davrandığı kanaatinde olduğum Cevdet Eniştemden layık olduğumu sandığım notu almak, bir an önce liseyi bitirmek ve İstanbul'daki üniversiteye kaydolmak. Gerçi o yıllarda Ankara Üniversitesi de ortaya çıkmıştı, fakat nedense başkentte okumayı hiç düşünmemiştim. Fen derslerinde sandığım kadar başarılı olamadığıma kanaat getirince, önce İktisat Fakültesi'ne kaydolmayı düşündüm. Fakat kırk yılda bir benimle sohbet etmeyi kabul eden amcam iktisat yerine hukuku seçmemi önerdi. "Hukuk hayatta pek çok kapıyı açan bir anahtardır" derdi. Bütünleme sınavlarında başarılı olabilmek için eski formülü uyguluyordum. Genç öğrencilere ders veriyor, kazancımla bir üniversite öğrencisinden matematik dersi alıyordum. Günlerim tekdüze geçiyordu. Evde çoğunlukla yalnızdım. Amcam halamdan erişte yapmasını istemişti. Bu amaçla mutfağa içinde yaklaşık 200 yumurta bulunan kocaman bir sepet gelmişti. Can sıkıntısından günde bir ya da iki kez kendime menemen ya da omlet yapmaya başlamıştım. Söylemeye gerek yok, çok geçmeden korkunç bir alerji yüzünden neredeyse yatağa düşecektim. Bir süre yumurtaya hiç el sürmemeye karar verdim.

İSTANBUL – II

İstanbul Üniversitesi'ne kayıt

Nihayet beklediğim gün geldi: her iki ikmal sınavım başarılı geçti, onu takiben olgunluk sınavını da aştım. İstanbul'a giden yol açılmıştı. Mezun olduğum fen şubesinin üyeleri için ileriki yıllardaki bilançosu parlaktı: on altı kişilik sınıftan dört kişi akademik kariyere girip profesör oldu. Bunlar sırası ile şunlardı: Mübeccel Kıray, Ankara ve ABD Northwestern üniversitelerinde çifte doktora unvanı kazandıktan sonra ODTÜ'de sosyoloji kürsüsünü, daha sonraları İstanbul Teknik ve Marmara üniversitelerinde Kent Sosyolojisi ve Kent Planlaması bölümlerini kurdu. Altıntaş Güleç İstanbul Üniversitesi Matematik profesörü oldu, Zeynep Korkmaz ise Ankara Üniversitesi'nin Dil ve Tarih-Coğrafya Fakültesi'nde Türkoloji profesörü oldu. 12 Eylül'den sonra TRT ve YÖK üyeliği de yaptı. Bana gelince, ben o tarihe kadar erkeklerin tekelinde bulunan "Mektebi Mülkiye", daha sonraki Siyasal Bilgiler Fakültesi'nde Siyasal Davranış kürsüsünü kuran, bir süre kuruluş hazırlıklarına da katıldığım SBF'ye bağlı Basın Yayın Yüksek Okulu'nun iki defa müdürlüğünü üstlenen, Mülkiye gibi eski bir geçmişe sahip olan kuruma ilk giren kadın akademisyen olacaktım. Geriye bakınca sonucun gerçekten övgüye değer olduğunu görüyorum. Bir kız lisesinde sınıfın yüzde yirmi beşinin akademik kariyere girip en üst kademeye ulaşması! Böyle bir sonuç bizlere o zaman oldukça doğal görünmüştü. Bizim gibi Cumhuriyet kızları kuşağına mensup olanlar için kapılar her yerde açık tutulmuştu.

Bunun bugün böyle olmadığı bilinen bir gerçektir. Gerçi bizim zamanımıza kıyasla çok daha fazla iyi eğitilmiş, yetenekli genç kadın, sorumluluk yükleyen, karar verme yetkisi taşıyan mevkiler işgal etmektedir. Ne var ki rekabet çok daha çetindir ve ortam bizim döneme kıyasla çok daha acımasızdır. Kadınlar lehine yürürlüğe sokulan bazı uygulamalar –takı yapma, bez oyuncak üretme öğretmek gibi– göz boyacılıktan öteye geçmemektedir. Bu açıdan bizler, Cumhuriyetin ilk yüksek öğrenim görmüş olan kadınları çok şanslı sayılıyoruz. Bilime giden ışıklı yolu açmış olan Atatürk'ü yitirmiştik, fakat onu izleyen hükümetler kadın erkek eşitliğinin yerleşmesi açısından desteklerini esirgemiyorlardı. 1950'den sonra ileri sürüldüğü gibi bizim kuşağı seksüel birer yurttaş olarak değerlendirmeler de zorlanmış yorumlardı. Her birimiz gençliğin ve kadınlığın verdiği nefse güven ve fütursuzlukla hayata gülümseyerek bakmayı ilke olarak benimsemiştik. Yaşamamızı sadece kamusal alanda birer erdemli yurttaş olarak geçirmeye hiç niyetimiz yoktu. Her birimiz özel yaşamamızda birer prens bekliyorduk. Onu gerektiğinde kendimiz bulmacasına...

İstanbul Üniversitesi ile tanışma

1940 Ekim başı, Avrupa İkinci Dünya Savaşı'nın acıları ile kıvranıyordu. İngiltere halkı hariç Avrupa ülkelerinin büyük çoğunluğu Alman ordusunun işgali altında ezilmekteydi. Oysa bizler, Cumhurbaşkanı İnönü ve CHP'nin ileri gelenlerinin ustalıkla yürüttükleri uluslararası ilişkilerdeki denge oyunu sayesinde geleceğe umutla bakıyorduk. İzmir'den kalkan geminin küpeştesine dayanmış, İzmir körfezinden çıkışımızı seyrederken gençliğin verdiği umursamazlıkla geleceğime ilişkin tasarımlar oluşturuyordum. Kararım kesindi: öğrenimimi en ileri noktaya kadar sürdürecektim. Bunun yalnız Atatürk Türkiye'sinde mümkün olduğunu biliyordum.

İstanbul'da ilk işim Beyazıt'ta üniversitenin ana binasına gitmek oldu. Bugün de zevkle kat ettiğim ağaçlı yol o zaman bana bilgi tapınağına yaklaşmam nedeni ile tatlı bir ürperti, değişik bir çekingenlik duygusu vermişti. Giriş sınavının olmadığı o mutlu günlerde öğrenciler ellerinde lise olgunluk diploması ile diledikleri fakültelere kayıt olabiliyorlardı. Sadece Güzel Sanatlar Akademisi –bugünkü Mimar Sinan Güzel Sanatlar Üniversitesi– ile İstanbul Teknik Üniversitesi yetenek sınavı açıyordu. İstanbul Üniversitesi'nin kayıt bürosu zemin katta bulunuyordu. İçerisi oldukça tenha idi. Birkaç kişiden sonra sıram geldi, tercihim Hukuk'tu. Kısa süren bir işlemden sonra belli bir günde üniversitenin tören salonuna gelmemiz bildirildi. Bu arada bir yurt bulmam gerekiyordu. İzmirli arkadaşlarımın tavsiyesiyle Laleli'de bulunan Güneş yurdunda karar kıldım. Bir apartmanın üst katını işgal eden bu yurdun aylık ücreti 20 TL idi.

Verilen tarih gelip çattı, çiçeği burnunda kalabalık bir grup genç erkek ve kız öğrenci ile birlikte heyecanla görkemli eski Harbiye Bakanlığı'nın ahşap merdivenlerini tırmandık. Birinci katta girdiğimiz salonun tavanı baştan aşağı yaldızlı, renkli çiçekli motifler yansıtan yağlı boya süsleri ile kaplıydı, salonda da tarihin ağır kokusu egemendi, huşu veriyordu. Biraz sonra o dönemin rektörü Devletler Hukuku profesörü Cemil Bilsel salona girdi, beraberinde Hukuk Fakültesi'nin öğretim üyeleri de dizildi. Daha sonra akademik kariyere giren fakülte sekreteri Mahmud Belik sıra olmamızı tembihledi. Rektör tek tek hepimize İstanbul Üniversitesi'ne hoş geldiniz dedi, hangi liseyi bitirdiğimizi sordu ve başarılar dileyerek elimizi sıktı. Diğer öğretim üyeleri de elimizi sıktılar. Bu karşılamayı beklememiştim, demek bilim tapınağına girmekle kalmadım, ayrıca sevecenlikle de karşılandım. Töreni takiben Babıâli yokuşuna koşuyorum, gözüm kitapçılarda, elimdeki sınırlı para ile ilk elde en fazla gerekli kaynakları arıyorum. Gözüm Türk Dil Kurumu'nun çıkartmış olduğu Osmanlıca-Türkçe sözlüğe takılıyor. İncecik, uçuk portakal renkli bir kitapçık. Meğer onu ne kadar çok kullanacakmışım. O tarihte Medeni Hukuk dersine Ebulûlâ Mardin'in geleceğini bilmiyordum. Oysa onun tane tane anlattığı dersi dinlerken kullandığı Osmanlıca kelimelerden hemen hemen yarısını bilmediğimi fark edecek, adı geçen sözlüğü elimden hiç düşürmeyecektim. Kitapçılarda gözüme takılan diğer bir yayın, ince gri renkli bir kitap oldu: *Hukuk Birincileri*. Karıştırıyorum, içinde her sınıfın yazılı sınavda çıkan konularının cevapları, hocanın değerlendirmesi, yorumlaması yer alıyor. O tarihte öğretim üyelerinden bugüne kıyasla öğrenciye yönelik çok daha fazla dikkat sarf etmeleri isteniyordu. Sınıf birincilerinin fotoğrafları beni çok etkiliyordu. Ben de ilerideki *Hukuk Birinci*'lerine girmeliydim. Evet, Türkiye'nin İstanbul ve Ankara dışında üniversitesi olmadığı bir dönemde, İkinci Dünya Savaşı'nın başlamasına rağmen Hukuk Fakültesi hocaları, birinci sınıflarda kayıtlı binleri aşkın öğrenci sayısına karşın, yazılı sınavlarda en iyi kâğıtları ayıracak, onları değerlendirecek, belli sorulara verilen en iyi cevapların sahiplerinin isimlerini belirleyecek ve bütün bu işlemleri basılı bir kitaba geçirecek zaman, heves ve imkânı buluyorlardı. Bunun kuşkusuz çeşitli nedenleri vardı, bunlardan biri holding profesörlerinin henüz ortaya çıkmamış olması, bir diğeri Nazi Almanya'sından kaçıp ülkemizde sığınma ve ders verme imkânı bulmuş olan, çoğunlukla Alman kökenli profesörlerin beraberinde getirmiş oldukları sıkı çalışma disiplini olsa gerek. Söylemeye gerek yoktur ki günümüz koşullarında ne Türkiye'de ne de Batı'daki belli başlı üniversitelerde öğrencilerle böylesine yakın bir ilişki yüksek öğrenimin cezbettiği yüksek sayılar dolayısıyla mümkün olabilmektedir. Belki Oxford ve Cambridge üniversitelerinde uygulanan "tutoring" sistemi öğrencilere karşı gösterilen ilgi ile kıyaslanabilir.

Dersler ancak birkaç hafta sonra başlayacağı için yeniden İzmir'e dönüyorum. Cebimde "Şebeke" adı verilen öğrenci kimliğim. İstanbul'da o sırada tramvay iki sınıfa ayrılmaktadır: haki renktekiler ikinci, kırmızı renktekiler birinci mevkii temsil ediyorlar. İkincilerde bir tam bilet üç, birincide ise beş kuruştu! Tramvayın en keyifli yeri iki yanı açık sahanlıklardı. İnsan orada durup etrafı seyredebilir, Galata Köprüsü'nden geçerken hem İstanbul'un eşsiz siluetini daha iyi görür hem de esen rüzgârla serinleyebilirdi. Tramvayla Beyazıt'tan Beyoğlu'na geçerken biletçiye "Şebeke" dediğimde duyduğum gururu hâlâ hatırlıyorum, kendimi geleceği parlak, çok müstesna bir şansa sahip insan sayıyordum. Ne yazık ki sevgili Galata Köprüsü bunca yıl hizmet ettikten sonra bugün sevimsiz bir biçimde yenilendi, tramvay da oradan geçmez oldu, sadece tek bir vagon "nostaljik tramvay" adı altında Tünel'den Taksim'e kadar işlemektedir. O izlenimler ve anılar dünün malı oldu...

İzmir'e dönerken bu defa deniz yolu yerine, vapur ve treni kapsayan Bandırma-Balıkesir tren hattını yeğledim. Önce gemi ile Bandırma'ya gittim, orada trene binerken karşılaştığım kalabalığa şaşıyor, güçlükle bir yer sağlıyorum kendime. Tren Balıkesir'de durunca etraftaki gazeteciye sesleniyor nedense bir karikatür dergisi satın alıyorum. Yusuf Ziya Ortaç'ın çıkartmış olduğu *Akbaba* dergisinin başkahramanlarından "Amcabey" hoşlandığım bir karakterdi. Sahifeleri çevirirken gözüm bir karikatüre takılıyor: üzeri "Halkevi" yazılı bir binanın kapısından birçok insan iri yarı, tombul, sempatik bir adamı iteleyerek sokmaya çalışıyorlar. Altındaki yazı, bu kişinin İstanbul Hukuk Fakültesi'nden Doç. Dr. Yavuz Abadan olduğunu, kendisinin Eminönü Halkevi başkanlığına getirildiğini yazıyor. Bu insanın benim hayatımda ileride belirleyici bir rol oynayacağını, hayat arkadaşım olacağını o anda nasıl bilebilirdim!

İzmir'de evde itibarım artmıştı. Geçmiş yıllarda her vesileyle kırıcı cümlelere hedef olan ben artık örnek alınacak bir insan olarak karşılandım. Amcamın bana ayda seksen lira vereceği müjdesi sevinçten uçmama yetiyordu. Kafamda hemen hesapladım: yurda yirmi lira verirsem, fakülteye yayan gidip gelirsem, artan para yemek ve diğer zorunlu masraflarımı karşılayacak ölçüdedir. Haziranda yaşadığım bunalımı arkamda bırakmıştım, hayat yine toz pembe görünüyordu. Çok sevdiğim arkadaşlarımla temas kurmaya çalıştım. Ne yazık ki en fazla anlaştığım Beco, Günseli, Türkân ile Güner Ankara'da yeni kurulmuş olan Dil ve Tarih-Coğrafya Fakültesi'ne devam etmeye karar vermişler, ben de onlardan uzak düşmüştüm. Perihan liseyi bitirir bitirmez sevdiği gençle evlenmeye karar vermişti. Grubumuzdan sadece Nerime İstanbul'da Edebiyat Fakültesi'nin Tarih bölümüne kaydını yaptırmıştı.

Hukuk Fakültesi'nde ilk yıl

1940 sonbaharında İkinci Dünya Savaşı yeni boyutlar kazanıyordu, ancak benim ilgilerim o sırada hangi giysilerle İstanbul'a gideceğim noktası üzerinde yoğunlaşmıştı. Halamın ördüğü iki kazak ve diktiği eteklerle amcamın verdiği ekstra paralarla kendimce zarif bir gardırop düzenlemiştim. Artık yıllar boyunca istemeyerek giymek zorunda kaldığımız siyah önlük ve o kalın siyah çoraplara elveda. Naylon çoraplar yeni çıkmıştı, onlara gözüm gibi bakıyordum, zira çifti beş lira idi! Nihayet gidiş tarihi geldi, küçük bir valizle çocukluğumun bir kısmının geçtiği büyük kente, İstanbul'a yerleşmek üzere yeniden yola çıktım. Laleli'deki "Güneş

Öğrenci Yurdu"nda çabucak yeni arkadaşlıklar kurdum. Yurt Laleli'de, günümüzde Doğu Avrupalı ve Arap turistlerin seçtikleri otellerin bulunduğu yan sokaklarından birinde idi. Yurt, apartmanın iki üst katını işgal ediyordu, balkonundan Marmara görünüyordu. Oda arkadaşlarım Tıp Fakültesi'ne devam eden Ödemişli Nezahat, bir yerde ebe olarak çalışan, bizlerden oldukça daha yaşlı olan Naime Hanım ve matematik bölümünü seçmiş olan son derece güzel bir genç kızdı. Hepimizden genç olduğu için adını "Bızdık" koymuştuk. Çarpıcı güzelliği nedeniyle fakülteyi bitirmeden varlıklı bir Tıp Fakültesi profesörü ile evlendiğini sonradan duydum. Nezahat'la çok iyi anlaşıyordum. Bir ilkokul öğretmeninin kızı olarak iki kardeşiyle babanın yirmi sekiz liralık aile bütçesi çerçevesinde yüksek öğrenimini sürdürmek zorunda idi. Öyle olduğu halde içimizden belki en iyimser, en mutlu olanı o idi. Tıp kitaplarının ve özellikle atlasların pahalılığı nedeniyle derslerini hep üniversite kütüphanesinde hazırlardı. Esasen tıp öğrenimi meşakkatli, yorucu ve zor bir öğrenimdir. Fakat Nezahat hiçbir şeyden yılmıyordu. Kütüphanede sık sık aynı masada karşı karşıya oturduğu askeri bir öğrencinin adını "Ballıbaba" takmıştı. Bizler bu sempatik arkadaşlığa sıcak bakıyorduk, ancak bu bağ sürekli bir hayat arkadaşlığına dönüşmedi. Nezahat uzmanlık sınavına girmeksizin ilk muayenehanesini açtığı Ödemiş'te daha sonraları AP'nin ileri gelen yerel şahsiyetlerinden biri ile evlenecek, tüm Ege bölgesinde "Kız doktor" unvanı ile büyük bir üne kavuşacaktı.

Fakültemin birinci sınıfı çok ilginçti. Yer olarak bugün İstanbul Üniversitesi'nin rektörlük ve dekanlıklarını barındıran binanın en üst katını işgal ediyordu. Sınıfımız eskiden kayıt olmuş öğrencilerle birlikte birkaç yüz kişiden oluşuyordu. Bunların önemli bir kısmı derslere devam etmiyordu. Ders aralarında koridora çıkınca insan kendini Beyoğlu'nda sanırdı.

Sonradan duyduğuma göre pek çok delikanlı sırf güzel üniversiteli kızları görebilmek için buralara gelip kalabalığa katılırmış. Alttaki katta İktisat Fakültesi bulunuyordu. Onlar o kadar kalabalık değildi, ayrıca bizimle birçok ortak dersleri de vardı. Bu nedenle en büyük yığılma Hukuk'ta oluyordu. İnsan kimseyi tanımadığı böylesine karmaşık bir ortama gelince ne yapar? Önce etrafı iyice inceler. İlk gözüme çarpan nokta, sınıfın ilk üç-dört sırasının silme askeri öğrenci tarafından işgal edilmesiydi. Bugünkü terimlerle denilebilir ki toplumumuzun henüz sivilleşmediği bu somut örnek olaydan bile anlaşılıyordu. İleride askeri yargının çeşitli kademe ve işlevlerinde istihdam edilmek üzere çetin bir giriş sınavı sonucu hukuk öğrenimine ayrılan bu askeri öğrencilerin yatakhaneleri Beyazıt Meydanı'nın Aksaray yönüne doğru bakan köşe binasında bulunuyordu. Bu öğrenciler çok sıkı bir disipline tabi idiler. Sabahları sanırım beş buçuk veya altıda kalkıp kahvaltı ettikten sonra saat sekiz civarında dersliğin ön sıralarını tutarlardı. Onların tekelini kırmaya girişen sivil erkek arkadaşlarımız palaskalı bir dövüşe karışmamak için bu teşebbüslerinden hemen vazgeçtiler. Şu kadar ki askeri öğrencilerin oturduğu birinci sıranın ön tarafında, trenlerde rastlanan straponten türü açılıp kapanan oturma yerleri vardı. Bunları askerler ayrıcalık tanımak istedikleri kişilere, çalışkan sandıkları ya da yabancı dil bilgilerinden faydalanmak istedikleri çoğunlukla kız öğrencilere ayırırlardı. İleri görüşlü bir eğitim politikası izleyen Türkiye hükümeti daha İkinci Dünya Savaşı patlak vermeden Hitler'in Yahudi düşmanlığı nedeni ile hayatlarını sürgüne gitmek suretiyle kurtarmaya çalışan çoğunlukla Alman, Hollandalı, Avusturyalı vs. bilim adamlarına kapılarını açarak çok isabetli karar vermişti. Gerçi 1933'te gerçekleştirilen Darülfünun reformu da yüksek sayıda yabancı hocanın İstanbul'a gelmesini sağlamıştı, ancak büyük akım Nazilerin iktidara gelip Bin Yıllık Reich'ı kurma çabalarını gerçekleştirme aşamasına giriştiğinde gelmişti.

Bizim sınıf da yabancı hocalardan payını almıştı. Roma Hukuku hocamız Macar asıllı Prof. Dr. Andreas Schwartz, Hukuk Felsefesi hocamız von Aster ile seçimlik ders olarak alınabilen Sosyal Politikalar hocamız Kessler'di. Sonuncusu Almanya'nın ünlü Göttingen Üniversitesi'nden gelmiş, Yahudi olmayan bir sosyal demokrattı. Birinci sınıf öğrencileri Roma Hukuku'nu kavrama ve somut örnek olaylara uygulamada zorlanıyordu. Schwartz derslerini Fransızca veriyor, öğrenciler bunları o zaman henüz asistan olan Türkân Rado'nun yetkin çevirisi ile izlerdi. Türkân Hanım'ın bilgisine, vakarına ve olgunluğuna hayrandım. O benim bir süre rol modelim oldu. Askeri öğrenciler hızlı not tuttuğumu fark etmekte gecikmediler, gereğinde eksiklerini tamamlamak üzere bana da ayrıcalıklı "kontenjan"larından bir yer ayırdılar. Böylece çok geçmeden ilginç bir grup oluştu: ileride parlak bir avukat olacak olan Meziyet Temizel, Rum okullarında Türkçe hocalığı yapan, Dame de Sion mezunu Selma ve Leyla Erez ismindeki kız kardeşler, ileride çok başarılı bir Medeni Hukuk profesörü olacak olan Halit Kemal Elbir ve ben. Hepimiz Fransızcayı iyi bildiğimiz için sadece not tutmakla kalmıyor, aynı zamanda Schwartz'ın sorularına yanıt yetiştirmeye de çalışıyorduk. Gerçi Roma Hukuku keskin bir mantığa sahip ise de aile hukuku anlayışı kadınları her türlü haktan yoksun kılan eril bir temele dayanmaktaydı. 1940'larda neo-feminizm henüz sahneye çıkmadığından bu keskin kadın düşmanlığını pekiştiren hukuk düzenlemelerinin yansıttığı büyük adaletsizliğin tam anlamıyla farkına varmamıştık. Sözünü ettiğim ön sıranın arkadaki sıralarda olduğu gibi yazı yazılabilecek bir kısmı yoktu, üstelik bu meşhur ön sıra gevşek vidalarla yere çakılmıştı. Bu nedenle bir salıncağı andırır biçimde ileri geri gidiyordu. İlk haftalarda bize diğer hocaların mazereti nedeniyle sıkça derse gelen Yavuz Abadan bu gidip gelmeleri izledikten sonra bize doğru seslenerek "Çocuklar, kendimi vapurda imişim gibi hissediyorum, sizi deniz tutmuyor mu?" sorusunu yöneltmişti. Oysa bizim keyfimiz yerindeydi. Medeni Hukuk'un aile bahsine Mecelle üstadı Ebulûlâ Mardin geliyordu. İtinalı giyimi, ağırbaşlı duruşu, hafif kırlaşmış, sivri bir sakalın süslediği sempatik yüz hatları ile unutulmaz bir Osmanlı bilgini görüntüsü veren hoca kürsüye çıktıktan ve dersinin bir kısmını anlattıktan sonra bize doğru eğilerek "Söylediklerimin zevkine vardınız mı, nuru aynım?" dediğinde bir ağızdan "Vardık" diye bağırırdık. Ebulûlâ Bey'in bize İsviçre'den aynen kabul ettiğimiz Aile Hukuku'nu anlatması gerekiyordu. Ne var ki ayınları çatlatarak verdiği derslerde seçtiği konu başlıklarını aynı zamanda Mecelle'deki hükümlerle de kıyaslıyordu, bu nedenle verdiği derslerde sene sonunda sadece nişanda hediyelerin iadesi bahsine kadar gelebilmişti. Anlaşılan aile hukukunun diğer çetrefilli hukuk sorunlarını yaşayarak öğrenecektik.

Mezun olduktan ve Yavuz'la evlendikten sonra bir bayram vesilesi ile Ebulûlâ Bey'in Büyükdere'deki evine gitmiştik. Ebulûlâ Bey'in yaşı yetmişe yaklaştığı halde, kayınpederi, Şirketi Hayriye ortaklarından Necmeddin Molla Beyefendi odaya girdiğinde, nasıl hürmetkâr bir şekilde ayağa kalktığını imrenerek gözlemiştim. Gelenekler zarif bir şekilde uygulandığında karşıdakilere unutulmaz bir yaşam rehberliği görevini yerine getiriyor.

Medeni Hukuk dersinin Borçlar kısmını Prof. Samim Gönensay okutuyordu. Ebulûlâ Bey'in heybetli görünümüne karşın, Samim Bey ince, uzun yapılı bir şahıstı. Her zaman yakası kolalı gömlekler giyer, hızla konuştuktan sonra terler ve önündeki bardaktaki suyunu bir yudumda içerdi.

Bu ara arkamızdaki askeri öğrenciler arkaya yaslandıkları için biz strapontenlerimizle birlikte havalanıyorduk. En büyük eğlencemiz Samim Bey'le ilgili karikatürler çizmekti. Özellikle sarışın Leyla –lakabı Madonna idi– çok şakacı idi. Keskin kalemi ile Samim Bey'i uçan bir halı üzerinde resmediyor, yanına bir sürü sürahi diziyordu. Bu karikatürler elden ele dolaşınca gülmemek elde değildi. Medeni Hukuk'un dernekler ile ilgili kısmını ise Doç. Dr. Hıfzı Timur okutuyordu. Böylece aynı derste üç değişik hoca, üç değişik yöntem ve üç değişik şahsiyeti tanıma fırsatını bulmuştuk.

Anayasa Hukuku hocamız ileride 27 Mayıs 1960 devrimine karşı çıkmış olan Ali Fuat Başgil'di. Liberalizm, faşizm, Nazizm, demokrasi rejimlerini kısaca özetledikten sonra kendi adını verdiği, kendine özgü kurallar içeren bir anayasa sistemi okutuyordu. Gururlu, öğrenciye uzak duran, soğuk bir kişiliği vardı.

Sınıfımızın çok korkmakla beraber takdir edip sevdiği diğer bir hoca, ekonomi dersini okutan Prof. Şükrü Baban'dı. İnce, uzun, atlet yapılı, kır saçlı bir zattı. Genellikle gri elbiseler giyer, yakasında mutlaka kırmızı bir karanfil taşırdı. Konuşma tarzı hiciv dolu idi, esprilerine önce kendi gülerdi. Ne var ki kendisinden yüksek not almak son derece güçtü.

Birinci sınıfta hepimiz için hukukla ilgili kavramları, kamusal hukukla özel hukuk arasındaki temel farkları yerli yerine oturtan isim kuşkusuz Hukuk Başlangıcı dersine giren Doç. Dr. Yavuz Abadan olmuştur. İlk ayda diğer hocaların mazeretinden olsa gerek hemen her gün tüm boş saatleri dolduran Yavuz Abadan kamusal/özel hakların sınırlarını, hukuk biliminde tarih ve felsefenin yeri ve değerlerini öğretmekle işe başlamıştı. Ulpianus'tan zikrettiği adalet tanımı hâlâ zihnimde taptaze duruyor. Yavuz Abadan antik Yunan'a karşı özel bir ilgi besliyordu. İnsanlığa ilk defa olarak demokrasinin kurallarını tanıtan Yunan felsefesi onun gözünde çağdaş demokrasiye giden yolun temel taşları idi. Böylece bir zamanlar Tilkilik'te, Namazgâh sokağında, büyükbabamın evine neredeyse bitişik Agora'da bir vakitler olup biten tartışmaları zihnimde daha iyi canlandırabiliyordum. Bugün de ayakta duran, yarım yıkık bir kemerin ortasını süsleyen Faustina adlı güzel bir Romalı kadın başı kim bilir vaktiyle hangi ateşli tartışmalara sessizce tanıklık etmiştir. Yavuz Abadan'ın Tatar kökeninin tipik çizgilerini yansıtan yuvarlak yüzünde daima gülen bir ifade vardı. Ders anlatırken ellerini kullanıyordu, o elleri beğenen pek çok kız öğrencinin olduğunu biliyordum. Aşırı derece şişman olduğu için her yerde dikkati çekerdi. Sınıfla arası çok iyi idi, dersi canlı tutmak için ilginç örnek olaylar verirdi. Meğer İstanbul dönüşümde almış olduğum karikatür dergisinde rastladığım resim ona aitmiş. Doçentliğinin yanı sıra henüz başına getirildiği Eminönü Halkevi'nin başkanlığını da sürdürüyordu.

Eminönü Halkevi'nde gençler

Bir gün öğleyin, sınıf boşaldığı sırada kapıda sonradan Muammer Baykan –ileriki yıllarda Çanakkale milletvekilliği yapmıştır– olduğunu öğrendiğim İktisat Fakültesi son sınıf öğrencisi bir delikanlı çıkan öğrencileri gözden geçiriyor, bazılarına bir davetiye uzatıyordu. Bana da verdi. Meğer Eminönü Halkevi Yönetim Kurulu genç üniversitelilerin program önerilerini toplamaya karar vermiş, bu gruba beni de katmışlar. Belirlenen gün Eminönü Halkevi'ne gittik, çeşitli fakülte mensubu kızlarla delikanlılar fikirlerini ortaya koyuyorlardı. Halkevinin Yönetim Kurulu'nda bir yandan başkanın kuşağından yazar Eflatun Cem Güney gibi deneyimli kişiler, öte yandan yenilikler yaratmaya hevesli Tarık Zafer Tunaya gibi geleceğin bilim adamları, tıp öğrencileri olmakla beraber örgütlenmesini iyi bilen Adnan ve Alaettin gibi gençler vardı. Ortam o günkü koşullar için çok demokratikti, tek partili yaşamın zorunlu olarak yarattığı kısıtlayıcı atmosferin içinde Halkevindeki kültürel iklime meraklı ve yeteneklerini kullanmaya hevesli gençlere geniş olanaklar sağlamış, kapılarını açık tutmuştur. Böylece birinci sınıfta, dışarıdaki savaş bulutlarına rağmen düşünce ufkumuzu genişleten, yeni öğretilerden başka kültürel etkinliklere de olanak veren bir odak da ortaya çıktı. Halkevi o sırada yetişkinler eğitimi, spor, sergi gibi faaliyetlerin yanı sıra yeni serpilen Türk tiyatrosuna da kapılarını açmıştı. İleride Türk tiyatrosunun efsane aktörü Cüneyt Gökçer'i orada Sophokles'in *Antigone*'sinde izleme imkânını bulmuştuk. Ben de "Beethoven'in yaşamı" konusunda, Alman bestecinin işitme sorununu çözmeksizin, insanlığa hangi unutulmaz yapıtlar kazandırdığını anlatmıştım. Bu deneme nefsime güveni iyice pekiştirdi.

İkinci Dünya Savaşı sırasında İstanbul

İkinci Dünya Savaşı başta Polonya ve sonra Avrupa'nın belli başlı ülkelerinin Hitler'in orduları tarafından işgal edilmesinden sonra ikinci kışta yoğunlaştı. Türkiye'nin tarafsız kalması nedeniyle İstanbul çeşitli uluslara mensup istihbarat ajanlarının da cirit attıkları bir yer olmuştu. Dolayısıyla gün geçmiyordu ki Alman, İtalyan ya da İngiliz, Fransız kültür ataşeleri gelip Halkevi başkanına davet yolu ile getirtebilecekleri müzik, dans ya da resim alanında tanınmış sanatkârların adlarını bildirmesinler. Gelen bu sanatkârlar arasında altın sesli Alman soprano Erika Sachs'ı anımsıyorum.

İstanbul, İkinci Dünya Savaşı'nın önemli casusluk merkezlerinden biri sayılıyordu. Bizler, o dönemde olup biten bu işlerin elbette farkında değildik. Ancak sonraları savaş yıllarında Müttefik (İngiltere, Fransa vs.) ve Mihver (Almanya,

İtalya, İspanya) devletlerden on yedi istihbarat örgütünün bu kentte çalıştığını ve yüzlerce kişinin bu örgütlere bilgi vererek geçimini sağladığını öğrenecektik. İstanbul birbirinin can düşmanı kişilerin, şık restoranlarda yan yana masalara oturup Çigan müzikleri dinledikleri günler yaşadı. Biri Alman diğeri Amerikan istihbarat ajanının aynı anda güzel bir Macar şarkıcıya âşık olup, romantik davranışları yanı sıra temelde sürdürdükleri işbirliklerine tanık oldu. İstanbul ayrıca, Avrupa'nın her yanından çıkıp, ölüm ve yıkımla yüz yüze gelmenin gerilimini yaşamış göçmenlerin sığındığı bir yerdi. Onlarla birlikte türlü görevle Türkiye'ye gelmiş kişiler de vardı. Bu dikkat çekici sorumlular arasında Hitler'i gümüş tepsi üzerinde dönemin cumhurbaşkanı Hindenburg'a görevlendirmesi için sunmuş olan, sonra İkinci Dünya Savaşı sırasında ise Türkiye'de Almanya'nın büyükelçisi olarak görev yapmış olan von Papen, Vatikan temsilcisi, Müttefiklerle gizlice barış görüşmesi yapmış olan Macar yöneticiler, İngiliz büyükelçisinin, tarihe en önemli casuslardan biri olarak geçecek "Cicero" kod adlı mütevazı uşağı, binlerce Yahudi'yi Alman ölüm kamplarından kurtarmak için ümitsizce çabalayan Siyonist temsilciler gibi değişik kişiler de yer almıştı. Biz bu olayların içyüzünü ancak günümüze dek yayımlanan çeşitli anı kitapları, *Schindler'in Listesi* gibi filmler ile basın röportajlarından öğrenecektik

Erken tatil

1940-41 kışında İstanbul Üniversitesi'nin görkemli binasının en üst katındaki küçük amfinin eskimiş tahta sıralarını işgal ederken gençliğin verdiği iyimserlikle daha güzel, daha huzurlu, barış içinde geçecek bir yarını düşlüyorduk. Ne var ki hükümet ortaya çıkabilecek olan askeri harekât sebebiyle İstanbul ve Ankara'daki üniversitelerin erkenden tatile girmesine karar vermişti. İçimizden derslerini düzenli olarak çalışmayıp, her şeyi son iki haftaya bırakmış olanlar gafil avlanmışlardı. Birdenbire herkes bir sınav ateşi ile kıvranmaya başladı. İlk önemli adım nisan ortasında atıldı. O dönemin tüzüğüne göre hukuktaki öğrenciler kura ile belirlenecek iki dersten yazılı olarak sınava tabi tutulacak, kalan derslere ise sözlü olarak gireceklerdi. Hepimiz harıl harıl çalışmaya koyulduk. İlk sınav Medeni Hukuk'tu. Dersi üç profesör okuttuğundan her biri bir soru hazırlamıştı. Ebulûlâ Hoca ayrıntılı bir örnek olay vermişti. Kilit kavram "kaziyei muhkeme", bugünkü deyimle "kesin hüküm"dü. Sorunun yanıtı bu kavramda saklı idi. Oysa ben bu kavramın anlamını bilmiyordum. Gözcülük yapan asistanlara bana bu kavramı açıklamalarını rica ettim, fakat onlar yardımcı olamadılar, bir cümleyle bile olsun anlatmak, soruyu yanıtlamak anlamına gelirdi. Bir kez daha Osmanlıca daha doğrusu Arapça dilinin oluşturduğu duvara çarpmış oldum. Bununla beraber tüm sınavların içinde yedi aldığım tek sınav bu oldu. Yazılıların sonuçları yaklaşık on gün sonra asıldı. Listeyi bir an önce görmek için belirtilen odanın önüne büyük heyecanla koştum. Geçmiştim! Öyleyse sıra sözlülerde. Sınav salonuna girmek serbestti. Bizden önceki listelerde yer alan arkadaşların sınavlarını dinlemeye gittik. En çetin sözlü sınav, ısırıcı bir hicivle karşıdakini şaşırtmaya çalışan iktisat hocası Şükrü Baban'ınki idi. Bana Ricardo kuramını sordu. Açıklamamı yeterli bulmuş olacak ki bu dersten on aldım. Yaz sonu yayınlanan *Hukuk Birincileri*'ni gözden geçirince, Roma Hukuku dersinde verdiğim yanıtlardan örnekler alındığını sevinçle keşfettim.

İzmir'e dönmeden önce Eminönü Halkevi'ndeki çalışmalarıma kısa bir süre devam ettim. 19 Mayıs 1941 gecesi Halkevinin sahnesinde Kurtuluş Savaşı'nda Büyük Taarruz'u planlayan Mustafa Kemal'in düşünceli profilini yansıtan bir pano asılmıştı. Kurtuluş Savaşı'nın ilk aşaması sayılan Samsun'a çıkışını, gençlerle Eminönü Halkevi başkanı olarak Yavuz Abadan ne kadar veciz bir şekilde dile getirmişlerdi. Savaş bulutlarının yoğunlaştığı bir sırada ulusal bütünlüğe karşı duyulan özlem bu tür gecelerde doruğa ulaşıyordu. Nereye ait olduğumu bir kez daha kafam ve duygularımla anladım.

Sınıfımız

Büyük çoğunluğumuz yirmi yaşlarında bulunmakla birlikte aramızda yaşça daha büyük arkadaşlar da vardı. Onlar Osmanlıca-Farsça-Arapça-Türkçe karışımı olarak karşımıza çıkan hukuk dilini anlama ve yorumlama açısından bir üstünlüğe sahipti. Nitekim Medeni Hukuk dersinin sınıf birincisi Atıf Yonsel, kendisine Atıf Amca diye hitap ettiğimiz, kırk yaş civarında bir ağabeyimizdi. Mezun olduktan sonra İstanbul Barosu'nun ünlü avukatlarından biri oldu, daha sonra romancı Peride Celâl ile evlendi. Yaş grubumuzdan daha büyük olan öğrenciler arasında bir koruyucumuz daha vardı: Bekir Amca. Yapı Kredi Bankası'nın kurucularından Kâzım Taşkent'in akrabalarından olan Bekir Bey de bizim gruba özel bir sempati gösterir, bizlerle sohbet ederdi.

Birinci sınıfta bulunduğum sırada bir ömür boyu sürecek diğer bir arkadaşlığın temeli daha atıldı. Sabri Amcam, İstanbul'a gelişlerinden birinde, beni İzmir'deki meşhur Naim Palas'ın sahiplerinden Naim Molvan'ın kızı Leyla ile tanıştırdı. Leyla da Hukuk'a kayıt olmuştu. Çarpıcı bir esmer güzeli olan Leyla olağanüstü zarif ve şık bir kızdı. Leyla'nın öğrenci arasındaki adı "Hedy Lamarr"dı. Lise bitirme sınavını Galatasaray'da vermişti. Taksim civarında oturuyordu. Bir yıl sonra Trans Türk Holding'in kurucusu, bizden iki yaş daha büyük olan Fuat Süren ile evlenecek olan Leyla özellikle sanat ve edebiyata meraklı idi. Nitekim hukuk öğrenimini noktalayıp evlendi ve çocuk sahibi olduktan sonra Güzel Sanatlar Akademisi'ni bitirdi. Çok başarılı bir iç dekoratör bürosu kurdu.

Hukuk Fakültesi'nin asistanları arasında yönettiği kur pratikler nedeni ile öğrenciler tarafından en çok beğenilen kişi daha sonraları Türkiye'de sol ideolojinin sözcülüğünü, bir ara Türkiye İşçi Partisi'nin başkanlığını yapmış olan Dr. Mehmet Ali Aybar'dı. 1924 Anayasası'nı tartışırken konuyu hep insan hakları kavramına ve bu hakların anayasa kapsamına girmesi gerektiği konusuna getirirdi. Görüşleri çok beğenilirdi.

Hem çalışmak hem okumak

1941 yazında bireysel planda bir sempati arkadaşlığına dönüşen Yavuz Abadan'la olan tanışıklığım birtakım can sıkan dedikodulara yol açtı. Kaynak olarak bildiğim yengemle tartışmaları sürdürmemek için bir an önce İstanbul'a dönüp hayatımı tek başıma çalışarak kazanmaya karar verdim. Bu kararımın sonucu olarak mezun oluncaya kadar hem çalışacak hem de yüksek öğrenimime devam edecektim. Bu niyetimi gerçekleştirme açısından en büyük yardımı evlenmek üzere bulunan arkadaşım Leyla ile Fuat Süren'den görecektim. Gerçi geçimimi sağlayacak işi gazete ilanı yoluyla kendim bulmuştum. Schwickerath isimli Alman bir armatör firması Tophane'de bulunan Hovaghimian hanında beni yeni kurmuş olduğu gemi acentalığı bürosunda tercüman/sekreter olarak istihdam etmişti. İşin en çekici yanı benim isteğim üzerine haftada üç yarım gün Fakülteye devam etme izni vermesi olmuştu. Ancak Beyoğlu tarafında hiç öğrenci yurdu yoktu, oysa ben işime yakın olmak istiyordum. Çözümü arkadaşım Leyla'nın kocası Fuat Süren buldu, beni Taksim'de Zambak Sokak'ta oturan halası, Madam İzidor'un yanına yerleştirdi.

Seksenlik bir Ermeni olan Madam İzidor evden çıkmamakla beraber siyasi olayları büyük bir ilgiyle izliyor, Türk basınını okuyamadığı için savaşı benim yardımımla takip ediyor her gün alıp ona getirdiğim *Jamanak* adlı Ermeni gazetesini gereksiz saydığı yerel dedikodular naklettiği için eleştiriyordu. Belli bir şiveye sahip olmakla beraber Türkçesi mükemmeldi, alaturka müziğine ise benden çok meraklı idi. İşten çıkınca sık sık sinemaların saat 18.00 seanslarına gittiğimde, beni merak ederdi. Filmin konusunu da bana anlattırırdı. Otuz lira karşılığında oturduğum oda rahattı. Beyoğlu, henüz daha sonraki yıllarda yaşayacağı yozlaşmaya maruz kalmamıştı. Markiz ve Lebon pastaneleri en seçkin buluşma yerleri sayılıyor, bir vaktiler babamla birlikte gelip aylarca kaldığımız Tokatlıyan Oteli de henüz işliyordu. Ne yazık ki o zarif otel bugün çirkin bir pasaja dönüştürüldü. Ona karşın bir yüzyılı aşkın tarihe sahip Pera Palas Oteli, Türkiye'ye çok bağlı olan Ermeni sahibi Misbah Muhayyeş'e aitti. Ünlü mimar Alexandre Vallaury tarafından tasarlanan bina, ilk açıldığında İstanbul'da elektrik hizmeti veren La Compagnie Internationale des Wagons-Lits et des Grands Express Européens şirketi tarafından işletildiği için çok iyi bakıldı. Misbah ve kardeşi çocukları olmadığı için otelin gelirlerini Darüşşafaka, Darülaceze ve Veremle Savaş derneklerine aktaracak bir vakıf kurdular. Bu sayede otel günümüze kadar aynen kalabilmiştir. Bu otelde kimler misafir kalmadı ki... En önemlisi her gelişinde 101 numaralı odayı isteyen Mustafa Kemal'dir. Bu oda müze gibi korunmakta, her yıl 10 Kasım'da ziyarete açılmaktadır. Diğer ünlüler arasında bir ara on beş gün bu otelde saklanan İngiliz polisiye romanların en tanınmış yazarı Agatha Christie olmuştur.

O yılın güz aylarında ilk gazetecilik deneyimini de yaşadım. Yaklaşık üç ay süre ile sabahın çok erken saatlerinde, yedi ila dokuz arasında İstanbul'da çıkan günlük Alman gazetesi *Türkische Post*'ta çalıştım. Türk basınında bir gün önce çıkan en önemli haberleri bulup çevirmekti işim. İki paralı iş ve öğrencilik fazla geldi. Üç ay sonra hastalanıp bir hafta kadar Alman Hastanesi'nde yatmak zorunda kaldım. Vücudumun bir direnme sınırı olduğunu böylece öğrenmiş oldum. Esas iş yerim çok anlayışlı davranıp hastane masraflarımı karşılamıştı. Leyla ile Fuat ise hastanede yoklayıp, bana sahip çıktılar. Orada yatarken uzun uzadıya dostluk kavramı üzerinde düşünmüş, gerçek bir dostun insan için ne kadar değerli olduğunu anlamıştım. Sağlığıma yeniden kavuşunca zamanımı üniversite ile işim arasında paylaştırdım. O ara Leyla ile Fuat evlendiler. Arkadaşlarım ilk yıl Fuat'ın babasının hem muayenehanesi hem de ikametgâhı olan, Beyoğlu'ndaki Mısır Apartmanı'nın birinci katında kendilerine ayrılan iki odalık bir bölümüne yerleştiler. Yakınlığımız dolayısıyla onları sık sık görebiliyordum. Fakülteye dönüşümlü olarak bir hafta pazartesi, çarşamba, cuma, diğer hafta ise salı, perşembe, cumartesi giderdim. (O zamanlarda cumartesi yarım gün çalışılırdı.) Devam edemediğim günlerin ders notlarını arkadaşlarımdan alırdım. Bunlardan özellikle soyadı Dedeoğlu adlı bir delikanlının tuttuğu notları kısa ve özlü olduğu için çok yararlı idi.

Öğrenci çayları

O dönem gençliğinin en fazla rağbet ettiği eğlence türü çeşitli fakültelere mensup öğrencilerin düzenledikleri danslı çaylardı. Bugün eski Sheraton, sonraki Intercontinental Oteli'nin bulunduğu yerdeki Taksim Gazinosu ile bir zamanlar Başbakan Adnan Menderes'in sık sık uğradığı Park Otel en severek gittiğimiz lokallerdi. Başka bir deyimle bizim kuşak ne diskoyu ne de barları öğrenerek yetişti. Biz o yıllarda pantolon giymediğimiz gibi blucini bilmezdik, dans etme hevesini cici çocuklar gibi öğleden sonraları saat 15.00-19.00 arasında giderirdik. Hiç unutmam, bir defasında teneffüste kürsüye çıkıp sınıftaki kız arkadaşlarıma şöyle seslenmiştim: "Arkadaşlar! Erkek arkadaşlarımızın sizi davet etmesini beklemeyiniz, çay biletlerinizi kendiniz alınız!" Anadolu'dan gelme erkek arkadaşlarımız bu çağrıyı çok yadırgadılar, beni de tefe aldılar. Sınıfımızda kızlara karşı ilgili, nazik ve asla arkadaşlık ölçülerini aşmayan iki delikanlı vardı: daha sonra savcılık ve İngilizce bilgisi nedeni ile Amerikan Büyükelçiliği'nin hukuk danışmanlığını yapacak olan rahmetli Aydın Mengüç ile ileride Bolu milletvekilliğine seçilen İhsan Gülez'di bu gençler.

Birinci sınıfta ön sırada oluşan strapoten grubumuz ikinci sınıfa geçerken, sarışın Leyla'nın İstanbul Teknik Üniversitesi'nin ünlü matematik profesörü Ratip Berker'le evlenmesi nedeniyle kısmen dağıldı. Grubumuzun üyelerinden, ileride tanınmış Medeni Hukuk profesörü olan Halit Kemal Elbir'le dostluğum devam etti, onun Nişantaşı'ndaki ahbapları ile de tanıştım. Halit'in Nişantaşı'ndaki arkadaşları arasında ömür boyu sürecek yeni bir arkadaş kazandım: Nilüfer Sağtur. İstanbul İktisadi İlimler Akademisi mezunu olan Nilüfer'in annesi Viyanalı, babası ise bahriyeli bir Türk generali idi. Harbiye okuluna neredeyse bitişik olan apartmanın dairelerinde haftada bir, yemekten sonra sohbet etmek üzere buluşurduk. O sakin ve ahenkli gecelerde neler tartışmazdık, dışımızdaki fırtınaların önemli bir kısmından haberdar olmaksızın... Nilüfer'in annesi benim geç vakit sokağa çıkmamı istemediği için hep onlarda yatıya kalır, ertesi sabah kızarmış ekmeklerin de bulunduğu nefis kahvaltılar yapardım.

İkinci sınıfın hocaları

İkinci sınıfın en etkileyici hocaları daha sonraları İstanbul Üniversitesi rektörü olan Sıddık Sami Onar ile Ceza Hukuku hocası Tahir Taner'di. Hafif kambur, kısa boylu olan Sıddık Sami gönlünde nice aslanlar beslerdi. Nitekim rektör olduktan sonra Harbiye Nezareti olarak kullandığımız tarihi binayı bir baştan bir başa restore edecekti. Ne yazık ki halefleri o güzelim tavan ve duvar nakışlarını aynı titizlikle korumadılar. Dersinin çok kalın bir kitabı vardı, konularını iyi ve kolay anlaşılır biçimde anlatırdı. Tahir Hoca bilimsel şatafatı seven, yaşlı bir hoca idi. Asistanı Sulhi Dönmezer'i yanından hiç ayırmazdı. Sulhi Bey de gençliğine rağmen öğrenci üzerindeki otoritesini duyurmaktan hoşlanan bir kimse idi. Bu arada Arnavutköy Kız Koleji mezunu İffet Arslan adlı bir genç kız birinci sınıfa katıldı ve kolejde yapılan "Tartışma (Münazara) = Debates" düzenlemek için izin almıştı. Demokratik tartışmaya yapıcı bir başlangıç oluşturan bu fikir jimnastiği üniversitede yeni bir hava estirdi. Cesur ve atılgan bir kişiliğe sahip İffet çekici konular ve ilginç konuşmacılar bulmakta gecikmedi. İlk konu "Köprü altı çocuklarını serbest mi bırakmalı yoksa bir kuruma mı yerleştirmeli" idi. Konuşmacılardan biri sınıf arkadaşım Feyzi Feyzioğlu, diğeri uzun yıllar Bölükbaşı'nın partisinde İstanbul milletvekilliği yapacak olan Saadet Kaçar'dı. Çok geçmeden İffet'le de ahbap oldum. Ara sıra Halit, karikatürcü bir arkadaş, İffet ve ben kendimize mütevazı bir ziyafet çekerdik. Devam ettiğimiz lokal o dönemde Eminönü civarındaki Yağ Çarşısı'nın ortasında salaş bir aşçı dükkânı idi. Sahibi Pandelli adlı İstanbullu bir Rum'du. Sonraları uzun yıllar Mısır Çarşısı'nın üst katındaki lokantayı işletti. Eminönü'nün ünlü iş adamları, avukatları da bu mütevazı lokantaya gelirlerdi. Pandelli kır saçlı, ehlikeyif bir kişi idi. Saat on bire doğru rakı bardağını eline alır, tüm siparişleri nükteli cümlelerle küçücük mutfağa aktarır, bu arada herkesle sohbet ederdi.

Bütün öğrencilik yıllarım boyunca üniversiteye ancak aralıklı devam edebildiğim halde sınıfımı hep haziranda geçerdim. 1942 kışı Sovyet Rusya Hitler'in orduları tarafından istila edilmişti. Türk basını savaşın nasıl gelişeceğini tartışıp duruyordu. Öngrenciler arasında ırkçı fikirleri benimseyen çoktu, solculuktan hemen hiç söz edilmezdi. O sırada *Büyük Doğu* dergisini çıkaran Necip Fazıl Kısakürek Türkiye'nin bir an önce savaşa girmesini savunuyordu. Koyu bir barışsever olarak küçük bir grup arkadaşla derginin yönetim yerine gidip Necip Fazıl ile böyle bir kararın Türkiye'ye felaket getireceğini ileri sürüp şiddetli bir tartışmaya girişmiştik. Tabii kendisini ikna edemedik... Daha çok sağcı düşüncelerin egemen olduğu bu dönemde İktisat Fakültesi'nden Marx'ın *Kapital*'ini istediğim zaman, kütüphane memuru kitabı çekinmeden bana verdi. Marx'ın kitaplarının "sakıncalı" yayınlar arasında yer alması daha sonraki yılların eseri idi.

Savaş ekonomisi - Varlık Vergisi

Savaş ekonomisi, etkisini iyiden iyiye duyurmaya başladı. Ekmek karneye bağlanmıştı. Özellikle asker kimi erkek arkadaşlarımız ekmeğin azlığından yakınıyorlardı. Çok az ekmek yediğim için kaçırdığım derslerin yazılı notlarını almak karşılığında nüfus kâğıdıma mühürle belirtilen ekmek kuponumu onlara verirdim. Basında "dolmuş", "gecekondu", "hava parası", "kara borsa" gibi yeni kavramlar türemeye başladı. Haksız kazançlar özel yasalarla denetlemeye çalışılıyordu. Edebiyat ve tiyatro sahnelerinde Türk toplumsal yaşamın yeni bir karakteri "Hacı ağalar"ın türlü çeşit görgüsüzlükleri sergilenmeye başlamıştı. Hükümet bir defaya özgü olmak üzere "Varlık Vergisi" adlı bir vergi salmaya karar vermişti. Bu vergi ile büyük sermayenin sahipleri, bu arada Müslüman olmayan azınlıklardan da önemli bir katkı almayı kararlaştırmıştı. Biçilen vergiyi ödeyemeyenler, Erzurum ilinde Aşkale'ye zorunlu çalışmak, taş kırmak üzere gönderildiler.

Bu vergi ilan edildiği günden itibaren kamuoyuna büyük tartışmalara yol açtı. Demokrat Parti iktidara geldikten sonra bu haksız idari tasarrufun tüm yönlerini aydınlatan kitaplar yayımlandı. Bunlardan en fazla yankı yaratanı Faik Ökte'nin 1950'de çıkan *Varlık Vergisi Faciası* adlı kitabı olmuştur. Kuşkusuz Varlık Vergisi azınlıkları hedef alan, buram buram aşırı milliyetçilik kokan, anti-demokratik bir tasarruftu. Bununla beraber Türkiye'de açık ve koyu bir Yahudi aleyhtarlığına özenen siyasi akımlar kök salmamıştı. Türkiye, savaştan önce Nazi Almanya'sında Yahudileri devlet hizmetlerinden uzaklaştıran özel yasalar nedeniyle işyerlerinden, kürsülerinden bir gece zarfında uzaklaştırılan nice kimselerin severek geldikleri bir ülke olmuştu. Bunların önemli bir kısmı daha sonraları buradan ABD, İsviçre, İngiltere'ye gitmişti.

Belgelerin aydınlattığı üzere İkinci Dünya Savaşı sırasında Türkiye hükümeti yurtdışındaki diplomatların, konsolosların yardımıyla vaktiyle Avrupa'ya gitmiş Türk Yahudilere Türk vatandaşlık pasaportları verip, Nazi kamplarına düşmelerini engellemek üzere faal bir rol oynamıştır. Bunlardan Paris'teki büyükelçimiz ve bir vaktiler Budapeşte Büyükelçisi olan ve bu sıfatla beni Türkiye'ye yollayan Behiç Erkin, Grenoble ve Marsilya başkonsoloslarımızla birlikte yirmi bini aşkın Türk Yahudi'yi ölümcül bir kadere uğramalarını önlemiştir. Ne yazık ki bu insancıl girişimlere rağmen, Romanya'dan Filistin'e giden, aralarında Türk kökenli yurttaşların da bulunduğu Yahudileri taşıyan *Struma* gemisine İstanbul'da limana yanaşma izni verilmediği için, gemi talihsiz yolcuları ile birlikte bir Sovyet denizaltısı tarafından Karadeniz'de batırıldı.

Bu çelişkili politikaya rağmen Filistin ve ABD kökenli Yahudi örgütleri İstanbul'da faaliyet göstermeyi başardılar. Bunların merkezleri o dönemde Pera Palas ve Otel Kontinental'deydi. Bu örgütler Bulgaristan, Macaristan, Romanya'da yaşayan Doğu Avrupalı Yahudilere besin, giyecek, para, hatta tren biletleri gönderiyorlardı. Stanford Shaw adlı Amerikalı tarihçinin 1992'de *Cumhuriyet* gazetesinde açıkladığı diğer bir girişim, Varna ve Köstence limanlarında vapur bulup, bu vapurlarla Yahudileri Türkiye'ye kaçırmaktı. Yeni belgeler ortaya çıktıkça Cumhuriyet tarihimizin karanlık kalmış sayfaları aydınlanacaktır.

CHP Kız Öğrenci Yurdu

Yanında kaldığım Madam İzidor'un ciddi bir şekilde hastalanması nedeniyle Zambak Sokak No.8'deki sempatik ve merkezi odamı bırakmak zorunda kalmıştım. Bu defa tercihimi Cağaloğlu'nda, vaktiyle İttihat ve Terakki Partisi'nin faaliyette bulunduğu, daha sonraları ise *Cumhuriyet* gazetesinin yönetim merkezinin bulunduğu binanın arka taraflarına düşen, kocaman bir konak ve onun uzantısı olarak bitişik bir apartmanı işgal etmiş olan CHP Kız Talebe Yurdu lehine kullandım. Savaş sırasında yer bulmak hiç de kolay olmadı, şansıma yine tanıdıklar yardımcı oldu. Yaklaşık 120 kız öğrencinin barındığı bu yurdun yöneticisi çok şefkatli ve anlayışlı bir kadın, Bulgaristan'ın Vidin kentinden göç etmiş Hayriye Erdilek'ti. Biri Tıp'ta, diğeri İktisat Fakültesi'nde okuyan iki oğlu vardı. Bana karşı çok iyi davrandı. 1943 yılının Aralık ayında kabakulağa yakalandığım zaman, kural gereği beni revirden çıkarıp hastaneye göndermesi gerekirdi. Oysa o kış kömür çok azdı, hastaneler buz gibiydi. Hayriye Hanım benim hastalığımı gizledi, revirde sobayı gece gündüz yaktırdı ve böylece beni iyileştirdi.

CHP öğrenci yurdunda çeşitli fakültelere devam eden kızlar siyasal olayları ilgiyle takip ediyorlardı. Bu arada eski Milli Eğitim Bakanı Hasan Âli Yücel'e karşı açılan bir dava her akşam tartışmaların odak noktasını oluşturuyordu. Çoğunlukta bulunan sağcı kanat "solcu" saydıkları, dolayısıyla suçlu buldukları, Hasan Âli'nin mahkûm olmasını istiyorlardı. Onlara karşı çıkınca, kızlar "Bu melez kızın konuşmaya hakkı yoktur!" şeklinde beni susturdular. Sol fikirlere karşı giderek artan hoşgörüsüzlük süratle yayılıyordu. Türkiye'ye hümanist düşünce âleminin başyapıtlarını kazandıran Hasan Âli Yücel'i savunmada tek başıma kalmıştım. Nice yıllar sonra bu hakareti yüzüme vuran, Siyasal Bilgiler Fakültesi'nde okuyan şımarık kız, tek oğlunun dışişleri sınavlarını kazanabilmesi için odama gelip bana yalvaracak, beni iltifatlara boğacaktı! Bu gibi durumlarda Almanların ünlü atasözünü "Rache ist süss!" (İntikam tatlıdır) hatırlamaktan kendimi alamadım.

Son sınıfta Kamu Hukuku dersine uzun yıllardan beri İstanbul'da yaşayan bir Fransız akademisyen, Charles Crozat gelirdi. Değişmekte olan dünyayı daha iyi anlayabilmek için onun bizi aydınlatacak bilgiler vermesini beklerken, tutup İngiliz hanedanında halefiyet sırasını belletmesi çok canımızı sıktı. Bu yüzden bazı sınıf arkadaşlarımız onun dersine hiç önem vermiyor, diktatörlerin en sevdikleri hukuk kurumu sayılan "kararname" rejimlerinin sakıncalarını inceleyen Doç. Dr. Ragıp Sarıca'nın Kamu Hukuku çerçevesindeki yorumlarını dinlemeyi tercih ediyorlardı. Sınıf arkadaşlarımdan Lütfü Duran bu işi o kadar ileri götürecekti ki bitirme sınavında sorulan üç sorudan ancak birini seçip, yirmi sekiz sahifelik bir makale yazacaktı. Zehir gibi bir hukukçu kafasına sahip olan Lütfü sonraları İstanbul Hukuk Fakültesi'nde, İdare Hukuku hocası olarak, gerek 1961 gerekse 1980 anayasalarının hazırlanışı sırasında devletin otoritesini artıracak düzenlemelerine karşı Türk kamuoyunu uyaracaktı.

İkinci sınıftan itibaren Karaköy'de, Dabcoviç gemi acentesinde çalışıyordum. Acenteliğin el değiştirmesi üzerine son sınıfta Bekir Amca sayesinde Karaköy'de Türkiye temsilciliğini üstlenmiş olan Sermet Bey'in yanında iş bulmuştum. Telefunken bürosu Karaköy'de günümüzde yıkım nedeni ile ortadan kalkmış olan Domuz Sokağı'nda bulunuyordu. Burası bir vakitler otomobillerin Bankalar Caddesi'ni geçtikten sonra Karaköy'e inmelerini sağlayan, daracık bir sokaktı. Üstünlüğü bir yandan Beyoğlu'na çıkmayı kolaylaştıran Tünel'e, öte yandan Beyazıt'a çıkmayı sağlayan Galata Köprüsü'ne çok yakın olması idi.

Babama yeni bir mezar

Hukuk Fakültesi'nin son sınıfını okurken üstlenmesi güç bir ödevle karşılaştım: babamın mezarını nakletmek! O sırada sarılıktan İstanbul'da Alman Hastanesi'nde tedavi gören Sabri Amcam basında çıkan bir ilandan Maçka'da, İstanbul Teknik Üniversitesi'nin karşısında bulunan mezarlığın bir kısmının yeni yola gideceğini, isteyen vatandaşların nakil yaptırabileceklerini okumuştu. O tarihe kadar hem ağabeyi hem de iş ortağı olan babama karşı son dinlenme yerini yaptırmak hususundaki görevini ihmal etmiş olmanın verdiği vicdan azabını gidermek istemiş olacak sanırım... Amcam yattığı yerden bana babamın gömüldüğü yeri yaklaşık olarak tarif etti, bir an önce mezarlığın bekçisini bulmamı öğütledi. Hemen mezarlığa koşup bir sorumluyu bulmaya çalıştım. Karşıma babacan, yaşlı bir adam çıktı, hayal meyal babamın ölüm olayını hatırlamaya çalıştı, yeşilliklere bürünmüş bir tümseğe götürüp, "Burası olması gerek" diyerek bir yer saptaması yaptı. Ertesi gün Feriköy'e gidip yeni bir mezarlık yeri satın aldım, sonra Maçka'ya dönüp bekçi ile birlikte hazin görevimi gerçekleştirmeye koyuldum. Kendimi kucağımda babamın kafatasının bulunduğu bir karton kutu ile bir takside görüyorum. *Hamlet*'i oynamıyordum, yine de o kuru kafaya "Beni niye hayatta yapayalnız bıraktın, bana destek olsaydın bugün burada olmazdım" demekten kendimi alamadım. Bu hazin olayı herhalde gençliğin verdiği iyimserlik havası ile kısa bir zamanda unutabildim.

Büyükada'da ders çalışmak

Kendi başıma para kazanmanın verdiği özgüven sayesinde ara sıra kentin karışıklığından çıkmak, doğa ile yakın temasa geçmek, nefes almak, yeşile kavuşmak için günübirlik tek başıma Büyükada'ya gider, küçük turu yaya tamamlar, kendime iskele civarında ufak bir ziyafet çekerdim. Sınavlara hazırlanırken, ilkbaharda, doğanın en coşkun olduğu sırada yine Büyükada'ya koşar, Âşıklar Yolu'nun orta yerinde duran bir kayaya oturur, Marmara Denizi'ne, Dil'e, Aya Yorgi tepelerine bakarak kitaplarımı okurdum. Tek başıma olmam beni hiç ürkütmezdi, o dönemin İstanbul'u savaş rüzgârlarına rağmen bugünkünden çok daha güvenli idi. Nihayet son sınıfın sınavlarının yapıldığı 1944 Haziran ayı geldi. Yazılı ve sözlü sınavlara girip çıktık. Son sınavın yapıldığı gün, öğleyin birdenbire fark ettim: "Öğrenimim bitmiş!" Birlikte sınava girdiğimiz Kemal Halit Elbir, adını şimdi hatırlayamadığım iki sınıf arkadaşımız ve ben bu önemli olayı kutlamak üzere Karaköy'deki Liman Lokantası'na gittik. Şans eseri Köprü'ye bakan balkonlardan birinde yer bulduk. İstanbul limanının o canlı, göz kamaştırıcı hayatı gözlerimizin önünde akıyor, büyük, küçük vapurlar iskelelere yanaşıyor ya da ayrılıyorlardı. Ne yazık ki bugün İstanbul'un mimari önemli yapıtları arasında yer alan bu binanın tümü yıkılmış bulunuyor...

1944 yazı

Yaz ayları boyunca CHP Kız Öğrenci Yurdu tenhalaşıyordu. Odamı Ankara'dan gelen bir konukla paylaşmaya başlamıştım. Dil ve Tarih-Coğrafya Fakültesi asistanlarından Nimet. Onu sonra Kayseri civarındaki Kültepe Kazısı'nın başarılı yöneticisi, yetkin bir arkeoloji bilim kadını, Ankara Üniversitesi'nin rektörlerinden Prof. Dr. Tahsin Özgüç'ün eşi olarak ileriki yıllarda çok görecektim. O sırada henüz evlenmemişti, İstanbul'a gelmesinin bir nedeni müzelerde çalışmak, diğer bir nedeni o sırada askerliğini Trakya'da yapan Tahsin Bey'i görebilmekti. Meğer Tahsin Özgüç manevralar sırasında talim ateşi yaparken o sırada Türk semalarından izin almaksızın geçen bir Alman uçağını düşürmüş, ödül olarak İstanbul'a gelebilmişti. O yaz Türkiye, İkinci Dünya Savaşı'nın en kritik günlerini yaşıyordu. Sorun son aylara kadar İsmet İnönü'nün ustalıklı dış politika manevraları ile tarafsızlığını koruyabilmiş olan Türkiye'nin savaş sonrası düzende yerini alabilmesi için yönünü tayin edip, sempatilerinin nerede olduğunu saptaması idi. Olağanüstü toplantılar yapan Türkiye Büyük Millet Meclisi nihayet beklenen kararını verdi: 2 Ağustos 1944 günü Türkiye devleti Almanya ile diplomatik ilişkilerini kesti. Bu kararın sonucu olarak İstanbul'da karartma uygulanmaya başlandı. Herkes geceleyin pencerelere siyah perdeler asmak, otomobil farlarını maviye boyamakla mükellef kılındı. Bir iki defa sirenler çaldı, ne var ki sivil savunma önlemlerimiz Batı'ya kıyasla çok ilkeldi. İstanbul'a tek bir bomba düşseydi, kim bilir ne kadar büyük yangınlara yol açacaktı.

Uluslararası olaylara duyduğum ilginin sonucu olarak o sırada Sabahattin Selek tarafından çıkarılan bir gazetede yazılar yazmaya başladım. İlk imzalı makalem "Birleşik

Amerika ve infiratçılık[1]" başlığını taşımıştı. Bu yazıda ABD'nin savaş sona erdikten sonra yeniden on dokuzuncu yüzyılda oluşturmuş olduğu Monroe Doktrini'ne –İç Savaş döneminde olduğu gibi, Güney Amerika dışında dünya olaylarına karşı tarafsız kalma– dönecek midir sorusuna cevap bulmaya çalışmıştım. Bu arada CHP'nin resmi yayın organı sayılan ve Ankara'da çıkan *Ulus* gazetesinin İstanbul temsilcisi, Falih Rıfkı Atay'ın kardeşi Halil Atay, yabancı dil bilgimden dolayı beni yurttaki bir kız arkadaşım vasıtası ile bürosuna çağırmıştı. Bana hiç beklemediğim bir sırada "Ankara'ya gidip, *Ulus* gazetesinde çalışmayı düşünür müsünüz?" sorusunu yöneltti. Bir iki gün düşündükten sonra olumlu yanıt verdim. O sırada İstanbul'a gelmiş olan ve yıldızımızın yeniden barışık olduğu Sabri Amcam bana bir miktar para verdi. Falih Rıfkı Bey'e Birinci Dünya Savaşı sırasında ikisinin Beyrut'ta Cemal Paşa'nın karargâhındaki ortak çalışmalarını hatırlatmamı tembihledi. Ani bir kararla Ankara'ya uçakla gitmeye karar verdim, öğrenci pasom hâlâ geçerli idi. Küçük, pırpır bir uçak beni Anadolu'nun ortasında modern görünümlü bir başkente indirdiğinde hayatımda yepyeni bir bölümün daha açıldığını anladım...

1 İçine kapanma, isolationism.

ANKARA

Gazetecilik yıllarım

Geleceğime ilişkin projelerimi oluştururken doğrusu gazetecilik hiç aklıma gelmemişti. Oysa lisedeki meşhur grubumuzun üyelerinden Günseli bana daha o zaman "Sen gazeteci olmak için yaratılmışsın!" demişti. Ankara'ya *Ulus* gazetesi yetkilileriyle görüşmek üzere ilk geldiğimde yine onun konuğu olacaktım. İlk görüşme olumlu geçti, savaş en hızlı olaylarla yüklü son aşamasına girmişti, en taze haberlerin radyo yolu ile izlenip anında çevrilmesi gerekiyordu. Hukuk öğrenimim ve yabancı dil bilgilerim bu görevin üstesinden gelebileceğim izlenimini vermişti. Böylece ilk ciddi mesleğime, dile dayalı bilgilerim sayesinde başlamıştım. İçimden hep "Ah, sevgili babacığım bugünleri görebilseydi, hep Türkçe konuşmamı isterdi..." düşüncesini geçirdim. Eşyalarımı alıp Ankara'ya yerleşmek üzere tekrar İstanbul'a döndüm.

Ankara hakkındaki ilk izlenimim olağanüstü olumlu idi: bakımlı, çiçek tarhları ile bezenmiş Atatürk Bulvarı, zarif villaların bulunduğu Mithatpaşa Caddesi, Nazi mimarisinin izlerini taşımakla beraber bütünleşmiş bir hükümet mahallesi oluşturan Yenişehir'deki Bakanlıklar, elçiliklerin sıralandığı Çankaya, bütün bunlar planlı bir kentin görünümünü veriyordu. İkinci gelişimde geçici olarak Gençlik Parkı'na bakan kocaman Evkaf Apartmanı'nın dördüncü katının bir kısmını işgal eden Yardım Sevenler Derneği'nin Kız Öğrenci Yurdu'nda kaldım. Yer, Ulus Basımevi'nin bulunduğu Ulus Meydanı'na yürüyecek mesafede idi. O dönemde bir genç kız ya da kadının herhangi bir kamuya açık yerde yemek yemesi alışılmışı aşan bir işti. Bu vesile ile rahmetli Yıldız Sertel'i anmam gerekiyor. Kitabında yazdığı gibi Bakü'de 1960 yıllarda doktora çalışmalarını yaparken, yetmiş yıla yakın komünist bir devrim geçirmiş olan Azerbaycan'da tek başına bir lokantaya gidememenin sıkıntısını çekmiştir.

Yurtta yatak durumu çok sıkışık olduğu için bir ailenin yanında kalabileceğim bir oda aramaya başladım. Şansım yaver gitti, bir iki gün sonra o dönemde *Ulus* gazetesinin idari müdürü, yılların gazetecisi Naşit Hakkı Uluğ beni odasına çağırıp elime bir adres tutuşturdu. "Bu ilanı şimdilik basmıyorum, beğeniyorsan hemen kirala" demişti. Günümüz Türk Eğitim Vakfı Koleji'nin bulunduğu yer ile kesişen Sağlık Sokak No. 75'e koştum. O zamanlar bu bina sokağın son binasını oluşturmuştu. Küçük apartman sevimli bir bahçe ile çevrilmişti, etraf yeşil çayırlıktı. Ev sahipleri karı koca öğretmendi, ikisi de Rumelili idi. Sonradan ev sahibimin nice kuşakları yetiştirmiş olan meşhur Fikriye Hanım olduğunu anlayacaktım. Aydınlık, sempatik odayı çok sevdim, aylığı 25 liradan hemen tuttum ve bir-iki günde gözümü okşayacak biçimde döşedim. *Ulus* gazetesi o sırada, daha sonra CHP genel merkezi olarak kullanılan, Rüzgârlı Sokak'taki binayı işgal ediyordu.

Başyazar Falih Rıfkı Atay başkentin siyasi çevrelerinde çok nüfuzlu idi. Nasıl olmasın ki tek parti döneminde CHP sözcülüğünü ve yorumculuğunu yapıyordu. İlk karşılaştığımda beyaz saçları, iddialı ve teatral hali, itinalı giyimi ile kendini beğenmiş, gururlu bir kişi olarak değerlendirmiştim. Dönem Öztürkçenin geliştirildiği, Türkçenin arındırılma işleminin yönlendirildiği zamandı. İlk âmirim yazı işleri müdürü Samih Tiryakioğlu oldu. Her gün yığınla yabancı gazete ile çeşitli kültür ataşeliklerinin savaşa ilişkin olarak yolladıkları materyali bana havale ediyor, benden önemli haberlerin çevirisini, ayrıca *Ulus* gazetesinin magazin kısmına girecek küçük yazıları da istiyordu. *Ulus* gazetesinin üst katında bana ayrılan oda gelip giden ziyaretçilerin dolaştıkları koridorun en uç kısmında bulunduğu için gelen ziyaretçilerin tümü ile karşılaşmıyordum. Yine de o sıralarda gazeteye sohbet, yarenlik ya da bilgi almak için gelen bazı ünlüleri anımsıyorum. Bunlar arasında Ahmet Muhip Dıranas, Kemalettin Kamu, Cahit Sıtkı Tarancı, Çetin Altan ilk aklıma gelenlerdir. *Ulus*'ta ikinci âmirim ileride Anadolu Ajansı genel müdürü olan Münir Berik oldu. Gazetenin o zamanki genel yayın müdürlüğünü daha sonra Demokrat Parti'nin resmi sözcülüğünü yapan Mümtaz Faik Fenik yürütüyordu. Falih Rıfkı Atay ise başyazar sıfatı ile *Ulus*'ta en fazla söz sahibi olan kişiydi. Birlikte çalıştığımız meslektaşlar arasında Şinasi Nahit Berker, Sabahattin Sönmez aklımda yer edenlerdir.

1944 kışı Nazi ordularının büyük yenilgilerini kaydediyordu. Sovyet Rusya'da Alman orduları tarafından zaptedilen kentler teker teker Kızılordu tarafından ele geçiriliyordu. Stalingrad'ın halkını bir buçuk yıl acımasız açlığa mahkûm eden kuşatma sona ermişti. Aralık ayından itibaren gazete yönetimi her gece radyo dinlememi istemişti. Dolayısıyla gece eve gidemiyor, gündüzleri uyuyordum. Kimi gece Kızıl Ordu'nun hızlı ilerlemesi ve buna koşut olarak Sovyet kentlerin Nazi ordularından temizlenmesi nedeniyle üç kez gazetenin başlıklarını değiştirmek gerekiyordu. Gazetede tek kadın bendim. Dökümhanede bulunan mürettipler her başlığın harflerini teker teker kurşun eritme potasında yeniden dökmeleri gerektiğinden benim onları ziyaret etmemden hiç hoşnut değildi, yine de en ufak bir itiraz ya da şikâyette bulunmadılar.

Türkiye'ye gelen yabancı muhabirler benimle de röportaj yapıyorlardı. Yazılarında beni *Ulus*'un "monitör"ü olarak tanıtmışlardı. Yazı işlerine sunduğum bazı haberlerin cümle yapısı bozuktu, bunların düzeltilmesi gereğine ben de kanaat getirmiştim. Çare daha fazla Türkçe edebi yapıt okumaktı. Ne var ki 1944 yılının son aylarında gazetedeki çalışma temposu roman okumaya fırsat vermiyordu.

Nazilerin ölüm kampları

Japonların, ABD'nin Pearl Harbor'daki filosuna büyük kayıplara neden olan baskınını takiben Başkan Roosevelt hızlı bir kararla ülkesini savaşa soktu. Müttefikler bu sayede İtalya'ya çıkarma yapabildiler, bu harekâtı Normandiya kıyılarına Avrupa'daki savaşı sona erdiren Normandiya Çıkarması izledi. Dönüşü olmayan bir yolculuğa çıkmış olan Hitler, generallerini azledip savaşın başkomutanlığını üstlenmişti, kararı son nefese kadar dövüşmekti. Hitler, 20 Temmuz 1944'te Nazilerin yer altı karargâhında kont Stauffenberg'in düzenlemiş olduğu suikasttan, ani bir kararla bombanın konulduğu masadan kalkarak haritaya gitmek suretiyle kurtulduğu için, kendisinin gerçekten Tanrı tarafından Alman milletinin başına getirilen, tanrısal bir güce sahip, dünyada Germen ırkına dayalı yeni bir uygarlığı getirmek misyonunu gerçekleştirecek bir lider olduğuna sarsılmaz biçimde inanmıştı. Radyo konuşmalarında hep "Bin Yıllık Yeni Reich İmparatorluğu"nun temellerinin atılmış olmasından söz ediyordu. Suikastla ilgili yargılama yüksek sayıda aristokrat kökenli subay ve yöneticilerin idamı ile sonuçlanmıştı. Oysa Hitler'in günleri sayılı idi. Doğu cephesinde Sovyet orduları Polonya'ya girmiş, oralarda kurulan temerküz ve ölüm kamplarını birer birer ele geçirmeyi ve ölüme terk edilen tutsakları özgürlüğe kavuşturmayı başarmışlardı. Batıda General Montgomery'nin yönetimdeki İngiliz orduları Kuzey Almanya'daki Polonya'ya ve Belsen-Belsen kamplarına girmiş, Amerikan silahlı kuvvetleri ise Berlin'in yakınında, Avrupa'nın çeşitli ülkelerinden tutuklamış oldukları Yahudi kadınları barındıran Ravensbrück kampını keşfedip, bu temerküz ve ölüm odaklarını dünya kamuoyuna tanıtmaya başlamışlardı. Orada işlenen görülmemiş vahşete ilişkin ilk fotoğraflar dünya basınında dağıtılmaya başlanmıştı. Dönemin Amerikan basın ataşesi, Mr. Moore uzun yıllardan beri Türkiye'ye yerleşmiş, daha önceleri İstanbul'daki Robert Kolej'de hocalık yapmış olan yaşlı bir diplomattı. Beni her vesile arar, en ilginç basın materyali ve fotoğraflarını getirirdi. Ben kendisine hep Moore Amca diye hitap ederdim.

O gün de yine kalın bir sarı zarfla çıkageldi. Daha kapıdan çıkmamıştı ki feryadı kopardım... Allah'ım, bir deri, bir kemikten oluşan insan iskeletleri, ölümün işaretini yüzlerinde taşıyan, açlıktan uzamış yüzler, gübre olmak üzere yığılmış insan kemikleri, fırınlar, kapının üzerinde "Arbeit macht frei" (Çalışmak Özgürleştirir) yazılı tabelalar, bütün bunlar gerçek olamaz! Oysa gerçeğin ta kendisiydi... Büyük bir telaşla hemen *Ulus*'un genel yayın yönetmenliğinin başına yeni getirilmiş olan Mümtaz Faik Fenik'e koştum. İçeride Ahmet Muhip Dıranas vardı. Fotoğrafları Mümtaz Bey'in masasına sermemle, onun bana "Defolunuz!" diye bağırması bir oldu. Ne olduğunu şaşırdım, hemen resimleri alıp odama döndüm, zile bastım ve hademeden bana on altı kuruşluk bir pul getirmesini söyledim. (O dönemde bir iş yerinden 16 kuruşluk pullu dilekçe ile istifa ediliyordu.) O arada kapım açıldı. Ahmet Muhip Dıranas bana "Nermin Hanım ne yaptığınızı biliyor musunuz?" dedi. Meğer Mümtaz Bey, iri yapısına rağmen, sinir açısından fazla dayanıklı bir insan değilmiş, kan göremezmiş, gösterdiğim resimleri görünce fenalık geçirmiş, bunu benim önünde –yani bir kadının önünde– belli etmek istememiş... Hâlâ kendi kendime bu adam nasıl askerlik yapmış diye soruyorum... Belki de gitmemenin yolunu bulmuştur. İşin acı tarafı şu: bu resimler tüm dünyada faşizmin, ırkçılığın işlediği vahşeti gözler önüne serdiği bir sırada Türkiye'nin önde gelen bir basın organında, bir basın mensubunun bireysel zaafları nedeni ile yayınlanamadı...

Düşünce özgürlüğü

Ulus resmi bir parti organı olduğuna göre, ne ölçüde fikirlerimizi özgürce ifade edebiliyorduk? Gazeteciliğimin ilk aylarında olacak Ulus meydanının bir vitrininde Amerikalıların "waffle" (kâğıt helvaya benzer bir tatlı türü) yapmaya özgü elektrikli bir alet gözüme çarptı. O sırada Ankara'da en hayati günlük eşyaların bulunmaması durumu karşısında "Gelişigüzel ithalata son!" başlıklı bir yazı yazmıştım. Yayınlanan bu yazı nedeniyle bir hayli azar işittiğimi hatırlıyorum. Zira bu alet Koç firmasına ait bir mağazanın vitrininde sergilenmişti... Fakat daha vahim olanı basında sorumlu mevkilerde bulunan kişilerin uyguladıkları oto-sansürdü! Her gün hazırlamakla görevli olduğum magazin sütunu için, Amerika'da geliştirilen yeni bir ortakulak ameliyat haberi bulmuştum. Bu haberi sunduktan yarım saat sonra Mümtaz Bey'in bürosuna çağrıldım. "Böyle bir haberi nasıl önerirsiniz? Yukarısı buna ne der?" Meğer Abdülhamit döneminde "burun" kelimesi nasıl yasak idiyse, 1940'larda Milli Şef'in işitme özrüne uzaktan yakından atıf yapmak öylesine yasak görünüyordu ilgililere. 1968'den sonra CHP Parti Meclisi'ne üye olduktan sonra İsmet Paşa'nın büyük hoşgörüsüne bizzat tanık oldum, vaktiyle İsmet Paşa'yı nasıl yanlış değerlendirdiklerine kanaat getirdim.

Kayıtsız şartsız teslim

1945 yılının ilk nefes kesici olaylarının sonucu olarak nihayet 8 Mayıs 1945 geldi! Almanya Müttefiklerin ileri sürdükleri kayıtsız şartsız teslim formülüne boyun eğmiş, Hitler sevgilisi Eva ile önce Berlin'de, Reichskanzlei binasının bodrumunda nikâhlanmış, sonra eşini tabanca ile öldürerek aynı silahla intihar etmişti. Şoförü vasiyeti gereği iki cesedin üzerine benzin dökerek yakmış, milyonlarca gencin savaş alanlarında can vermelerine neden olan bu çılgın politikacının yaşamı hayranı olduğu Wagner'in *(Götterdaemerung -Tanrıların Batışı)* operasını andıran bir alevler denizinde kaybolmuştur. İktidar ateşkes anlaşmasını imzalamış olan Amiral Dönitz'e geçmişti. O gece sabaha kadar BBC'nin Londra'da Trafalgar Meydanı'ndan naklen yaptığı yayını dinliyor, coşkun bir kitlenin Churchill'i alkışlarla karşılayıp, "He is a jolly fellow" şarkısının sözlerini tekrarladıklarını izliyordum. Başbakan Churchill'in bir vaktiler İngiliz ulusuna "Size göz yaşı, kan ve yoksulluktan başka vaat edebileceğim bir şey yoktur" sözleri artık geride kalmıştı, yeni bir dünya doğmak üzereydi. Ancak Uzak Doğu'da savaş alabildiğine devam ediyordu. İnsanlık daha Nagazaki ve Hiroşima'da gökyüzünde doğan milyonlarca ışık huzmeleriyle birlikte gelen kitlesel ölüm türü ile tanışmamıştı.

Bu arada demokrasi kavramının uygulanması konusunda çok sınırlı deneylere sahip olan Türkiye kamuoyu İngiliz vatandaşlarının tercihleri karşısında büyük bir şaşkınlık içinde kaldı. Savaş bitince kendisine eşsiz bir karşılama ve içtenlikli bir şükran gösterisi yapan İngiliz seçmenleri ABD'de Franklin Delano Roosevelt'in ani ölümü üzerine yerine geçen başkan yardımcısı Truman'la birlikte Potsdam'a giden Başbakan Churchill'i, o arada yapılan genel seçim sonucunda düşürmüş, yerine İngiliz İşçi Partisinin lideri Attlee'yi seçmişti.

İngilizler dünyaya şunu göstermeye çalışmışlardı: savaşta uyumlu çalışan ulusal bir koalisyon kabinesi ulusal gayeye sadık kalacaktır. Ancak barışta seçmenin çoğunluğuna sahip bir parlamento ve onun ürünü olan bir kabine öncülüğü taşıyacaktı... Demek İngiliz seçmeni kendisini zafere kavuşturan Muhafazakâr Parti lideri Churchill'e minnet ve sevgisini göstermekte gecikmemiş, ancak sorumlu siyasi parti olarak İngiliz İşçi Partisi'ni iktidara getirmeye karar vermişti. Evet, bu anlamlı kararla birlikte dünyada o tarihe kadar hüküm süren diktatörlüklerle kurumlaşmış tek partili sistemlerin tasfiye eğilimi başladı. Nitekim 1945 yazından itibaren tek parti CHP'nin meclis grubunda Hikmet Bayur ve arkadaşları anlamlı bir eleştiri ve saldırı kampanyasına başlayacaklardı...

Gazeteciliği niye sevdim

Gazetecilik benim ilk mesleğimdir, onu çok sevmiştim, daha sonraları akademik kariyeri yeğlemem, basın yolu ile yaşadığım topluma seslenme sevdamı azaltmadı. Bu meslek insanın yaşadığı çağın nabzını her an elinde tutmasına yardımcı olmaktadır. Bugün yazılı basının giderek yok olduğu, dijital ortamın yarattığı sınırları belli olmayan, ulus aşırı bir ortamda var olmayı sürdürmek eskisinden daha fazla cesaret gerektirmektedir. Yine de yazı ile düşüncelerini başkaları ile paylaşma arzusundan birçok kadın ve erkek vazgeçmemektedir. Bu iletişim kurma ve iletişimde bulunma, özünde, belli ahlaki ilkelere sadık kalmak şartıyla dünyaya yeni fikirler, yeni akımlar tanıtmak suretiyle yüce bir kamu hizmetidir. Bu olanaktan ben de yararlanma fırsatı bulmuştum. Müttefiklerin zaferinden sonra Birleşik Amerika yeni nüfuz alanları kazanma çabalarına girişmişti. Bu çerçevede senatör Fullbright Ankara'ya geldiğinde Paris Caddesi'ndeki mütevazı elçilik binasının üst katında daha sonraları tüm dünyada genç ve orta yaş bilim insanlarına sağlamayı düşündüğü eğitim/araştırma burslarının kanaviçesini bizlere, yani basın mensuplarına sanırım ilk defa Ankara'da anlatmıştı. Bu fırsattan birkaç yıl sonra benim de yararlanacağımı o zaman düşünmemiştim.

Gazetecilik mesleğime ait diğer hoş bir anı, daha sonraları İdil Biret, Suna Kan, Hasan Kaptan gibi üstün yetenekli, dâhi çocukların yurtdışında devlet hesabına öğrenim görmelerine olanak veren yasanın geçmesi için kamuoyu oluşturulmasına ilişkin bana verilen göreve aittir. Dönemin müzik konularında etkin kişisi Cevat Memduh Altar o sırada erken tanısını yapmış olduğu yetenekli çocukların yurtdışında yetişmelerinin düşünü görüyordu. Bunların başında üç yaşları civarında bulunan İdil Biret geliyordu. Gazetenin bana verdiği görev İdil'in ailesinin oturmakta olduğu Ankara, Selanik Caddesi'ndeki evlerine gidip annesini ziyaret etmek ve bu vesileyle çocuğu gözlemlemek, o küçük kızla bir röportaj yapmaktı. İdil'in annesi beni nezaketle kabul etti, neredeyse bebek sayılacak kadar küçük olan piyanist İdil tabii ortalıkta bulunuyordu. İri bukleli saçları, meraklı bakışları ile afacan, şipşirin bir çocuktu. Piyano açıktı, bir süre konuştuktan sonra küçük kıza bize bir şey çalmak isteyip istemediğini sordum. Çocuklara özgü içtenlikle hemen "olur" dedi ve piyanoya koştu. Boyu küçücük olduğu için piyano iskemlesine iki yastık kondu. İdil oraya hemen tırmandı ve bana dönerek "Biyah" (Bach'ı telaffuz edemiyordu) "çalacağım" dedi. O inanılmaz belleğiyle radyoda dinlediği eserleri piyanoda çalabiliyordu. *Ulus* gazetesinde İdil'e ait üçlü bir yazı dizisi yazdım. TBMM'de destekleyici konuşmalar yapıldı, yasa kabul edildi. Nice yıllar sonra konser turlarına anne babası ile birlikte çıkan büyük sanatkâr İdil'le Münih-İstanbul arası otobüs yolculuğu yapacaktım. Fransa'nın en ünlü piyano hocası Nadia Boulanger'nin yanında yetişen İdil artık dünyaca tanınan bir sanatkâr olmuştu, fakat onun mütevazı kişiliği değişmemişti. Devlet sanatkârlığı payesine layık görüldüğü zamanda da öyle kaldı. Halen dünyada Chopin'in tüm eserlerini en mükemmel şekilde icra eden piyano virtüözü olmasını büyük bir gurur ve kıvançla uzaktan izliyorum. Ülke sorunlarına karşı büyük bir duyarlılık göstermektedir. En son verdiği bir konserin tüm gelirini çocuk gelinlere karşı mücadele eden Çağdaş Yaşamı Destekleme Derneği'ne bağışlaması, sanatkârlığının 70'inci yaş gününü ise Eskişehir gibi güzel sanatın her türüne gönül vermiş bir kentte, bir konserle kutlaması aynı duyarlılığın en son örnekleridir. İdil Biret hümanist bir dünya kültürüne olan bağlılığını her vesileyle ispatlamıştır. İdil'in, Suna'nın konserlerine her gidişimde Atatürk felsefesine sahip çıkan Türk aydınlarının ve onların oluşturabildikleri kültür politikasının yönlendirici rolünün önemini düşünüyorum. Daha sonraki yıllarda yetişen ve tüm dünyada beste ve icrası ile Türkiye'de piyano sanatına verilen önemi tanıtan Fazıl Say ile Gülsin Onay, bir yasanın neleri ortaya çıkarabileceğinin en canlı örnekleridir. Üstün yetenekli çocuklara özgü yasa uzun bir süre yürürlükte kaldıktan sonra bugün kaldırılmış bulunmaktadır.

Kim bilir Anadolu'da yetenekleri saklı kalmış, geliştirilmemiş kaç İdil, kaç Suna, kaç Gülsin, kaç Fazıl filiz vermeden silinip gitmiştir: Soyut bir "güçlü devlet" düşmanlığı ile tüm kültürel girişimleri "sivil toplum"a bırakmak isteyen aklı evvelleri düşünüyorum. Feodalizm aşamasını gereği gibi yaşamamış olan toplumumuzda devlet öncülük yapmadıkça, genç yeteneklere imkân sunmadıkça, toplum onlardan yoksun kalmaya mahkûmdur.

Abadan soyadını alıyorum

Hukuk fakültesinin birinci sınıfından başlayarak tüm yüksek öğrenim hayatım boyunca devam eden, Yavuz Abadan'a karşı duyduğum hayranlık, aşk ve sevgi uzun yıllar boyunca tek taraflı kalmıştı. Eski hocam bu duygusal bağlılığı bir gençlik hevesi olarak karşılamış, birinci sınıftan sonra benimle herhangi bir arkadaşlık kurmak istememiş, bir görüşmede beni ancak mezun olduktan sonra tekrar görebileceğini ifade etmişti. Esasen kendisinin 1943 yılının kış aylarında Eskişehir Milletvekili olarak parlamentoya girmesi İstanbul'dan ayrılmasına neden olmuştu. Ancak gönül ne mantık ne de ferman dinler. Birinci sınıf öğrencisi olarak başlayan hayranlık, Yavuz'un koymuş olduğu kategorik görüşmeme kararına rağmen azalmadı. Hukuk Fakültesi'nde geçirdiğim üçüncü ve dördüncü sınıftaki yıllar duygularımı değiştirmemiş, aksine pekiştirmişti. Ankara'ya Eylül 1944'te, Hukuk Fakültesi mezunu, çiçeği burnunda gazeteci olarak geldiğimde yeniden karşılaşma fırsatını buldum. Bu kez Yavuz bana arkadaşlığımızın sürekli bir bağa dönüşmesi için iki temel şartı olduğunu söylemişti: Eskişehir'deki ailesinin beni benimsemesi ve savaşın bitmesi! Birinci şartın göreli olarak kolaylıkla çözülebileceği kanaatine vardım, ya ikinci? Bütün dünya gözyaşı, ölüm ve ıstırap getiren bu korkunç savaş makinesinin durmasını bekliyordu, savaşın sona erdirilmesinde hiçbir katkım olamazdı. Dua etmekten başka çare yoktu. Buna karşın ailesi ile ilişki kurmak, onlara kendimi kabul ettirmek hususunda yeter ölçüde nefsime güveniyordum.

Yavuz'un ailem olarak tanıttığı ve ağabey olarak hitap ettiği Abdullah Efendi'nin Eskişehir'in Mahmure Mahallesi'nin Yasa Sokağı'nda bulunan tek katlı, kerpiç evine 1945 yılının Mart ayında, tek başıma ziyarete gittim. Orada okula giden çocukları ile daha sonraları "Ağababa" olarak hitap ettiğim Abdullah Efendi ve eşi Fatma Hanım'dan çok sıcak bir kabul gördüm. Bir günlük kısa ziyaretim farklı çevrelerden gelmemize karşın onlarda uyumlu bir birey olabileceğim izlenimini uyandırmıştı.

İkinci Dünya Savaşı'nın Uzak Doğu'da devam etmesine rağmen Hitler'in Berlin'deki ateş denizinin ortasında sevgilisi ile intihar etmesi, cesetlerinin yakılması ve Amiral Dönitz'in Müttefiklere koşulsuz biçimde teslim olması sonucu Avrupa'da savaş sona erdi. Böylece yirminci yüzyılın en önemli dönüm noktasını yaşamış olduk. Bu büyük tarihi olaylar benim için aynı zamanda yeni bir dönemin açılabileceği ümitlerinin yeşermesi anlamını taşıyordu. Bu defa yeni bir koşul daha ortaya çıktı: Ev bulmak! Türkiye'nin hiçbir kentinde savaş boyunca inşaat yapılmamış, "hava parası" uygulaması alıp yürümüştü. Tabii bu hava parasını almak suç sayılıyordu. Hiçbir ev sahibi de hava parası isteyemeyeceği bir parlamentere evini kiralamaya yanaşmıyordu. Aramalar, uğraşmalar hemen hemen bir yıl kadar sürdü. Nihayet Yavuz'u takdir eden yaşlı başlı bir Kayserili milletvekili imdada yetişti. Maltepe'de yeni bitmiş olan bir apartmanın giriş katında, "nohut oda, bakla sofa" dedikleri iki odalı bir dairenin bize kiralanabileceği müjdesini vermişti. İzmir'de oturan halama haber verip evlenme hazırlıklarına giriştim. Böylece İkinci Dünya Savaşı'nın Avrupa'da sona ermesinden bir yıl sonra, 8 Mayıs 1946 tarihine ulaştık. Her ikimizin parasal olanakları çok sınırlı olduğu için yemekli bir düğün yerine hepimizin akraba ve dostlarının katılabileceği bir kokteyl parti vermeye karar verdik. O yüzden de ben gelinlik giymeden konuklarımızı nikâhta giydiğim siyah elbisem ve çiçekli bir şapka ile karşıladım.

Anafartalar Caddesi'ne bakan Çocuk Esirgeme Kurumu'nun üst katında bulunan nikâh dairesine öğlene doğru ulaştık. Nikâhta Yavuz'un tanığı, TBMM Başkanı Abdülhalik Renda, benimki ise başbakan Şükrü Saraçoğlu olmuştu. Yavuz'un o dönemde CHP Meclis Grup Yönetim Kurulu Üyesi olması nedeniyle nikâha başta Maliye Bakanı Halit

Keşmir ve Milli Eğitim Bakanı Hasan Âli Yücel olmak üzere birçok bakan da katılmıştı. Aynı gün akşam üzeri o sırada Ulus'ta Merkez Bankası'nın üst katını işgal eden Anadolu Kulübü'nde bir kokteyl verdik. Parlamento üyeleri, basın mensupları, bizi tanıyan bazı yabancı diplomatlar, her ikimizin yakın arkadaşları ve Eskişehir'den gelmiş olan hemşeriler grubu renkli ve demokratik bir kalabalık oluşturmuştu. Mutluluğumuzu, neşemizi sevdiklerimizle paylaşmak güzeldi...

Hayat arkadaşlığına karar verdiğim insan, çetin bir yaşam mücadelesi vermişti. O dönemin kudretli, popüler ve çevresi kalabalık olan Yavuz Abadan'ın öyküsü benimkinden hayli farklı olmakla beraber yine de benziyordu. Her ikimiz İngilizlerin "self made" (kendi kendini yetiştiren) dedikleri türden insanlardık. İkimizin de aileleri Osmanlı İmparatorluğu'nun "çevre" sayılan bölgelerinden –Bosna-Hersek, Kırım– göç yolu ile anayurda gelmiştik. Şu kadar ki Yavuz için köy ortamı çok doğal bir çevre sayılmasına karşın, ben kelimenin tam anlamı ile bir kent çocuğu sayılıyordum. Bu anlamlı karşıtlıkları daha iyi anlayabilmek için kendi isteğim ve ısrarımla eş olarak seçtiğim erkeğin yaşam öyküsünü kısaca gözden geçirme zorunluğu belirmektedir...

Yavuz'un çocukluğu

18 Nisan 1905 yılında Kırım'da, Bahçesaray'ın yakınında Abadan Köyü'nde Seyit Ömer ile Benlihan Örlük'ün ikinci oğulları olarak dünyaya gelen Yavuz'un büyükbabası orta büyüklükte bir çiftlik sahibi, dünya nimetlerinin tümünden zevk alan, cömert ruhlu, cüsseli ve herkesçe sevilen bir insandı. Babası ise daha çok içine kapalı, dini sorunlarla ilgili, medrese öğrenimi görmüş, güçlü bir kişilik yapısına sahip bir molla idi. Yavuz'un babası Rusların 1905'te Japonlar tarafından

yenilgiye uğratıldıktan sonra Tatarları da Rus ordusuna katma kararı karşısında "Biz ne onlara hizmet ederiz ne de domuz etlerini yeriz..." diyerek yaklaşık dört yüz hemşerisi ile birlikte anayurda gelmişti. Vapurla İstanbul'a gelen kafile II. Abdülhamit tarafından –ovanın bataklık olması, yaygın sıtma yatakları barındırması şartlarını göz önünde bulundurmaksızın– Eskişehir'in "Aşağı Mahalle" denilen, demiryolu kenarında uzanan düzlüklere yerleştirilmişti. Yavuz bu sırada dört-beş aylık bir bebek, ağabeyi Ömer ise iki yaşında bir çocuktu. Sıtma ve geçim sıkıntısı çok geçmeden büyük kayıplara yol açmış, Yavuz annesini dokuz aylık, babasını ise dört yaşında iken kaybetmiş. O sırada henüz Mehmet adını taşıyan çocuk, ağabeyi ile birlikte babaannesi, halası ve halasının oğlu Abdullah Efendi tarafından büyütülmüş. Evin parasal olanakları son derece sınırlı olduğu halde evin kadınları gururlarına düşkün kalmışlar. Çok iyi bir öğrenci olan Yavuz'u daha varlıklı evlerin çocukları yemeğe davet ettiklerinde bu daveti kabul etmemesini isterlermiş. O sırada henüz hayatta olan ağabey Ömer, kardeşinin dövüşken, cesur olarak yetişmesini istiyormuş. Ne yazık ki Birinci Dünya Savaşı'nın amansız sıkıntıları onu erken yaşta sıracadan (veremin bir türü) ölmesine neden olmuş. En son İstanbul'da tedavi olmak üzere evden ayrılırken Yavuz'u kenara çekip, vasiyetini bildirmiş "Dönemezsem sen gerekirse dilenecek, fakat öğrenimine devam edeceksin!"

Yavuz, Ömer ağabeyini bir daha görememiş. Evin ekonomik durumu giderek bozulmuş. Babaanneyi ara sıra kendisini çok sıkıntıya düşüren, uzun süre kesilmeyen bir hıçkırık krizi tutarmış. Bu durumu giderebilecek tek çare bir topak şekermiş. Ne var ki savaş sırasında o şekeri bulma imkânı bile yokmuş.

Tursun Fakih İlkokulu'nda çalışkanlığı ile sivrilen Mehmet çok sevdiği ağabeyini kaybedince tahsil amacından vazgeçmemiş. Babaannesi kendisini ısrarla babasının izinden giderek din adamı olarak yetişmesini istemesine karşın, halasının oğlu Abdullah'ın –bütün ömrü boyunca sadece altı ay okula gitmesine rağmen– ısrarları ile idadiye geçmeyi başarmış. İşte bu sıradadır ki sınıfında çok takdir edilen öğrenciye öğretmeni tarafından "Yavuz" adı verilecektir.

Evde geceleri ışık olmadığından –mum alacak paraları da yoktur– Yavuz derslerine kentin merkezindeki umumi helada hazırlanıyormuş. Bu mücadeleler sırasında Yunan orduları Anadolu'da Eskişehir il sınırına dayanmış, kent halkı ciddi bir gıda bunalımı ile karşı karşıya kalmış. Ailenin reisi Abdullah Efendi eve yiyecek bulma niyetiyle Bursa istikametine doğru yola çıkınca, Eskişehir'in Yunanlılar tarafından işgal edilmesi üzerine, düşman hatlarının gerisine düşmüş. Yavuz böylece dokuz ay kadar bir süre evin tek erkeği olarak tüm sorumlulukları yüklenmek zorunluluğunda kalmış. Çare olarak Yavuz o yıl –sadece ortaokulu bitirmesine rağmen– Yunanlıların tüm okulları kapatmalarına rağmen, okula devam eden çocukları örgütleyerek beş sınıflı bir okul kurmuş, bu çalışmaları ile bir yandan evin geçimini sağlarken, öte yandan öğretmenlik mesleğine karşı olan yatkınlığını daha o tarihte belli etmiş. Bu arada ayrıca yerel basında Kuvayı Maliye'yi destekleyen makaleler yazmak suretiyle ilk gazetecilik denemelerine de girişmiş. Eskişehir'in kurtuluşundan sonra Bursa'dan gelen Ali Fuat Cebesoy, Kurtuluş Savaşı sırasında Mustafa Kemal'i destekleyen gençleri tanımak istemiş. O arada Cebesoy'un kendisine yaşını büyüterek Ankara'ya milletvekili olarak gitme önerisine karşı genç Yavuz, "Mebusluk istemem, tek muradım tahsilime devam edebilmektir!" yanıtını vermiş. Dileği hemen gerçekleşmemiş, ancak bulunduğu okula bir süre sonra gelen bir burs Yavuz'u çok takdir eden bir öğretmeninin desteği ile kendisine verilmiş. Böylece ilk merhale olarak parasız yatılı hakkını kazanarak Cumhuriyetin ilanına rastlayan 1923 sonbaharını Konya Lisesi'nde geçirmiş. Burada kendisi gibi yoksul bir köylü çocuğu olan Hüseyin Avni (Göktürk) ile yakın bir dostluk kurmuş. Hüseyin Avni ileride Demokrat Parti'nin adalet bakanlığını üstlenecekti. Yavuz ile Hüseyin Avni ilk yıl boyunca yakası kapalı, eski er kıyafetinden ters yüz edilen, koyu yeşil üniformalarını çıkartamamışlar. Başka giysileri yoktur. Her ikisi yazın köylerine dönüp, harman zamanında biraz harçlık kazanmaya çalışıyorlardır. Yavuz gittiği Şerefiye Köyü'nde bostanda karpuz bekçiliği yapmış. Bu çalışmaları sırasında bir defasında üç çoban köpeğinin saldırısına uğramış, canını köpeklere taş atmak suretiyle güç kurtarmış. Bu nedenle daha sonraki yıllarda küçük bir fino da olsa hiçbir köpeğe yakınlık duymuyordu.

Konya Lisesi'nde çalışkanlığı ve ağırbaşlılığı ile iyi bir şöhrete kavuşan Mehmet Yavuz kendisini yıl sonunda, yani 1924'te İstanbul Erkek Lisesi'ne naklettirmeyi başarır. Bu onun İstanbul'u ilk görüşü olur. Sınıf arkadaşlarından mühendis Nureddin Norman gelişini şöyle anlatıyor: "Eskişehirli bir arkadaş aramıza gelince, onu önce çok yadırgadık. Olağanüstü çalışkan, zeki olduğu söylenen bu arkadaş sınıfın en arka sırasında oturmuş, iri cüssesi ve hemen hemen hiç konuşmayan hali ile bizim sınıfın dinamik vasfına çok aykırı düşüyordu."

O sırada matematik öğretmenlerine yaptıkları kötü bir şakayı kimin yaptığını söylememeleri nedeniyle tüm sınıfa verilen bir disiplin cezası yüzünden aynı sınıfı bir yıl daha okumak mecburiyetinde kalmış. Bu karar Yavuz'un ileride Türkiye'nin kamu yaşamında adlarını duyurmuş olan şu arkadaşlarla daha yakın temas kurmasını mümkün kılmıştır:

Cemil Sait (Barlas), Hasan Tahsin (Banguoğlu), Emin Recai (Kalafat), Neci Kâzım (Akses), Ahmet (Demir), Sabahaddin (Sönmez), Nihat Ali (Üçüncü), Mehmet Pertev (Duru), Mehmet Münir (Karacık) Nureddin (Norman), Reşat (Garan), Sabri (Savcı). Bu grubun içinde özellikle Cemil Sait (Mehmet Barlas'ın babası ve ileride Ticaret Bakanı), Hasan Tahsin (daha sonra Milli Eğitim Bakanı) ve Emin Recai (Kalafat, ileride Başbakan Yardımcısı) üçlüsü "Ekâbir" adı altında bir çeşit önder grubu temsil ediyordu.

İşte bu konuşkan, atılgan, çok dinamik sınıf ilk önce yadırgadıkları Mehmet Yavuz'u derslerde sağladığı başarı, insancıl hali, dostluk kurmada gösterdiği yakınlıktan ötürü çok geçmeden aralarına kabul ederler. Sınıftaki gruplaşmanın yapısı değişti, üçlü liderlik grubu yerine Mehmet Yavuz'un önderliği altında yeni bir grup kuruldu. Öğretmenler bu grubu "Yavuz Efendi ve şürekâsı" olarak çağırmaya başlamışlar. Grup bu sıfatla geniş bir hoşgörüden yararlanıyor, Nuruosmaniye'deki İkbal Kıraathanesi'ne gidip tavla oynamalarına, Sirkeci'de Hilal Gazinosu'nda neşelenmelerine izin veriyorlardı.

Okula sonradan geldiği için en yüksek numara olan 1110'u taşıyan Yavuz'un iki üzüntüsü varmış: sınavlara en son girmek, yatakhanede ise kapıya bitişik yatmak. Sonuncu durum biraz haysiyetine dokunuyorsa da buna aldırış etmez görünüyormuş. Son sınıfa kadar daha çok fen derslerine ağırlık veren Yavuz, ani bir kararla edebiyat şubesine geçince, herkes hayret etmiş. Kendisini en çok etkileyen öğretmenler Hıfzı Tevfik ile felsefe öğretmeni Hasan Âli (Yücel) olmuştur.

Yavuz'un üniversite yılları

Yavuz üstün başarılarla İstanbul Erkek Lisesi'ni 1926'da bitirdikten sonra aynı yılın sonbaharında İstanbul Üniversitesi'nin Hukuk Fakültesi'ne kaydolmuştur. Geçimini sağlamak için 1 Kasım 1926'dan itibaren dört yıl süreyle İstiklal Lisesi'nde müdür yardımcılığı, bu görevden başka Almanya'ya gidinceye kadar ayrıca Beyoğlu Rum Lisesi'nde Türkçe ve Tarih öğretmenliği de yapmıştır. O yıllarda kendisinden iki sınıf yukarıda olan eski dostu Prof. Dr. Tahsin Bekir Balta, Yavuz'u şöyle anlatmaktadır: "Yavuz biz son sınıfta iken fakülteye girdi. Kendisine çeşitli fakültelere mensup birçok gençlerin gelip danışmaları, saygı göstermeleri, sohbetinden yararlanmak için etrafında toplanmaları hiçbirimizin dikkatinden kaçmamıştı. İstiklal Lisesi'nde müdür yardımcılığı yaptığı için üniversitede uzun boylu kalamıyordu, buna rağmen derslerinde her zaman üstün başarılar göstermiş, çeşitli durumlar karşısında takındığı tavırlarla her çeşit haksızlığa karşı sonuna kadar tepki göstermesini bilen, medeni cesaret sahibi, azimli, objektif görüşlü bir arkadaş olduğunu kanıtladı!"

Benzer izlenimler o yıllarda Tıp Fakültesi Talebe Cemiyeti başkanı, daha sonra milli eğitim bakanlığı da yapmış Dr. İbrahim Öktem de doğrulamıştır:

"1925'te Tahsin Bekir Balta ile birlikte kurduğumuz Milli Türk Talebe Birliği'nin ikinci kongresinde Yavuz da yönetim kuruluna seçildi. Farklı mesleklere mensup olmamıza rağmen çok iyi anlaşıyorduk. Yavuz yaratılış bakımından duygulu, içine kapanık, kolay kolay açılmayan, ne fazla hiddetlenen ne de vurdum duymaz sayılan bir insandı. Her hali ile Orta Anadolu'nun çocuğu olduğunu hatırlatıyordu. Davranışlarında toplumun geri kalmışlığının ezikliğini daima içinde taşıdığı sezilebiliyordu." Öktem'e göre Yavuz objektif amaçları, milli birliği hiçbir zaman gözden uzak tutmamıştır, nitekim 1926-27 yallarında baş gösteren bölgesel çekişmeler ve yerel kavgalarda, Yavuz her zaman birleştirici, bütünleyici bir milliyetçilik görüşü savunmuştur.

Almanya'daki yılları

Yavuz'un "Ağabey" olarak seslendiği halasının oğlu Abdullah Efendi beş öz çocuğundan başka kız kardeşinin ölümü üzerine onun beş çocuğuna da evini açan olağanüstü cömert ruhlu, yardımsever bir insandı. Ailede en yetenekli gördüğü Yavuz'a çok sınırlı parasal olanaklarına rağmen Avrupa'da doktora öğrenimi yapmak üzere yardım etmekte tereddüt etmemiştir. İlk önce Almanca öğrenmek üzere 1930'da Viyana'ya giden Yavuz, orada kalabalık, çeşitli öğrenim kurumlarına devam eden bir Türk arkadaş grubu ile karşılaşmış. Bunların başlıcaları pedagoji öğrenimi yapan Bedi Ziya (Egemen), bestecilik tahsili yapan Necil Kâzım (Akses), Diplomasi Akademisi'ne devam eden Necati (Topçuoğlu), orkestra şefliği tahsili yapan Ferit'tir (Anlar). Bu kalabalık grupla birlikte olması –bütün sistematik dil öğrenme çabalarına rağmen– onu hiç değilse akşamları daha çok tavla vs. oynamaya sürüklediği için kısa bir süre sonra kesin bir kararla ayrılmasına neden oldu. O sırada Almanya'da (Heidelberg Üniversitesi'nde Prof. Dr. Miteis'in yanında "Şirketler Hukuku" konusunda doktora tezine başlamış olan Cemil Sait ona dil öğrenme yöntemi konusunda yol göstermiş, böylece Almanya'nın en romantik ortaçağ kentlerinden sayılan Neckar nehri kıyısındaki Heidelberg'e yerleşmiş.

O tarihlerde Heidelberg, Weimar Almanya'sının Berlin'den sonra en ünlü ve dinamik üniversitelerinin başında geliyordu. Yavuz ilk geldiğinde filozof Karl Jaspers, Arnold Bergstraesser, Max Weber'in kardeşi Alfred Weber gibi sosyologları, Jellinek ve Anschütz gibi kamu hukukçularını dinleme fırsatına kavuşmuştu. Yavuz kısa bir süre sonra Gerhard Anschütz yanında doktora çalışmalarına başlayabildi. 1933'te Nazilerin iktidara gelip, "Bundan sonra hukuk bizim irademizdir" tezini ileri sürünce, doktora babası Anschütz "Artık bu ülkede anayasa rejimi kalmamıştır, bunun dersi de okutulamaz" diyerek üniversiteden istifa edince, Yavuz "Türk ve Alman cumhurbaşkanlarının yetkileri" konusundaki karşılaştırmalı doktora tezini "Cum sum lauda" (Pek iyi) derece ile Prof. Jellinek başkanlığında bulunan bir jüri önünde savunma olanağına kavuştu. Ancak doktora sınavına üç hafta kala kendisini allak bullak eden bir haberle karşılaşmış: Abdullah Efendi girişmiş olduğu ufak çaptaki buğday ticareti yüzünden iflas etmiş, fakat bu durumu kendisinden saklamış, ufak da olsa aylık desteğini kendisinden esirgememiştir. Yavuz, önce hemen dönmeyi düşünmüş, daha sonra doktora babasının kendisini emanet ettiği ünlü idare hukukçusu Prof. Jellinek'in huzurunda yıllarını vermiş olduğu doktora tezini savunmanın daha isabetli olacağına karar vermiş. Sınavı üstün başarı ile vermesine rağmen aldığı olumsuz haber nedeni ile yüreği çok sıkıntılı imiş. Hemen kesin dönüş yapmaya karar vermiş. Giderken götürmüş olduğu küçücük tahta bavulu ve eski takım elbisesi ile geldiği gibi yine Tuna Nehri üzerinden Romanya'ya kadar gelmiş. Oradan trenle yoluna devam etmiş. Eskişehir garında Abdullah Efendi ile karşılaşınca "Ağabey ne yaptın?" demesine karşın, Abdullah Efendi lafı hemen kapatmış, bir daha bu konunun açılmamasını istemiş. Yavuz daha sonraları kalp hastalığı nedeni ile çalışamayacak olan ağabeyinin ailesinden desteğini çekmemiş, ölünceye kadar Abadanlara kol kanat germiştir.

O sıralarda kendisinden önce Almanya'ya gelmiş olan ve Karlsruhe'deki Teknik Yüksek Okul'da mühendislik öğrenimini tamamlayan okul arkadaşı Nureddin Norman, Almanya'daki Yavuz'u şöyle tanımlamaktadır:

"Yavuz gittiği her yerde hayranlık, saygı ve sempati uyandırmasını bilen nadir insanlardan biri idi. Heidelberg'i görmeye gelip, bu tarihi kentin daracık sokaklarını geçtiğimizde, Doğulu, Batılı, çeşitli ülkelere mensup birçok öğrencinin kendisini selamladığını görünce, göğsümüz gururla kabarırdı. Kendisinden duyduğuma göre daha genç Türklerin ona 'Yavuz Ağabey' şeklinde hitap etmeleri, Alman aristokrasisinin üst kademesine mensup olan öğrencilerin dikkatini çekmiş, yabancılara ilke olarak açık olmayan soylu öğrencilerin devam ettikleri kulüplere davet edilmesine yol açmıştı. Kendisinin alçakgönüllülüğü nedeniyle kimliğini saklayan bir 'Bey' olduğunu sanmışlardı. Yavuz bu davetlerin hepsini kabul ediyor, güler yüz gösteriyordu, fakat her zamanki hali ile bir halk çocuğu kalmasını bilmiştir."

Weimar Cumhuriyeti'nin son yıllarında, siyaset sahnesinde ideolojik çatışmalar günlük olaylar arasına karışınca, geceleri öğrenci lokallerinden dönen sağ ve sol kampa mensup Almanlardan kimisi kendisini ileriye uzanmış ellerle "Heil Hitler" (Yaşasın Hitler), kimisi ise sıkılmış yumruk "Rot Front" (Kızıl Cephe) işareti ile selamlıyormuş. Yavuz bu ideolojik kavgaların dışında, bilgi arayan bir insan kalmasını bilmiştir. Yaygın popülaritesinin gerçek göstergesi yurduna döndükten iki yıl sonra, 1935'te Haidelberg belediyesinin kendisine ilk Türk olarak fahri hemşerilik payesi verilmesi sayılır. Günümüzde çok az yabancı üniversite öğrencisine verilen bu paye geçerliğinden hiçbir şey kaybetmemiştir. Nitekim ölümünden sonra gelen yüzlerce mektup arasında 1967 yılının Heidelberg belediye başkanı Zündel, "Heidelberg şehri adına başsağlığı dilerken, şehrimizde okumuş olan Prof. Dr. Yavuz Abadan'ın anısı, onu tanıyanların gönlünde yaşamaya devam edecektir" sözleri yer almıştır.

İstanbul Üniversitesi'nde öğretim üyeliği: 1933-1943

Mehmet Yavuz hukuk doktoru unvanını aldıktan sonra ağabeyinin kararı üzerine ailesinin doğup büyüdüğü Abadan köyünün ismini soyadı olarak benimsemiş, o tarihten itibaren Yavuz Abadan ismini kullanmaya başlamıştır. Kendisi 18 Kasım 1933 yılında İstanbul Hukuk Fakültesi'nin o zaman dekan bulunan Ali Fuat Başgil'in Hukuku Esasiye kürsüsü doçentliğine tayin edilmiş, altı ay sonra ise kürsü değiştirerek Hukuk Başlangıcı ve Felsefesi kürsüsüne nakledilerek, bu kürsüde Almanya'dan Nazilerden kaçarak Türkiye'ye davet edilmiş Prof. Dr. Richard Honig ile sıkı bir işbirliği yapmış. Honig ve kısa bir süre için Prof. Dr. Ernst Hirsch'in derslerinin tercümanlığını yapmış, Honig'in kitap ve makalelerini çevirmiştir.

Abadan 1937'den sonra Honig'in Amerika'ya gitmesi üzerine Hukuk Başlangıcı dersini bağımsız olarak okutmaya devam etmiştir. Bu dönemde Yavuz ayrıca İnkılap Tarihi doçentliğine de atanmıştır. Atatürk'ün sağlığında Türk Devrim (İnkılap) Tarihi kürsüsü belli bir fakülte yerine doğrudan doğruya İstanbul Üniversitesi'ne bağlanmıştı. Kürsüyü İstanbul ve Ankara'dan dört profesör ve onlara bağlı birer doçent yönetiyordu; derslere İstanbul Üniversitesi'ne bağlı bütün fakültelerin son sınıfları ile Yıldız'daki Harp Akademileri öğrencileri devam ediyor, dersler, sonraları bir yangına kurban giden Beyazıt'taki Zeynep Konağı'nda bulunan eski Edebiyat Fakültesi'nin amfisinde verilirdi. Dersi veren dört profesörün her biri aynı zamanda milletvekili sıfatını taşıyordu. Her birinin bir doçenti bulunurdu, bunlar sırayla: Mahmut Esat Bozkurt (doçenti Yavuz Abadan), Yusuf Kemal Tengirşenk (doçenti Ömer Lütfi Barkan), Hikmet Bayur (doçenti Enver Ziya Karal), Recep Peker (doçenti Hıfzı Veldet Velidedeoğlu). Türkiye Cumhuriyeti'nin kuruluşunun tanıkları olan bu dört bilim adamına 1940'tan sonra bilim ile faal politika arasında bir tercih yapmaları önerildi, hepsi parlamento hayatını yeğlediler.

Eminönü Halkevi başkanlığı

İstanbul Üniversitesi hocalığı sırasında CHP'nin Beyoğlu ilçesine üye yazılan ve sonra yurdun çeşitli kentlerinde bilimsel konferanslar veren Yavuz, 1940 yılında CHP İl Başkanı Reşat Mimaroğlu döneminde Eminönü Halkevi'nin başına getirilmiştir. Bu tarihte Eminönü Halkevi modern ve zengin tesisli yeni binasına kavuşmuş –halen bitişiğinde İstanbul Gazeteciler Derneği bulunmaktadır– spor ve okuma salonları ile İstanbul'daki lise ve üniversite gençliğinin severek devam ettiği başlıca odak noktası haline gelmişti. Yavuz, İkinci Dünya Savaşı'nın devam etmesine rağmen bu kültür ocağına büyük bir canlılık getirmişti. Seri konferanslar, profesyonel düzeydeki tiyatro temsilleri, özel orkestrası, İstanbul'un çeşitli yazlık gazinolarında sergilenen milli oyunlar festivali gibi etkinliklerle Eminönü Halkevi, Türkiye'deki bütün halkevlerine örnek oluşturuyordu. Yavuz'un bu alandaki başarısının sırrı etrafına toplamayı başardığı gençlerdi. O bu gençlerin yenilikçi dinamiğini olumlu yolara doğru yöneltmesini bilmişti. Başlıca yardımcıları Hukuk Fakültesi'nin genç asistanlarından Tarık Zafer Tunaya, Tıp Fakültesi'nden Alaettin ve Adnan isimli iki genç doktor ile daha sonraları Ankara'da kurmuş olduğu Ajans Türk basımevinin sahibi, o tarihte Edebiyat Fakültesi'nde bulunan Şevket Evliyagil'di.

Yavuz'un TBMM'deki yılları: 1943-1946

İstanbul CHP İl Başkanlığı'na getirilen Suat Hayri Ürgüplü ile görüş ayrılığı nedeniyle Eminönü Halkevi başkanlığından 1942 yılının sonunda çekilen Yavuz, aynı yılın aralık ayında profesörlüğe yükseldi, kısa bir süre sonra da, 1943 ilkbaharında Türkiye Büyük Millet Meclisi'nde Eskişehir Milletvekili olarak parlamentoya girmiştir. TBMM'nin VII. döneminde kendisi ile birlikte parlamentoya giren eski arkadaşları arasında Tahsin Bekir Balta, Tahsin Banguoğlu, Cemil Sait Barlas, Sut Kemal Yetkin, Sadi Irmak bulunuyordu. 1943 seçimlerinin özelliği tek partili düzen ve iki dereceli seçime rağmen ilk defa olarak birden fazla adayın gösterilmesi olmuştur. Buna göre her ilde çıkarılacak milletvekili sayısından bir kat fazla aday gösteriliyor ve seçmenlere ikinci bir tercih hakkı tanınıyordu. Bu kararla Türkiye'deki siyasi yaşamda demokrasiye doğru bir adım atılmış oldu. Yavuz gibi köyden gelen bir halk çocuğunun Eskişehir'de aday gösterilmesi, o tarihe kadar yerel parti örgütünün tümünü elinde bulundurmuş olan Emin Sazak gibi güçlü, büyük toprak ağasını hayli kuşkulandırmıştı. Sazak, Kırımlı bir göçmen çocuğu olan, potansiyel rakibi hakkında önce komünist olduğu söylentisini yaymış, daha sonra onu evlendirmek istemiştir. Ne var ki bu manevralar olumlu sonuç vermemiş ve Yavuz parlamentoya girmeyi başarmıştır.

Yavuz, TBMM'ye girdikten kısa bir süre sonra, 1943 bütçe konuşmaları sırasında Adalet ve Milli Eğitim bakanlıkları bütçelerinin eleştirisi yolu ile parlamento üyelerinin dikkatini çekmiş, yapılan seçimler sonucunda ilk önce bütçe komisyonuna, daha sonraları ise CHP Meclis Grup Yönetim Kurulu'na seçilmiştir. Özellikle Milli Eğitim Bakanlığı'nın bütçesinin eleştirisi sırasında eski hocası Hasan Âli Yücel'e karşı "Bize öğretmiş olduğunuz hürriyet fikrinin bir cephesini oluşturan üniversite özerkliğini getirmeniz, sizden beklediğimiz bir görevdir" sözü kamuoyunda hayli yankı uyandırmıştır. Yavuz İkinci Dünya Savaşı'nın en gerilimli ve heyecanlı yıl ve aylarını da kapsayan parlamento yaşamı boyunca daha çok yurt çapındaki genel sorunlarla meşgul olmuş, üzerinde en fazla söz aldığı yasa tasarıları, toprak reformu ile üniversite özerkliği tasarıları olmuştur.

CHP Meclis Grup Yönetim Kurulu'nda Adnan Menderes'le de birlikte çalışan Yavuz her zaman adalet fikrinin temel ilkelerine sadık kalmıştır. Demokrat Parti'nin kurulmasına yol açan ünlü dörtlü takrir sebebiyle Menderes, Bayar, Koraltan ve Köprülü'nün partiden ihracına karar verilmesi sırasında, arkadaşlarının ifadelerinin alınmaması, onların gerekçelerinin dilenilmemesi nedeniyle Tezer Taşkıran ile birlikte grup yönetim kurulunda bu karara muhalif kalmıştır. Yavuz Abadan'ın parlamento hayatı özellikle Eskişehir gibi dinamik bir endüstri merkezinin yirmi yedi yıllık tek parti sistemine karşı yoğun direnişi nedeniyle 1946'da sona ermişti. Kendisi biri 1950 de milletvekili adayı, diğeri 1961'de senatör adayı olarak iki defa Eskişehir seçmenleri karşısına çıkmıştır, fakat başarı sağlayamamıştır. Bu başarısızlıkların bir nedeni de siyasetle yakından ilgilenen Abadan'ın kişiliğinde bilim adamı kimliği ve ona bağlı objektif görüşün ağır basmasıdır.

1946 Ankara'sı ve evimiz

Maltepe'de büyük güçlüklerle yerleştiğimiz küçücük kiralık dairemiz bir bakıma Türkiye'nin savaş ekonomisinin yarattığı gariplikleri yansıtıyordu. İkinci Dünya Savaşı'nın son yıllarında Türkiye'de tek bir çivi ya da bir torba çimentoyu bulmak büyük bir sorun iken Dedeoğlu adlı bir müteahhit nohut oda, bakla sofa türü küçük dairelerden oluşan kocaman bir apartman blokunu inşa etmeyi başarmıştı. Bu nasıl oldu? Meğer İngilizlerin destekledikleri Karabük'te yapılmasına karar verilen demir çelik fabrikalarının inşaatı sırasında Türk basınında bir ilan çıkar. İlanda Karabük'te belli bir noktadan belli bir noktaya kum taşıma işinin ihalesinden söz edilir. Kayserili bir iş adamı bu ilanı okuduktan sonra memleketine gidip bir kısım köylerde eşek sahiplerini bir araya getirip kendilerine belli bir tarihte Karabük'te olmak üzere hayvanlarıyla birlikte yola çıkmalarını tembihler. Belirtilen tarihte Karabük'te bulunan eşek sahipleri ile girişimci işadamı kum taşıma konusunda anlaşmaya varır. İhaleyi üstlenen işadamı bunun üzerine her bir eşeğe yüklenmek üzere alt kısımları kapaklı olan çifte kasalar yaptırır. Hayvanlara kumun bulunduğu tepede kasaları doldurulur sonra "çüş-yürü!" emirleri verilir. Eşekler kısa bir zaman içinde rehbersiz olarak yolu olmayan engebeli araziyi kat ederek inşaat alanına gelirler. Orada kendilerini bekleyen bir işçi kapakları açar, kumu boşaltır, sonra bir değnek vuruşu ile "Çüş-dön" emrini verir. Karabük'ü inşa eden İngilizler bu taşıma işine "Donkey Express" adını verirler. Akıllı müteahhit ise bu işten herhangi bir sermaye koymaksızın oldukça yüklü bir kazanç sağlar, ayrıca artan çimento, vs. inşaat malzemesini toplayıp Ankara'da ikiz bir apartmanın inşasına girişir. İşte bize önerilen ilk yuvamız bu ünlü apartmanda idi.

Karşı komşu söz konusu girişimci ve ailesi idi. Evimizi hazırlamak üzere düğünden önce İzmir'den davet ettiğim halam bu komşularla ahbaplık kurmakta gecikmedi. Meğer ev sahibinin iki karısı varmış, ikinciden olan çocuklarını birincinin nüfusuna geçirtmiş. Bunları duydukça içim burkuluyordu. Demek takdir ettiğimiz, övündüğümüz kadın devrimi ve onun temel taşı sayılan Medeni Yasa'nın hükümlerinden ülkemizde kim bilir kaç kadın yararlanamamaktaydı. Yetmiş yıl sonra bu durumun daha endişe verici olacağını kim söylerdi...

Aynı apartmanın karşı blokunda daha sonraları ahbaplık ettiğimiz diğer komşumuz ise ünlü ressam/yazar Abidin Dino ile Dil ve Tarih-Coğrafya Fakültesi'nde Fransız Edebiyatı doçenti olan eşi Güzin Dino idi. Ne yazık o apartmanda fazla oturup Dino ailesi ile yakın bir dostluk kuramadık.

Bu dostluğu ancak oldukça uzun bir aradan sonra Paris'te, Seine nehrine bakan ve Paris'e gelen bütün Türk aydınlarının uğrak yeri sayılan evlerinde sürdürebildik.

Köy yaşamı ile tanışmam

Yavuz'la evlendikten sonra çevrem çok farklılaştı, bir yandan dönemin siyasal seçkinleriyle içli dışlı oldum, öte yandan ilk defa Türk köy yaşamı ile yüz yüze geldim. Yavuz, ailesi ile çoğunlukla Tatarca konuşurdu, ben de zamanla bazı terimleri öğrendim. En hoşuma giden kelimelerden biri erkekler için kullanılan "Akaylar", kadınlar için ise "Apakaylar" deyimidir. Fizik yapısı ve karakter bakımından babasından çok büyükbabasını andırdığı söylenen Yavuz'un bana birkaç kez anlattığına göre Kırım'da Abadan adı verilen beldede oldukça geniş topraklara sahip olan büyükbabası, araba ile kente giderken yolda rastladıklarının tümüne "Bize gidin, konuğum olun" dermiş; bu davete uyanlar ise bir kez onun damı altında geceyi geçirmeleri halinde akraba sayılırmış, artık onlarla nikâh düşmezmiş.

Türk demokrasisine yeni geçildiği 1946 yılında ilk defa köy yaşamı ile bu koşullarda tanışmamdan önce, uzun süre Mahmut Makal'ın *Bizim Köy* yapıtını abartılmış, köy romantizminin ağır bastığı bir yapıt saymıştım. Anadolu köylerinin ne ölçüde yoksulluğun pençesinde kıvrandıklarını daha iyi anlamam için yurdun dört köşesine yaptığımız yolculukların gözümü açması gerekti. Çeşitli bölgelerdeki farklılıklar bazen gece gündüzü çağrıştıracak ölçüde büyüktür. Türkiye'nin 1970'lerde hızlı kentleşmesi, bir kısım köylerin boşalmasına ve kentsel yaşamına yabancı kalmış, kentle bütünleşmemiş mahallelerin oluşmasına neden olmuştur.

Köy çocuğu kökenini hiçbir zaman yadsımayan, aksine tatillerde bostan bekçiliği yapması nedeniyle karpuzdan iyi anladığını övünerek belirten Yavuz, gerçekleştirmeyi başarmış olduğu kariyerle Türk toplumunda sosyal sınıf engellerinin aslında hiç katı olmadığını da ortaya koymuş sayılır. Göreli olarak kolay görülen bu toplumsal devingenliği belki de şöyle açıklamak mümkün: Osmanlı İmparatorluğu boyunca Türkler hep yönetici sınıfa dahil olmuşlar, çok etnikli toplumda yönetici mevkileri işgal etmişlerdir. Bu mevkilere gelebilmek için de oldukça erken bir aşamada eğitimin bu süreçte oynadığı rolü keşfetmekte gecikmemişlerdir. Dolayısıyla okumuş olarak toplumsal asansöre binmeye çalışan herkesi tereddüt etmeksizin aralarına almışlardır. Gerçekten Türk toplumsal kültüründe Japon ve Batı kültüründen farklı olarak belli bir sınıfa özgü bir şeref ve namus kodu yoktur. Kuzey komşumuzun romanlarında sık sık düellodan söz edilirken, Puşkin gibi bir deha, Lasalle gibi bir sosyalist anlamsız bir nedenden dolayı düelloda hayatını kaybederken, Türk toplumunda bu tür davranışlara hiç rastlanmamaktadır.

Şerefiye köyü

Yeni gelin olarak Eskişehir'e gidince tüm akraba ve yakın dostların ziyaret edilmesi şarttı. Bu ailelerin hepsi bizi yemeğe davet ediyor, hepsi ağır yufka yemekleri hazırlıyorlardı. On gün sonra artık hiçbir sofraya oturamaz hale geldim, oysa onlar köbete, kaşık börek, çi börek diyerek bana Tatar mutfağını tanıtmayı amaçlıyorlardı. Sıra Yavuz'un birçok akrabasının bulunduğu Şerefiye köyünü ziyarete etmeye gelmişti. Önce Aksu Köy Enstitüsü'nün ilerisinde bulunan Mesudiye köyüne gidildi, orada benim için bir yaylı araba hazırlanmıştı. İlk önce bu arabaya bindim, ancak havasız ve karanlık iç kısmından sıkılıp birazdan yere inip yolculuğumuza yayan devam etmeyi yeğledim. Ekili tarlalar arasından yüksek bir tepeye doğru kıvrılan yol nefis bir manzara sunuyordu.

Her taraf yemyeşildi, yükselmiş olan ekin dalgalar halinde hareket eden yumuşak bir denizi andırıyordu. İlk defa toprakla uğraşanların duydukları hazzın ne olabileceğini sezmeye başladım. Yavuz hep anlatırdı: göçmen olarak yirminci yüzyılın başında gelen Kırım Tatarları bölgeye tarım teknolojisi açısından yenilikler getirmişler. Orta Anadolu'daki öküzle güdülen tahta sabanın yerine atla sürülen demir sabanı kullanmışlardır. Tatarlar gerçekten ölçülü bir mikro kozmos içinde gelişmiş bir konut ve yaşam kültürüne sahiptiler.

Şerefiye köyü bunun en güzel örneklerinden biri sayılıyordu. Köy şoseden yaklaşık beş kilometre uzak olmakla beraber köyün ortasından geçen geniş, ağaçlarla süslü bir ana caddeye sahip. Tüm evler bu geniş yolun iki tarafına dizilmiştir. Evlerin hepsinin geniş, iki kanatlı büyük kapıları vardır. Bu yüksek kapılar açıldığında iç avluya çıkılan birkaç tek katlı ev, ayrıca ahır, ağıl ve ambarlar görünmektedir. 1946 yazında ilk gittiğimde köyde henüz hiçbir traktör yoktu. 1980'lerin başında uğradığımda ise köyün yirmi yedi otomobili, yirmi iki traktörü bulunuyordu. Türkiye'de tarım makineleşmeden önce de örnek tarımcılıkları nedeni ile ortalamanın üstünde varlıklı sayılan bu köyün diğer bir özelliği hemen herkesin buğday ekimi için arzulanan yüz dönümden fazla toprağa sahibi olması idi. Böylece göze batan bir gelir farklılığı da yoktu. Genellikle her evin iki büyük odası, bu odaları ayıran ve her iki odanın ortasını işgal eden "peç" isimli bir soba bulunuyordu. Kışın bu sobaya evin girişinde bulunan koridordan saman atılıyordu. Böylece her iki oda ılık bir sıcaklığa sahipti. Ayrıca her iki odanın yüklüğünün içinde birer yıkanma yeri de vardı. Peçin oluşturduğu çıkıntıya yerleştirilen büyük ibriklerde her zaman sıcak su bulunmasına dikkat ediliyordu, böylece oda sahiplerine konforlu bir yıkanma olanağı sağlanıyordu.

Köyde en hoşlandığım yerlerden biri bu evlerin ortasında yer alan kocaman mutfaktı. Misafir gelince köyün komşu kadınlarının da yardıma geldikleri mutfakta bir yandan ekmek yapılıyor, öte yandan Tatar böreklerinin yufkası açılıp, kaşık börek çorbası hazırlanıyordu. Yavuz'un yakın akrabalarından Ayşe Yenge, Yaşar Kemal'in romanlarının kadın kahramanlarına benzeyen güçlü, kendinden emin, çalışkan ve sevecen bir kadındı. Muntazam gövdesinin belini yirmiyi aşkın anahtarın sarktığı bir kemer kavrardı. Alımlı yüzünü çevreleyen beyaz başörtüsü her zaman birbirinden güzel oyalarla süslü idi. Kocasını hac vazifesi sırasında yitirmiş, buna rağmen koca evi ve toprakları görünürde sıkıntısızca yönetmesini başarmış, üç erkek torunu ile kızını da yanına almıştı.

Ayşe Yengenin köy ekmeği pişirmesi harikulade bir gösteri idi. Önce kocaman ocağın belli yerlerine tezekleri yerleştirip, onları ateşlerdi. Bu tezekler köz haline gelince sırf bu iş için kullanılan bir süpürge ile kenara alırdı. Bu arada kocaman bir lengerde yoğrulan ekmeğin hamurunu bir el hareketi ile bu kızgın zemine oturtur, sonra aynı lengeri bu kez hamurun üzerine kapatarak tepesine tekrar kızgın tezekleri yığardı. Bu şekilde iki saatten fazla pişen ekmeğin tadına doyum olmazdı. Böyle kotarılan ekmek iki haftaya yakın bir süre taze kalıyordu.

Köyün gelenekleri çok zengindi. Yeni düğün yapılan evlerin bir odası gelinin çeyizi ile süslenirdi. Kenarı türlü çeşit oyalarla süslü başörtüler ilk bebek doğup kırkı çıkana kadar duvar ve tavanda asılı kalırdı, tavanı bir gökkuşağı kadar renklendirirdi.

Ayşe Yengeyi Yavuz'u kaybettikten günü gününe tam bir yıl sonra, 1968'de yitirdik. Yavuz'un ilk yıldönümünde köyde mevlit okutmuştuk. Ayşe Yenge için de aynı töreni düzenledik. Yavuz'la birlikte Ayşe Yengeyi seven sayan herkes onları birlikte andı. Bugün de "uzaklarda bir köy var" deyince, hep aklıma ta şoseden göze çarpan, yüksekçe bir tepe üzerinde kurulu bulunan Şerefiye geliyor. Köyle birlikte Ayşe Yengenin, Anıtkabir'de bulunan taş kabartmalarında göze çarpan kadınlara benzer Anadolu ikliminin sertleşmiş olduğu anlamlı yüz hatlarını görür gibiyim... O kadar güven uyandırırdı ki insanın ona devletin hazinesini emanet edesi gelirdi. O çağdaş, muhafazakâr, harikulade bir kadındı: kendinden emin, güçlü bir Anadolu kadınının gerçek temsilcisi sayılıyordu.

Bir defasında Yavuz'la birlikte İngiliz Büyükelçisi Sir Burrough ve eşini bu köye götürmüştük. İngiliz konuklarımız Şerefiye'yi olağanüstü beğendiler. Hep birlikte misafir odasının halılarla döşeli sedirlerine kurulmuştuk, köyün erkekleri ve kadınları konuklara "Hoş geldin"e gelmişlerdi. Tüm diplomatlar gibi İngiliz elçiside hemen soru sormaya başladı. Aksanlı Türkçesi ile köy sakinlerine temsil ettiği ülkenin hükümetinden bir istekleri olup olmadığını sordu. Sanki sözleşmişçesine yanıt koro halinde geldi: "Başbakanınıza söyleyiniz, Türkiye'yi Ortak Pazar'a alsınlar!" Bu konuşma 1961'in baharında geçmişti. Büyükelçi ertesi gün Londra'ya şöyle bir telgraf çektiğini bize aktarmıştı: "Türk kırsal kamuoyu Türkiye'nin Ortak Pazar'a girmesi için baskı yapıyor!"

Şerefiye'ye en son 1994 yılının Eylül ayında gittim. Görünüşte köyde fazla bir değişme olmamıştı. Ancak kahvedeki erkeklerle konuşunca gelişimin ölümcül etkilerini öğrenmekte gecikmedim. İleri tarım teknolojisini köye getirenlerden en fazla toprak sahibi olanlar kendi traktör ve biçerdöverlerini başkalarına da kiralıyor, hasadı hemen hemen tek başına kaldırıyorlar. Eskiden orta derece sahibi olan haneler işsiz kalmış, kente göçmek zorunda kalmışlar, bir yıl önce köyün örnek okulu da kapanmış. Bugün köyde sadece, çocukları henüz okul çağına gelmemiş altı-yedi hane, yıl boyu köyde oturmaktadır.

Diğer hane sahiplerinin hepsi Eskişehir'de yaşamaktadır, köye ancak yazları "yerli turist" sıfatıyla gelmektedir. Kültürlerini, geleneklerini, değerlerini korumakla birlikte Anadolu ile örnek bir sentez oluşturmuş olan bu topluluk da birçok ülkede görüldüğü gibi büyük kentin çekiciliğine karşı koyamamıştır.

Hangi köy

Yıllar boyunca hep şu soruyu kendime sormuşumdur: Türk köyü betimlenebilir mi? Türk köyü hangisidir? Atları, traktörleri, herkesin geçinecek kadar toprağı olan Şerefiye mi yoksa Harran ovasında konuğu olduğumuz, birkaç köyün tümüne sahip olan Muzaffer Ağa'nın köyü mü? Geometrik koni biçimdeki evlerinde ne kapı ne pencere vardı, yemek piştiğinde bacasından duman tüter, yağmur yağdığında su girer. Doğu illerine gittiğimde köyü sorduğumda, bana "Bacı üstünde duruyorsun" yanıtını aldığım günü de anımsıyorum. Meğer köy halkı toprağın altında yaşıyormuş, bu yer altı tipi köylerin birinde, barınak saydıkları mağaradan sekiz, on kişinin de çıktığını biliyorum. Benim gibi kentte doğup büyümüş insanların kavram oluşturma işi zordur.

Türk köyü çok değişik tanımlara girer, Mahmut Makal'ın *Bizim Köy*'ü bir gerçek olduğu kadar, Yaşar Kemal'in Hemite köyü de gerçektir. Ege'de turistik yörelerde turistlere servis yapan köylü genç kızlar da bir Türk köyünde yaşarlar, yabancı erkek-kadınla yüz yüze gelmemek için yolun kenarında yere çömelip başlarını yabancılardan çevirip sakınanlar da bir "Türk köyü"nün bireyleridir. Ne yazık ki bir zamanlar alıp yürüyen köy edebiyatı bir dönem sonra yeni ürünler vermez oldu. Yanı sıra üniversitelerde antropoloji yeteri derecede okutulmuyor. SBF'de bulunduğum yıllarda her vesile ile bu disiplinin okutulma gereği üzerinde dururdum, aldığım yanıt hep şu idi "Doğru, fakat bu dersi kim okutacak?" Bugün antropoloji alanında isim yapmış değerli genç sosyal bilimciler var, ancak araştırmalarının verileri hâlâ güdülen siyasetlere yansımış değil. Nitekim etnik kimlik, sosyolojik anlamda azınlık grupları, çok kültürlülük etrafında yapılan kısır tartışmalar günümüz Türkiye'sinde bilimsel düşüncenin hâlâ politikaya yansımamış olduğunu göstermektedir. Evet, çağ atlamak iyi de gerekli bilgilerle atlamak şartıyla...

Avukatlık stajı

20 Temmuz 1946'da yapılan genel seçimlerde CHP yeni kurulan Demokrat Parti karşısında önemli kayıplara uğradı. Bu arada Eskişehir'de de başta Zeytinoğulları olmak üzere DP adayları seçimi kazanmıştı. Yavuz'un arkadaşlarının çoğu, onlar arasında en yakın dostu Cemil Sait Barlas Ticaret Bakanlığı'nı üstlenmişti. Kendisine ayrıca CHP'nin resmi yayın organı olan *Ulus* gazetesinin genel yönetmenliği görevi de verilmişti. Cemil Bey'in ilk icraatlarından biri Yavuz'a haftada üç veya dört defa başyazılar ısmarlamak olmuştur. Ne var ki o dönemde karı kocanın aynı kurumdan maaş almaları adalet ölçülerine aykırı görülüyor, siyaset bilimi terimi ile böyle bir durumun "nepotizm" (akraba kayırma) yaratacağından çekiniliyordu. Günümüzde böyle bir duyarlılık çok garipsenmekte, öyle değil mi? Cemil Bey sorunu Hazreti Süleyman'ın adalet anlayışı ile çözdü: İşgal etmekte olduğum kadroyu kaldırıp, Yavuz'a başyazarlar kadrolardan birini tahsis etti! Böylece ben açıkta kaldım. Hoş benden yine yazı yazmam istenmişti, ancak bu faaliyetim "free lance" (serbest yazar) türünden olacaktı. O sırada Ankara'da benim görev alabileceğim başka bir gazetenin bulunmaması, İstanbul merkezli basının henüz Ankara'da bürolarının olmaması, gazeteciliği tam zamanlı olarak sürdürmeme engel oldu.

Sonuçta makale yazma, çeviri yapma gibi faaliyetlerime son vermeksizin başka alanlara doğru kayma kararımı verdim ve avukatlık stajıma başladım.

1940'ların sonlarında yürürlükte olan avukatlık yasasına göre adayların altı ay süre ile adliyede staj yapmaları, daha sonra ise bir avukatın yanında bir yıl süre ile çalışmaları gerekiyordu. Adliyedeki stajım öğretici geçti. Değişik mahkemeler arasında en ilginç gözlemlerimi daha sonraları dünyada ilk temyiz mahkemesi üyeliğine seçilen Melahat Ruacan'ın yönettiği Suç Üstü (Cürmü Meşhut) mahkemesinde kazandım. Bu mahkeme huzuruna işledikleri suçun üzerinden 24 saat geçmemiş ve bu arada tutuklanmış kişiler çıkarılıyordu. Beni en çok etkileyen şu olay olmuştur: genç bir adam, arkadaşını bıçaklama suçundan dolayı yargıcın önüne çıkarılmıştı. Suçunu inkâr etmek şöyle dursun, yaptığını ayrıntılı olarak anlatıyordu. Son derece otoriter ve ciddi olan yargıç Melahat Hanım sanığın ifadesini kâtibe dikte ederken atılan bıçak darbesinin derinliğine ilişkin bir ölçü yazdırıyordu. Sanık o sırada "Hayır! Darbe şu kadar değil, bu kadar santimetrelik bir yaraya yol açtı!" tarzında bir itirazda bulundu. Meğer sabıkalı kabadayılar ceza yasasının birçok maddelerini ezbere biliyorlarmış. Onlar kışın soğukta, evsiz barksız kalmamak için ufak bir kavga çıkarmak, kavgada Türk Ceza Yasası'nın üç aylık bir hapis cezası için öngörmüş olduğu derinlikte bir yara açmayı alışkanlık haline getirmişler... Bizim açıkgöz sanık da aynı yöntemi uygulamak istemiş, ancak titizliği ve ödün vermezliği ile ün yapmış olan Melahat Hanım bıçağı azıcık kaçırmış olan sanığın itirazını geçerli saymayıp, ona altı aylık bir hapis cezası vermişti. Kendi kendime sosyal güvence ve işsizlik sigortası geliştirememiş bir ülkede sorunlar böyle çözülür dedim. Günümüzde cezaevlerinde olup biten yolsuzluk, rüşvet, güveni kötüye kullanma, kaçakçılık olaylarını izledikçe, bu örnek olayın ne kadar masum kaldığı kanısına vardım.

Mahkemeler nezdindeki stajlar bitince Ankara'nın tanınmış avukatlarından Mazlum Kayalar'ın bürosuna devam etmeye başladım. Ancak doğrusunu söylemek gerekirse avukatlık mesleğinin temel ilkesi sayılan madde yorumculuğu ve ona bağlı olarak hukuki metinlerin çelişkilerini ortaya koymak suretiyle çözme yöntemleri bana fazla çekici gelmiyordu. Oldum olası toplumsal gelişmeleri izlemek, değişim derecelerini saptamak, toplumsal gelişmeleri yakalamaktan daha çok hoşlanmıştım. Gerçi avukatlık sınavını başarmış, ruhsatımı almıştım, ancak bugüne kadar sadece iki kez avukat sıfatı ile mahkeme huzuruna çıktım: iki dostun anlaşmalı boşanma davalarında. Çok geçmeden bu mesleğin benim mizacıma uygun düşmediğini anladım.

Bugün, adaleti günlük yaşamımızın her saniyesinde aradığımız bir ortamda yukarıdaki fikirlerim elbette çok değişmiştir. Bugün ancak kadın erkek, çok sayıda idealist, hak peşinde koşan, hakkını alamayan insanlara destek veren, nice avukatlarımız var, bu alandaki düşüncelerimi yeniden oluşturdum.

Doktora derslerine devam

Ankara Üniversitesi Hukuk Fakültesi lisans üstü öğretime olanak sağlayan tüzüğü yayınlayınca hemen kaydoldum. Böylece 1948'den itibaren doktora öğrencisi oldum. İlk yıl Ankara Hukuk Fakültesi'nin ünlü hocalarından "feyiz almaya" başladım. O yıl derslere ancak iki kişi giriyorduk: Kamu Hukuku Asistanı Bülent Daver ve ben. Ders pek yapılmıyor, hocalar bize yazılı ödevler veriyordu. Devletler Hukuku profesörlerinden Zeki Mesut Alsan seçmiş olduğum "Kayıtsız şartsız teslim ve Almanya" konulu ödevimi pek beğenmişti. Bu ödevi hazırlarken İkinci Dünya Savaşı'nın seyri ve süresini çok etkilemiş olan bu kavramın kökenlerini araştırmaya çalıştım. Bulduğum veriler beni çok şaşırtmıştı. İkinci Dünya Savaşı'nı en azından bir, bir buçuk yıl uzatan, bu arada –gerek Müttefik gerekse Mihver devletleri safında– yüz binlerce gencin yaşamlarını yitirmelerine neden olan bu "siyasal formül" aslında bir rastlantı sonucu olarak ortaya çıkmıştı. Amerikan Başkanı Roosevelt'in yakın danışmanlarından Harry Hopkins'in anılarına göre olay şöyle cereyan etmiş: İngiltere'nin başbakanı Winston Churchill İkinci Dünya Savaşı'nın en kritik dönemlerinde ülkesinin bir Alman saldırısından korumak için bir ölüm kalım mücadelesi verirken, savaşa ancak 7 Aralık 1941'de Japonların Amerikan filosunun önemli bir kısmını Hawaii adasında bulunan Pearl Harbor baskınında yok etmesinden sonra katılabilmiş ABD başkanı Roosevelt ile savaş sonrası stratejilerini çizmek üzere ilk defa 1942'de Fas'ın Casablanca limanında buluşabilmiş. Orada savaş sonrası yıllarda sadece Humphrey Bogart'la Ingrid Bergman ikilisi arasında bireysel bir aşk hikâyesini yansıtan *Kazablanka* filmi çevrilmeyecek, inanılmaz yoksunluklar, ölüm, ateş, açlık, soğuk içinde kıvranan milyonlarca insanın kaderi belirlenecekti...

Beyaz ev anlamına gelen, Fas'ın Atlantik kıyısında bulunan bu kozmopolit limanda 1942'de konferans öncesi günlerde pek çok gazeteci toplanmış, buluşmayı büyük merakla beklemektedirler. Churchill herkesçe bilinen alışkanlığı gereği çok geç yatağa girer ve ancak öğlene doğru uyanabilen bir politikacı idi. Roosevelt ise tam tersine, gençliğinde geçirmiş olduğu çocuk felci nedeni ile tekerlekli koltuğa mahkûm olmasına karşın sabahın erken saatlerinde ortaya çıkardı. Konferans günü Roosevelt sabahleyin kahvaltısını yaptıktan sonra kendisinden demeç almaya çalışan gazetecilerle sohbete başlamıştı. O sırada uyanık gazetecilerden biri kendisine

"Savaşın sona ermesi için Almanya'ya ne gibi koşullar ileri sürmeyi düşünüyorsunuz?" sorusuna süratle ve spontane bir şekilde "Koşul filan düşünmüyoruz. Bizim formülümüz çok basittir. İstediğimiz Mihver devletlerinin kayıtsız şartsız teslimidir!" yanıtını vermiştir. İki saat sonra kahvaltıya inen Churchill'e aynı soru sorulduğunda Roosevelt hemen öne atılarak "Sayın Winston ben basından gelen arkadaşlara gerekli cevabı söyledim, istediğimiz kayıtsız şartsız teslimdir!" yanıtını vermiş. Churchill bu emrivaki karşısında ABD'den alacağı silah yardımlarını düşünerek itiraz edememiştir. Harry Hopkins'in belirttiği üzere bu formülü daha sonraları bir kez daha Roosevelt ile değerlendirirken şunu öğrenmiş: meğer Roosevelt durumun muhasebesini yaparken aklına seksen yıl önce ABD'yi bölünmenin eşiğine getirmiş olan iç savaşı sona erdiren slogan gelmiş, yani kayıtsız şartsız teslim! Pek tabii, iç savaşa itilmiş bir toplum için bu formül çözümlerin en etkilisidir. Nitekim ABD'de Güneylilerin komutanı General Lee tüm silahlarını bu çağrıya uyarak Kuzeylilere teslim etmişti. Ancak bu formül İkinci Dünya Savaşı'nda uygulanamayabilirdi. Müttefikler Hitler'in mutemedi olarak gizlice İngiltere'ye paraşütle inen ve Nürnberg mahkemesi kararı gereğince 90 yaşına kadar dünyanın en pahalı hapishanesi sayılan Berlin yakınındaki Spandau'da Nazilerin suçlarının hesabını vermekle yükümlü tutulan Rudolf Hess'le müzakere masasına oturabilirlerdi. Belki o sayede Rusya'nın steplerinde dondurucu soğuklarda yaşamlarını yitiren milyonlarca Alman ve Rus askerin hayatı kurtulurdu. Avrupa'nın haritası başka türlü şekillenirdi.

1948 yılından itibaren başta Churchill olmak üzere, genç tarihçiler ve yazarlar grubu yardımı ile altı ciltlik bir İkinci Dünya Savaşı yayımlanmıştır. 1,9 milyon kelime, 4.823 sayfayı kapsayan bu tarih çalışması birkaç açıdan önemlidir.

Churchill savaş sırasında kuşkusuz yaşamının en önemli, en fazla iz bırakan eylemlerine katılmış, gerek Dunkirk gibi İngiliz askerlerini kurtarma, gerekse İtalya ve Normandiya'ya yapılan çıkarmalarda söz sahibi olmuştur. Bu olayları çok özel edebi ifadelerle nakletmiştir. Ancak savaşın bilançosunu yaparken İngiltere'nin artık bir imparatorluk olmadığını, fakir düştüğünü ve ABD'nin süper güç olduğunu da kaydetmiş. Bu kaynaklara sahip olsaydım kuşkusuz ödevlerimi çok farklı şekilde kaleme alırdım.

Diğer hocalarımdan biri 12 Mart müdahalesi sonucu başbakanlığa getirilen ve sonraları bir suikast sonucu hayatını kaybeden Prof. Dr. Nihat Erim'di. Lisansüstü öğrenimini Paris'te yapmış, kusursuz Fransızca dil bilgisi ile övünürdü. İsmet Paşa'nın keşfetmiş olduğu "prens"lerinden biri olarak Birleşmiş Milletler'in temelinin atıldığı San Francisco konferansında da Türk heyetine katılmıştır. Daha sonraları Ankara Hukuk Fakültesi'nde Anayasa kürsüsüne getirilen Erim kendine güveni yüksek, herkese tepeden bakan bir akademisyendi. Derslerimizi kendi odasında yapardık. Bize sık sık arkasında duran fiş kutularını gösterirdi, Türkiye'de kimsenin böyle sistematik yoldan toplanmış verilerle çalışmadığını övünerek söylerdi. Nihat Erim'in kişiliği çok farklı şekillerde yorumlanmıştır. Kimisine göre Erim gerçek demokrasi ile ilgisi olmayan, Vichy döneminin türettiği, demokrasi ile ilgisi olmayan bir seçkinci idi. Bu fikri ileri sürenler onun 12 Mart müdahalesinden sonra *Ulus* başyazarlığı yaptığı yıllarda "1961 Anayasası bize bol gelen bir elbisedir, getirdiği özgürlükler Türkiye için lükstür" türünden yorumlarını hatırlatmaktadırlar. Öte yandan şu hususu da belirtmek gereklidir: Erim 1946 hileli seçimlerinin kefareti olarak "Yargı denetimi altında demokratik seçimleri" getiren yasayı hazırlayanlardandır. Bu hazırlıklar sırasında hemen hemen bütün

Batı ülkelerinde uygulanan seçim yasalarını inceletmiş, bunları Türkçeye çevirtmiş ve *Pembe Kitap* olarak anılan resmi bir yayın olarak siyasi partilere dağıttırmıştır. Bu nedenledir ki 1946 seçimlerinin aksine olarak 1950 seçimleri ile ilgili olarak hiçbir siyasi parti şikâyette bulunmamıştır. Bu hazırlıklar yapıldığı sırada Türk kamuoyunda seçim sistemlerinden hangisinin yapımıza en uygun düşeceği konusu da tartışılmıştır. Erim ve arkadaşları nispi temsile taraftar değildi. Oysa o yıllardaki gençlerle birçok çevre Demokrat Parti'ye büyük ümit bağlamışlardı. CHP'de başta İsmet Paşa olmak üzere Erim ve arkadaşları biraz ileri görüşlü olsalardı kendilerini güvence altına almak için de olsa nispi temsile taraftar olurlardı. Oysa onlar yine eski çoğunluk sistemini getirdiler, böylece seçimlerin sonucu tamamen aleyhlerine sonuçlandı. 487 sandalyeli Türkiye Büyük Millet Meclisi'nde 15 Mayıs 1950 günü artık muhalefet partisi konumuna geçmiş olan CHP'nin sadece 69 sandalyesi kalmıştı. Fransızlar kalabalık listelerle yapılan bu tür çoğunluk sistemine dayalı seçimler için "Ezici seçim" (Scrutin écrasant) deyimini kullanırlar. Nihat Erim, İngiliz siyaset bilimci, sosyolog Eva Etzionu-Halevy'nin deyimiyle Türkiye'de demokrasinin henüz "fragile" (kırılgan) olduğuna kanaat getirip onu korumak istemişti. Bu uğurda kimi zaman sosyal adalet ve siyasal ahlaka uygun hareket etmiş, kimi zaman otoriterliğe kaymış, ancak yeteri derece uzak görüşlü olamamıştır.

Doktora programının zorunlu dersleri bitince yavaş yavaş işleyeceğim tez üzerine fikir oluşturmaya başladım. O dönem, ziyaretime gelen Ortadoğu ülkeleri üzerinde araştırma yapan Columbia üniversitesinden genç bir Amerikalı ile yaptığım tartışmalar, ziyaretçimin Türkiye'de Demokrat Parti'nin işbaşına gelmesi ile ortaya çıkan değişiklikler üzerinde yürüttüğü düşünceler beni demokrasinin en canlı göstergesi sayılan "kamuoyu" kavramı üzerinde durmaya sevk etti. Zihnimde yavaş yavaş varlığı bilinmekle beraber demokrasilerde bu "beşinci kuvvetin" –diğer dört güç yasama, yürütme, yargı ve basın– etki alanını belirtmeye başladım. Henüz siyaset bilimi disiplini ile tanışmadığım için konuya yasa koyucu üzerine yapılan baskılar açısından bakmaya başladım. Çok geçmeden kamuoyunun çağdaş siyaset biliminde ve özellikle demokrasi tartışmalarında başat bir rol oynadığını keşfetmekte gecikmedim.

1948'de İsveç'te Yakındoğu Kadınlar Kongresi

Uluslararası Kadınlar Birliği ve İsveç'in Fredrika Bremer Förbundet tarafından 1948 sonbaharında düzenlen ve yedi hafta süren Yakındoğu Kadınları Konferansı'na avukat olmam nedeni ile davet edildim. Bu konferansa Adana Milletvekili Dr. Makbule Dıblan ile birlikte katıldım. İzlenimlerimi daha sonraları Hilmi Kitabevi tarafından yayımlanan *Yeşil Göller Diyarı* adıyla anlatma fırsatını buldum.

Burada İkinci Dünya Savaşı'ndan sonra yaptığım ilk dış yolculuğuma ilişkin önemli bulduğum bir kısım konulara değinmek istiyorum. O yıllarda İstanbul-Stockholm yolculuğu ancak bir geceleme ve kesintilerle yapılabiliyordu. Nitekim ilk etapta Nice'e indik, ünlü otel şirketi ABA tarafından misafir edildik. Ertesi gün Frankfurt'a indik, bekleme salonunda bir sürü Amerikalı subay uyukluyordu. Gözüm bir Alman arıyor. İki kadın temizlikçi ve ihtiyar bir adama rastlıyoruz. Hepsinin yüzünde sonsuz bir keder ve yeis yazılı. Kendilerine birer paket sigara ikram ettiğim vakit gözlerine inanamıyorlar... Stockholm'de göze çarpan ilk özellik bisiklet bolluğu olmuştur. Bütün caddelerin kaldırımlarında, parklarda, evlerin avlularında bisikletler durmaktadır. Anneler, babalar çocuklarını selenin arkasında veya önünde bulunan sepetlerde götürüyorlar. İsveçlilerin ifadesine göre bisiklet savaş yıllarında bol sayıda gelmiş. Önce rekor Danimarkalılarda idi. Ancak benzin alımında sınırlandırma başlayınca İsveçliler de komşularının izinde gitmeye başlamışlar.

Sokakta, kamusal hayatın her kesiminde göze çarpan kadın bolluğu bu nüfus kesiminin aynı zamanda güçlü bir tüketici olduğunu da göstermektedir. İsveçli kadınlar henüz çocuk iken esaslı bir beden eğitimi gördüklerinden, çok düzenli bir vücuda sahiptirler. Boyanmaktan hiç hoşlanmayan bu uzun boylu, atlet yapılı kadınlara yalnız sağlığın verdiği güzellik her gelenin dikkatini çekiyor. Her kadına hayatta kendi kendine yetinme ve geçim imkânlarını sağlama zorunluluğu telkin edilmektedir. İsveç hükümeti çalışan kadının günlük yaşam yükünü hafifletmek için çeşitli sosyal yardım önlemleri almış bulunmaktadır. Bunlardan biri Stockholm'de göze çarpan on sekiz katlı "Kadınlar Kulesi" (Kvinnornas Hemgard) adlı bulutdelendi. Bu bina çok az maaşla çalışan dul veya evlenmemiş kadınlara özgü idi. Tek ve iki kişilik daireler gayet zevkle döşenmişti. Kadınlar Kulesi'nin büyük çamaşırhanesi, alt katta bir akşam sanat okulu, sinema ve toplantı salonu vardı.

İsveçli kadın, hayatını kazanmak üzere çalışma iznine 1864'te kavuşmuştur. Fakat başlangıçta evli kadının kocasından izin alması gerekiyordu. Siyasal hayata katılması ise 1918'de gerçekleşmiştir. Kadınların devlet memuriyetine kabulü ise ancak 1923'te gerçekleşti. İsveçli kadınlar 1921'de aile hukuku yürürlüğe girinceye kadar kocalarına her hususta tabi idiler. Yeni yasa, kocanın 1) Vasilik hakkını kaldırdı, 2) Kadının mülkiyet üzerindeki ekonomik bağımsızlığını, 3) Kocanın masraflarına karşı kadının gelirlere de katılmasını, 4) Çocuklar üzerinde ortak velilik hakkını, 5) Kadının yabancı ile evlenmesi halinde gene İsveç yurttaşlık hakkını muhafaza etmesini sağladı. Boşanma iki türlü yapılmaktadır:

Karı koca ortak bir ayrılma isteği dilekçesi verirse, yargıç otomatik olarak ayrılık kararını verir. Kadın kocasının ayrılma talebine uymadığı takdirde, üç yıl ayrı yaşaması halinde boşanma kesinlik taşır. 1948'de gittiğimde İsveç'te alkolizm ve fena muamele yüzünden boşanmalar artış gösteriyor idi. Kadın ve erkeğin nikâhsız beraber yaşamalarına "vicdan evliliği" adı verilmektedir. Ahlaka aykırı sayılmamaktadır. İsveç hukuku aynı zamanda, kadına ancak istemesi halinde anne olmayı sağlıyor. Bütün İsveç ilkokullarında ilk sınıftan son sınıfa kadar cinsel eğitim dersleri verilmektedir. O dönemde pek çok kimse İsveç'i küçük Amerika olarak nitelendiriyordu, şu farkla ki İsveç'te sosyal adalet daha mükemmel, lüks ve sefalet arasındaki uçurum daha dardır.

1980 ve sonrası

Arada geçen yetmiş yıl içinde aralıklarla İsveç'e tekrar iki defa gittim. İlk defa homojen-türdeş olarak tanıdığım ülke daha 1980'lerde önemli bir değişim gösteriyordu. Tesadüfen Konya'nın Kulu kazasına uğrayan bir İsveçli uzmanın bırakmış olduğu kartvizit yardımı ile bu kazadan önemli bir kısım yurttaş davet mektubu yardımı ile İsveç'e gelme fırsatını bulmuştu. Stockholm'ün bir dış semti sayılan Rinkeby'ye yerleşen Kulululular kendi içine kapalı bir yaşam sürmeye devam ediyordu. İsveçlilerin dil kursları ve sosyal hizmet uzmanlarının sürekli ev ziyaretlerine rağmen geleneklerini sürdürmeye devam ediyorlardı. Daha sonraları emek göçü yerine sadece sığınma hakkını tanımaya karar vermiş olan İsveç bu kez Türkiye'de PKK'nın girişmiş olduğu eylemler yüzünden birçok doğu kökenli Türk vatandaşını kabul etmek zorunda kaldı. Bugün özellikle Danimarka'dan İsveç'e Avrupa'nın en ünlü köprüsü yardımı ile Malmö'ye geçen sığınmacılar İsveç'i çok kültürlü, farklı geleneklere sahip bir ülke haline getirdiler. Lund ve İpsala gibi üniversite kentlerinde bile Araplara karşı olumsuz düşünen, yoğun bir İslamofobi eğilimine sahip gençlere rastlanmaktadır. İsveç, sığınmacılarla İsveçli aile bireylerinin birleşmesi konularında çok katı kurallara sahip yasalar kabul etmiş bulunmaktadır. Bugün İskandinav demokratik zihniyet küreselleşmenin baskısı karşısında eski cömert havasından çok şey yitirmiş bulunmaktadır. İsveç'te geçmişten bugüne devam eden en önemli düşünce akımı, kadın erkek eşitliğini her şekilde genişleterek uygulanmasıdır.

İlk gidişimde İsveç'te geçirdiğim altı haftanın bende bıraktığı önemli iz kadın erkek ilişkilerinin her yönünün tartışmaya açık olması idi. Örgütlenme açısından ise Fredrika Bremer Förbundet derneğinin üyelerinin, bizleri belli sürede evlerinde barındırmaları fikrinin olumlu sonuçlarını da çok beğenmiştim. Belki günümüzde kimliği tartışmalı yabancılara bu derece misafirperver değiller artık. Ancak 1948-49'da benim bir grup Türk ve Amerikalı kadınla birlikte kurduğumuz ve benim başkanlığı üstlendiğim "Türk Amerikan Kadınlar Kültür Derneği" bu örneği benimsemiş ve tüm toplantılarını her iki tarafın evlerinde düzenlemişti. Bu dernek hâlâ faaliyetini sürdürmekte ancak evlere üye kabul ilkesi tarihe karışmıştır.

Ankara'da yaşam

Önce Maltepe sonra Sıhhiye'de olmak üzere taşındığımız kiralık evlerimizde değişik faaliyetlerle günlerimizi doldurmaya başladık. Yavuz anayasa, demokrasi, basın özgürlüğü, dış politika gibi değişik konularda hemen hemen her gün *Ulus*'a makale yetiştiriyordu. Bir süre sonra Dil ve Tarih-Coğrafya Fakültesi'ndeki İnkılap Tarihi Enstitüsü müdürlüğü gibi akademik bir görev de üstlenmeye başladı. Ben de basın alanında çok sık olmamakla beraber gazete yazıları kaleme alıyor, doktora tezimin konuları hakkında araştırmalar yapıyordum. Değişik çevrelere mensup dostlarımız evimize sık sık geliyordu. Bir kısmı Yavuz'un meclisteki dostları, diğerleri lise arkadaşları, Ankara Hukuk Fakültesi'nde kürsü sahibi meslektaşları idi. Anadolu'da yapılan farklı uygarlıklara ait kazıların çözümlemelerini dikkatle izliyorduk. Bunlardan Ekrem Akurgal'ın İzmir'de Bayraklı'da, Çeşme'nin ileri bir yarımadada İyon birliklerin uç kalesi konusundaki kazıları çok ilginçti. Onunla aynı dönemde Almanya'da bulunmuş olan Sedat Alp sayesindeyse Hitit alfabesini ve bu alfabe ile birlikte ortaya çıkan Hattuşaş kabartmalarını tanımaya başladık. Roma Hukuku öğretim üyesi Kudret Ayiter ise bize Anadolu'da Roma döneminin görkemli yapıtlardaki yazılarının çözümlenmesini anlatıyordu. O dönemde radyo yayını çok sınırlı idi, TV yoktu, akıllı telefonu şöyle dursun, klasik telefon sahibi olmak bile büyük bir ayrıcalıktı. Akşam ziyaretlerimizde bu konuları öğreniyorduk. İnsanlar belki de bugüne kıyasla daha doyurucu bir şekilde sosyalleşiyorlardı.

Fullbright bursuna başvuru

Arada bir İstanbul'a uzanıyorduk. Yavuz İstanbul Erkek Lisesi'nde Fransızca öğrenmiş, doktora çalışmalarını ise Heidelberg kentinde tamamlayabilmesi için yoğun bir biçimde Almancayı öğrenmişti. İngilizce bilmediği gibi Anglosakson düşünce dünyasını ancak İkinci Dünya Savaşı'ndan sonra dikkatle izlemeye başlamıştı. Öyle olduğu halde bir gün beni İstiklal Caddesi'ndeki Amerikan Haberler Merkezi'ne bağlı kütüphaneye soktu ve şunları söyledi: "Okuduğuma göre ABD hükümeti lisansüstü öğrenim için burslar dağıtacakmış. Senin başvurmanı istiyorum, çünkü servetim yok ki seni dışarı göndereyim. Oysa sende gizli kalmış yetenekler görüyorum, bunları geliştirmeni istiyorum!"

Ulus aşırı bursuna yaptığım başvurum ancak ikinci yıl kabul edildi. Meğer uygulamaya başlarken kültür ataşeliği, önceliği lisans öğrenimini yeni bitirmiş olan gençlere tanımak istemiş. Ancak gönderilen ilk gruptan hiçbiri bir yıllık burs bitince Türkiye'ye dönmeyince, bu defa adayların nitelikleri ve medeni durumları hesaba katılmaya başlandı. Önce bana verilen bursu kabul edip etmemekte karar veremedim, çünkü o sırada Yavuz, Siyasal Bilgiler Fakültesi'ne dekan seçilmişti. Yeni sorumluluklar yükleyen bu görevde Yavuz'u yalnız bırakmaya gönlüm razı olmuyordu. Ancak Yavuz bu konuda çok ısrar etti. Evde iki yeğeninin bulunduğunu, kendisine çok iyi bakacaklarından emin olduğunu ileri sürerek benim bu fırsatı kaçırmamı istemiyordu.

O zamanki yolculuk koşullarına göre tüm bursiyerler denizyolları dış seferler gemilerinden birisi ile İstanbul'dan Marsilya'ya kadar gidiyor, oradan trenle Paris'e çıkıyor ve sonra Havre limanından kalkan bir transatlantik gemisi ile Yeni Dünya'ya ulaştırılıyordu. New York'a vardıktan sonra ise bütün grubumuzun Michigan'da Ann Arbor şehrindeki Michigan Üniversitesi'nin 1952 yaz programı çerçevesinde ABD konusunda bir "Orientation" (yönlendirme) kursuna devam etmesi istenmişti. O zamanki koşullarda otomobil üretim merkezi sayılan Detroit, üniversitenin bulunduğu Ann Arbor kentine çok yakın idi. Bizi oraya Ford müzesini görmek üzere götürdüler. Daha sonraki yıllarda Japonya, Güney Kore gibi Asya ülkeleri çeşitli otomobil markaları üretmeye başladılar, bu arabaların fiyatı daha ucuz olunca piyasayı fethettiler ve Detroit kenti işsizliğin kol gezdiği, küreselleşmenin darbe indirdiği ilk odak oldu. Aradan geçen zaman içinde eşitsizliği daha uç noktalara götüren gelişmeler oldu, bunun en önemli göstergesi eğitim sisteminin bir zamanlar yenilikçi düşüncelerin kaynağı olan Detroit'te kamu fonlarından yararlanan okulların düzey düşüklüğü oldu. Günümüzde çocuklarını yarınki güvensiz koşullar için yetiştirmek istemeyen anne babalarına kalan çıkar yol ya başka bir eyalete taşınmak ya da özel okullara yazdırmak.

Minnesota Üniversitesi'nde bir akademik yıl

En büyük kentleri Twin Cities (İkiz kentler) sıfatını taşıyan Minneapolis-St. Paul, sert kışları, sayısız gölleri ve yeşilliği nedeni ile Yeni Dünya'ya göç eden İskandinav kökenli göçmenlerin tercih ettikleri eyalet oldu. Üniversitelerin kampüsleri kısmen federal kaynaklı fonlarla tarım ve sağlık bilimlerine geniş yer ayırmış, öte yandan sosyal bilim bölümlerinde İskandinav siyasal sistemlerinde egemen olan demokrasi değerleri daha ileri taşımayı amaç edinmiştir.

Genellikle yeni gelen öğrenciler yurtlara yerleştirilirken ben bir ailenin yanında kalmayı tercih etmiştim. Ev sahiplerimin her ikisi "Sosyal danışmanlık" mesleğine sahip, dört çocuklu bir aile idi. Üniversiteye girdiğim yılda, bir ay sonra başkanlık seçiminin etkinliklerini izleme fırsatım oldu. Genellikle tutuculukla bilinen Cumhuriyetçi Parti'nin adayı "Ike" olarak bilinen İkinci Dünya Savaşı'nı başarı ile sonuçlandırmış olan General Eisenhower'dı. Kalabalık bir aileye sahip olan Ike'ın fotoğrafları gazete sayfalarını süslerken daha eşitlikçi, sol düşüncelere açık Demokrat Parti adayı ise eşinden ayrılmış, fazla tanınmayan, Chicago eyaletinin valisi Adlai Stevenson'dı. İki aday arasındaki önemli farkı o tarihlerde yayınlanan *Life* dergisi şu fotoğraflarla sergilemişti: Ike, tüm aile bireyleri ile birlikte mutlu bir görünüm verirken, Stevenson tek başına oturuyor, fotoğrafçı kel kafasını arkasından yakalamış, üst üste attığı bacaklardan biri pençesi delik bir ayakkabıyı yansıtmıştı. Bunun yorumu şöyle olmuştu: aday yalnız, yaşlı ve yeni bir ayakkabı dahi alamıyor.

Ev sahiplerim meslekleri gereği büyük bir azimle Demokrat Parti için çalışıyor, çocuklarının üçü de afiş hazırlama, el ilanları dağıtma ve benzer işlerde yardımcı oluyorlardı. Ben de bir akşam onların konuğu olmuştum. Dikkatimi çeken olay, on yaşındaki en küçük oğullarının elinde bir sopaya yapıştırılmış olan "I like Ike" (Ben Ike'ı seviyorum) afişi ile salonu dört dönmesi olmuştu. Kendisine bu tercihinin nedenini sorunca şu cevabı aldım: "Ülkede muhalefet gerek!" O zaman eğitimin önemini bir kez daha anlamış oldum.

Amerikan üniversiteleri örgütlenme açısından Avrupa ve İngiltere'den farklı olarak öğrenciyi sıkı bir denetime tabi tutmaktadır. Her lisansüstü öğrencinin bir danışmanı vardır, araştırmak istediği konulara göre danışman hangi derslerin kendisine yararlı olacağını önermektedir. Ben bu bir yıllık süre içinde "Siyaset Bilimi"ni keşfetmiş, bu disiplinin hukuk bilgileri ile birleştirildiğimde özellikle Türkiye gibi demokrasi ile yeni tanışan bir ülkenin sorunlarını nasıl daha iyi aydınlatabileceğimi kavramıştım. Bir bakıma ABD'deki bu bir yıllık öğrenim, yaşamımda bir dönüm noktası sayılır: kararım kesinleşmişti, akademik kariyeri seçip, kendimi siyasal bilimlere adamak istiyordum. Bana yeni ufuklar gösteren hocalarımın ders verme tarzlarından çok yararlandım. Bizlere kütüphanede özel bir kısımda hazır tutulan kaynak kitaplarından dersin tartışmalı geçmesi için uygulanan yöntem, arada yapılan kısa süreli test tipi sınavlar ve dersin sonunda hazırlanılması istenen "paper" denilen bir yazılı ödevin sunulması türü yöntem, klasik kürsüde yalnız profesörün verdiği sözlü dersten çok daha yararlı görünmüştü gözüme.

1953 yılının baharında dönüş tarihi yaklaşınca Türkiye'nin çeşitli üniversitelerine mensup bir grup profesörün Minnesota'ya geleceklerini haber aldım. Bunun üzerine bir grup Fransız kökenli arkadaşın yardımı ile birlikte bir veda partisi vermeyi kararlaştırdım. Bunu nasıl yapacaktım? Üniversitenin çok ünlü bir filarmoni orkestrası ve şefi vardı. Konserleri izleyebilmek için bir abonman almıştım. Haftalık konserlere bir defasında bir erkek, diğerinde bir kadın komşum oluyordu. Kısa bir süre sonra tanıştık, genç çiftin iki çocuğu olduğunu, konserlere nöbetleşe katıldıklarını öğrenmiştim. İşte bu tanıdıklarım, bir göle nazır çok geniş ev ve bahçelerini benim kullanabilmem için tahsis ettiler, kendileri de bir düğüne gittiler. Böylece bir yandan hocalarımı, beni bir yıl süre hafta sonları davet eden kişileri, Türkiye'den gelecek konuklarımı ağırlayabildim. Kokteylin sonunda herkes bulaşıkları yıkamaya kadar katkıda bulundu. Bana kalan tek zorunluluk, anahtarı masanın üzerine bırakıp kapıyı çekmekti. Bu güven, bu tür bir konukseverlik ve bu tür bir demokratik anlayış sanırım günümüzde kalmadı. NRA'nın (National Riffle Association – Ulusal Silahlama Derneği) giderek artan etkinlikleri nedeniyle Yeni Dünya'da herkes silahlanmakta ve insanların bir zamanlar doğal olarak karşılanan güven duyguları yitirilmiş durumda. Hele Trump döneminde okullarda ve eğlence yerlerinde işlenen kan banyoları insanı dehşet içinde bırakıyor. Yine de Amerikalı ortalama vatandaş bireysel hak olarak silah taşımaktan vazgeçmek istemiyor.

TÜRKİYE'DE
ÜNİVERSİTE YILLARIM

Mektebi Mülkiye - Siyasal Bilgiler Fakültesi: 1954-1988

Cumhuriyetin 30'lu yıllarında Ankara'da Cebeci semtinde kocaman bir çayır karşısında "çağdaş" bir ortaokul binasını tasarlayan İsviçreli mimar Egli ileride bu binanın Türk siyasal yaşamında çok önemli bir yer işgal eden, ünlü bir yüksek öğretim merkezi haline geleceğini herhalde tahmin etmemişti. O zamanki adıyla Mektebi Mülkiye'nin (Siyasal Bilgiler Fakültesi) başlangıcı on dokuzuncu yüzyılın ortalarına kadar uzanmaktadır. Önce Tanzimat Fermanı (1839), daha sonraları Senedi İttifak (1856) yolu ile Osmanlı İmparatorluğu'na yeni bir nefes kazandırmaya çalışan devrin hükümdar ve yöneticileri gözlerini hep Batı'ya çevirmişler. Hoş Batılılar da kendi deyimleri ile Boğaz'daki "Hasta adam"a ilaç niyeti ile hep "Batılaşma" reçetesini vermekte geri kalmamışlar ve bu yoldan yeni gelişen endüstrilerine pazarlar bulmaya çalışmışlardır. İşte bu bağlamda "tarafsız/nötr" bir kamu yönetiminin kurulması isteği gündeme gelmiştir. Model hazırdı: Fransa 1850'lerde Devlet Şurasını kurmuş, beraberinde yöneticiler yetiştirecek bir eğitim kurumu da geliştirmişti. İstanbul'da 1859'da "Mektebi Mülkiyei Şahane" bu düşüncelerin etkisinde kurulmuştur. Elli öğrenci ile eğitime açılan okulun amacı içişleri hizmeti için yetenekli memur yetiştirmek olduğundan okul, önceleri Dahiliye Nezaretine bağlandı. Eğitim süresi o tarihte iki yıl olarak saptandı, 1867'de bu süre dört yıla çıkarıldı. 1930 ve 1940'larda üç yıllık bir öğrenim sürdüren okul,

1950'de Ankara Üniversite'sine katıldıktan sonra günümüze dek –bir yıllık yabancı dil öğrenim görmek isteyen öğrenciler dışında– dört yıllık bir eğitim vermektedir.

1908'de İkinci Meşrutiyet'in ilanı ile birlikte adında değişiklik yapılarak sadece Mektebi Mülkiye olarak anılmaya başlandı. 1915'te okul kapatıldı, 1918'de yeniden açıldı. Padişaha sadık bürokratlar yetiştirmek üzere oluşturulan bu kurumda Askeri Tıp Okulu'na benzer şekilde muhalifler öteden beri karargâh kurmuşlar, en yeni çıkan kitapları izleyerek, dönemin siyasi konularının yoğun bir şekilde tartışıldığı bir odak oluşturmuşlardı. Yine her dönemde olduğu gibi "muteber muhbirler" bulunduğundan okul zaman zaman kapatılmak, milletin yaşamından silinmek istenmiştir. Fakat bu uğurda çaba sarf edenler başarılı olamamışlardır. Tıpkı rahmetli Adnan Menderes'in 1950'lerin sonuna doğru Siyasal Bilgiler Fakültesi'ni daha "uysal" kılmak üzere Konya'ya nakletmek istemesi gibi...

Hoş hep kendimizi eleştirmeyelim. Fransa'nın ünlü "Ecole d'Administration National"ın (ENA) titiz bir eleme sonucu seçilen üst düzey yöneticileri vaktiyle Cumhurbaşkanı Mitterrand ve ekibinin canını sıkmışlar, sonuçta bu yüksek okul "yerel demokrasiyi güçlendirme" gerekçesi ile Paris'ten Strasbourg'a sürülmemiş midir? Avrupa Konseyi ile Avrupa Parlamentosu'nun toplandığı bu tarihi kentin kadın belediye başkanı Trautman istediği kadar eski bir kadın manastırını lüks banyo odaları ve dinlenme salonları ile donatıp dursun, Fransız başkentindeki müstakbel bürokratları ateş püskürüp, dönemin Balladur iktidarına kendilerini siyasal olayların ana kaynaklarından uzaklaştırmaması için aralıksız baskı politikalarını sürdürmüşler, ancak verilen kararı bozduramamışlardır. Ne garip: siyasal iktidarlar başarılı olabilmek için hep üstün yetenekli yöneticiler, taze beyinler, prensler ararlar. Sonra bu taze beyinlerin yetiştirilmesi için okullar açarlar. Bu genç beyinler belli okullarda fikirlerini açığa vurunca, rahatsız olur, kabahati hep "O kurum"larda bulurlar...

Mektebi Mülkiye, 1920'de statüsünde değişiklik yapılarak Maarif Nezareti'ne bağlandı. İstanbul'un işgalden kurtarılması üzerine Türkiye Büyük Millet Meclisi hükümeti 1922'de okulu Maarif Vekâleti'ne bağladı. 1930'lu yılların ortasında okulun Ankara'ya nakli için Cebeci semtinde yeni bir bina aranmaya başlandı. Yer olarak 1925'te kapılarını açan Ankara Hukuk Fakültesi'nin yanı seçildi. Mülkiye, İstanbul'da günümüz Barbaros Bulvarı üzerine düşen Yıldız'daki yerini 1936'da terk edince, yeni bir isme de kavuştu. Atatürk'ün önerisi üzerine bu kuruma Siyasal Bilgiler Okulu adı verildi. CHP'nin tek partili yönetimi 1946 seçimleri ile kırılmaya başlandıktan sonra, bu kuruma akademik bir kimlik verme istekleri çoğalmaya başladı. Esasen bu yıllarda özellikle ABD'deki örnekleri göz önünde bulundurularak "Siyaset Bilimi" özerk bir kimlik kazandı. Böylece Cebeci semtindeki bu seçkin yüksek okul 1950 Mart ayında, yani Demokrat Parti'nin iktidara geldiği 14 Mayıs tarihinden iki ay önce 5627 sayılı yasa ile Ankara Üniversitesi'ne bağlandı. Artık adı Siyasal Bilgiler Fakültesi olmuştu. Bundan böyle SBF sadece kamu yönetimi için değil, özel sektör için de yönetici yetiştirecekti. İlk iki yılda verilen, tüm öğrencilere sunulan ortak programdan sonra öğrenciler Maliye, Diplomasi, Kamu Yönetimi ve İşletme şubeleri arasında tercihlerini yapacaklardı. O yıllarda diplomasi mesleği çok gözde olduğundan, yabancı dil bilen, parlak çocuklar genellikle bu şubeye girmek için çaba sarf ederlerdi. SBF, Ankara Üniversitesi'nin bir fakültesi haline geldikten sonra erkeklerin saltanat kurduğu özel bir "fidanlık" (pépiniere) olmaktan çıkmış, kızların da girebildikleri akademik bir kurum haline gelmişti. Bu değişimin mantıki sonucu olarak da 1956'da doktora dersleri vermeye başlamıştır.

Son yıllardaki en önemli yeniliklerin başında isteyen tüm öğrencilerine ilk yıl sadece yabancı dil öğretimi sağlayan bir programın uygulanması, böylece özel okullardan gelmeyen öğrencilerin de yabancı kaynaklardan yararlanma olanağının sağlanması olmuştur. Ayrıca SBF, 90'lı yıllardan itibaren öğrencilerin birinci sınıftan itibaren ekonomi, maliye, işletme, uluslararası ilişkiler, kamu yönetimi, iş hukuku ve sosyal güvenlik olmak üzere altı şubeden birinin seçmelerini zorunlu kılmaktadır.

İşte Mülkiye'nin kısa biyografik tarihçesi; ya "resmi olmayan tarihi"? Onun da bir ucunu yakalayarak ben anlatmaya çalışayım.

Mülkiye - Uzaktan

Mülkiye'nin varlığını ilk defa İstanbul Üniversitesi Hukuk Fakültesi'ndeki grubumdan öğrenmiştim. Katıldığım grubum içinde başta, sonra İstanbul Hukuk Fakültesi'nde Medeni Hukuk profesörü olan Halit Kemal Elbir ve arkadaşları olmak üzere, hepsi Galatasaray mezunu idi. Bu grubun Ankara'daki tek ayağı o zamanki takma adı ile "Swing Osman"dı. Osman ara sıra İstanbul'a geldiğinde, cumartesi öğleden sonraları düzenlenen öğrenci çaylarına uğruyordu. Diskoların ve gece eğlencelerinin bilinmediği, bu "ortaçağ" döneminde, İkinci Dünya Savaşı sırasında dışa kapalı olan Türkiye'de yüksek öğrenim gören gençliğin eğlence tarzı çok masumdu. Yapabildiklerimiz çok sınırlı idi: Taksim gazinosu veya Park Otel'de saat 14.00-19.00 arasında tertiplenen çaylara gidip, biraz dans etmek, yılsonu mezuniyet balosuna katılmak! Bu dar seçeneklerden kuşkusuz en çekici olanı çaylar geliyordu bana, çünkü dansın her türlüsünü çok seviyordum. O zaman çaylara genellikle beş altı kişilik gruplar halinde gidilirdi, herkesin belirli bir kız veya erkek arkadaşı yoktu. Bugün ne Taksim gazinosu ne de Park Otel'den eser var (yerlerine yeni yapılar inşa edilse de sözünü ettiğim farklı bir kültürel mirastır), biz belli bir dönemin yapıtlarını korumasını bilmeyen bir ülke olduk, ne yazık ki!

Çaylara hocalar da iltifat ederdi, nitekim rahmetli Yavuz'la yine böyle bir çayda tanışmıştım. İşte bu çaylardan birine Osman da katılınca, şanına uygun olarak birkaç "swing" dansı yaptık, bu arada Mülkiye denilen yer hakkında bilgi edinmiştim. Henüz Ankara'yı hiç görmediğim için başkent bana çok uzakta duran bir masal diyarı gibi geliyordu. Atatürk'ün bozkırda yepyeni bir kent yarattığını sanıyordum, oysa Ankara'nın Roma imparatorluğundan bu yana çok eski bir geçmişi olduğunu sonradan keşfettim. O zaman nasıl bilebilirdim ki ömrümün en önemli kırk beş yılı orada geçecek, oğlum orada dünyaya gelecek, Yavuz'u orada toprağa vereceğim. Osman'ın anlattıklarından hareketle, Mülkiye kızların giremediği, herkesin yatılı olduğu, yarının kaymakamı, vali ve büyükelçilerinin yetiştirildiği, erkeklere özgü bir eğitim merkezi olduğunu anladım. Gerçi o yıllarda, daha sonraları emniyet teşkilatına giren ve yatılı olmayan bir kız öğrencisi vardı. Fakat yine bu kurumun günümüz deyimi ile "erkek egemen"di.

Okulun başlıca özelliği çok sıkı bir sınav sonucu parlak öğrenciler celbetmesi, bu öğrencilerin sayılarının o sırada bile her yıl altmışı aşmaması, hocalardan bir kısmının bakanlıklarda başdanışmanlık yapması, diğer bir kısmının ise eski parlamenter ya da parlamenter adayı olmaları idi. Bu profili ile Mülkiye bana üniversiteden farklı, girilmesi hemen hemen olanaksız bir kale gibi görünmüştü. Sanırım on yıl sonra öğrenci olsaydım, muhakkak Mülkiye'nin sınavlarına girer, diplomatik kariyeri gözeterek bu okula girmeyi denerdim. Ne var ki bizlerin, yani 1940 kuşağının seçenekleri, dışımızdaki dünyayı kasıp kavuran büyük savaş nedeni ile sınırlı idi. Farklı uluslara mensup akranlarımızla hiç temasımız olmamıştı. Dış ülkelere seyahat etmek de imkânsızdı. Dünyamız sevdiğimiz, gurur duyduğumuz, devlet başkanı İnönü'nün tarafsızlığını titizlikle koruduğu Türkiye Cumhuriyeti'nin egemen olduğu topraklardan oluşmuştu.

Düşlerimde tasavvur ettiğim Mülkiye'yi daha yakından tanıma fırsatı Ankara'ya yerleştikten, 1946 seçimlerinden sonra, Yavuz'un parlamenter sıfatını kaybettiği yıllarda buldum. Yavuz 1946-47 yılarında Dil ve Tarih-Coğrafya Fakültesinin İnkılap Tarihi Enstitüsü müdürlüğünü yüklendikten sonra, dönemin milli eğitim bakanlarından Reşat Şemsettin Sirer tarafından önce Mülkiye'de öğretim üyeliğine, daha sonra 1948'de müdürlüğüne atanmıştı. Bu kez Mülkiye'yi "üst düzey yönetici" bakışları açısından tanıyacaktım.

Mülkiye ailesine girmem

Mülkiye o sıradalardı hâlâ yüksek bir okuldu, öğrencilerin hemen hemen tümü yatılı ve müdürün lojmanı da binanın içinde idi. Yavuz'un selefi Ceza Hukuku Profesörü Burhan Köni ayrılıncaya kadar müdürler hep okulda oturmuşlar, gözlerini öğrencilerden pek ayırmamışlardı... Yavuz lojmanı kullanmak istemedi, atlı arabaya da binmedi. Atlı araba, yani bildiğimiz fayton da nereden çıktı diyeceksiniz... Malum SBF henüz İstanbul'da Yıldız yokuşunda bulunurken, yöneticilerin normal taşıtı atlı araba idi. Okul 1936'da Atatürk'ün önerisi ile Ankara'ya nakledilince, atlı araba da Ankara'ya geldi. Gelmekle kalmadı, okulun bütçesinde "hayvan yemi" adı ile ayrı bir kalemin bulunmasına da yol açtı. Burhan Bey'den önce okulun müdürlerinden Ali Fuat Başgil, daha sonraları Emin Erişirgil bu arabayı hep kullanmışlardır. Özellikle Emin Bey bu aracı pek sevmişti. Kendisi okul müdürlüğü ile birlikte

Dil ve Tarih-Coğrafya Fakültesi'nin dekanlığını da yüklendiği için Cebeci çayırının iki yanı arasında hep atlı gezintiler yaparmış... Ne var ki 1940'ların sonuna doğru, otomobil kamu yönetimi çerçevesinde giderek alan kazanmaya başlamıştı. Yavuz'un da ilk yaptırımlarından biri romantik olmakla beraber pek kullanışlı olmayan, Ankara'nın yoğunlaşan trafiği içinde yolunu şaşıran atlı arabayı "yumuşak" bir biçimde tasfiye etmekti. Bu amaçla okulda sertliği ve nobranlığı ile ün salmış arabacı Mehmet Efendi'yi çağırıp kendisine otomobil ehliyeti alıncaya kadar izin verdiğini bildirmiş, daha sonra maliye bakanlığından mütevazı bir pick-up arabası sağlamayı başarmıştı.

"Düldül" adını alan mütevazı otomobil işte Cebeci'ye böyle gelmişti. Mehmet Efendi atlarını özlediğinden, bu "götürgeç"e pek yüz vermiyor, otomobili kerhen sürüyordu. Bu yüzden de hocaları evlerinden getirip götürürken sık sık konuşmalara karışıyor, motoru at sayıp, yolların kurallarına pek aldırış etmiyordu. Tabii o zamanlarda Yenişehir'de kimin özel otomobil sahibi olduğu bilinirdi. Sayıları parmakla sayılacak kadar az, şık sosyete hanımların geçişleri ise ufak çapta bir olay sayılırdı...

İşte bu sıralarda ben ileride akademik yaşamın tüm kademelerini hak ile katedeceğim kuruma sadece "müdürün eşi" olarak ara sıra giderdim. İlk vesile okulda düzenlenen bir "çay" olmuştu. Okulda bu tür eğlencelerin yapılabileceği uygun bir yer olmadığından masalar kapalı spor salonuna kurulmuştu. Bizim masada Mülkiye'ye söz ve yazıları olduğu kadar davranışları ile iz bırakmış olan iki genç asistan yer almıştı: her ikisi artık aramızda olmayan Seha L. Meray ile Aydın Yalçın. İlki evrensel düşünürlere önem veriyor, ikincisi koyu bir sağcı idi. Çayla birlikte düzenlenen küçük bir piyangodan bana Seha'nın kendi elleri ile yapmış olduğu bir abajur çıkmıştı. Seha bu abajurun parşömenine Beethoven'in kafasını güçlü çizgilerle kara kalemle işlemişti. Mülkiye'de bilim dışında güzel sanata, edebiyata, müziğe karşı gösterilen bu yoğun ilgiden çok etkilenmiştim. O yıllarda –12 Eylül 1980'e kadar– Mülkiye camiası toplumun her alanı ile ilgilenen, ortaya çıkan yeni fikirlerin eleştirisini yapan, yarının Türkiye'sine yön vermeye aday gençlerin buluşma yeri sayılıyordu. Mülkiye'nin itibarı öylesine yüksekti ki İstanbul'un kalburüstü ailelerinin birçok genci İsviçre ya da Amerika'da yüksek öğrenimini sürdürecek yerde "olayların cereyan ettiği, yarının Türkiye'sinin yönünün belirlendiği" bir odakta, yani Mülkiye'de okumayı yeğlemişlerdi. Nitekim YÖK sonrası döneminin tam aksine, o yıllarda Mülkiye, önce bizzat yönettiği, daha sonraları ise ÜSYM eli ile yapılan giriş sınavlarında en yüksek puan alan öğrencileri kendine çekmesini başarmıştı.

Ben henüz bu incelikleri, Mülkiye'nin Türk kamu hayatında oynadığı belirleyici rolü kavramaktan uzaktım, bunu sonraları, bağımsız olarak ders okutmaya, kürsü kurmaya ve yeni akademik elemanlar almaya başladıktan, özellikle "devlet" dediğimiz soyut kavramı, somut bir "kurum"a dönüştürdükten sonra anlayacaktım. 1947-50 yılları arasında ben henüz *Ulus* gazetesinin "free lance" yazarı olarak makaleler yazıyor, savaş sonrası dünyamıza yeni mesajlar vermeye çalışan, yaşayan veya ölmüş olan fikir adamlarını tanıtmaya çalışıyordum. J.P. Sartre, Simone de Beauvoir, Albert Camus, Franz Kafka'nın romanlarında saklı duran siyasal simgeleri aramaya, "Existencialisme" (Varoluşçuluk) akımının Alman felsefesindeki önderlerinden sayılan Karl Jaspers'in yazılarını anlamaya çalışıyordum. Her zaman bunların üstesinden geldiğimi iddia edemem, yine de okuyordum. O sıralarda Türkiye uzun bir fikri otarşi (kendi kendine yetme) döneminden sonra yeniden Batı'ya açılmaya, Avrupa'nın ötesinde dünyaya düzen vermeye kararlı ABD'yi anlamaya çalışıyordu.

Ankara'ya çeşitli Amerikalı gazeteci, yazar, politikacılar geliyordu. Onlarla zaman zaman mülakat yapma görevi bana veriliyordu. İçlerinde özellikle Dorothy Thompson beni etkilemişti. Bir zamanlar Hemingway'le evli olan bu yürekli Amerikalı kadın gazeteci o sıralarda Ortadoğu'nun Dostları – Friends of the Middle East adlı bir dernek kurmuştu. Bu derneğin amacı on dokuzuncu yüzyılın sonlarından bu yana sistematik bir şekilde savunulan Siyonizm ideolojisini sonucu olarak Filistin'in topraklarına el koyan İsraillilerin davalarının yanlışlığını kanıtlamaktı. Thompson Amerika'da tanınmış, syndicated (birçok gazetenin abone olduğu) bir yazardı. Fikirleri yankı uyandırıyordu: Daha uzun yaşasaydı, belki Filistin-İsrail ilişkileri değişik bir biçimde gelişirdi. Hele son yıllarda İsrail'in gerek Gazze gerekse Kudüs ve yöresinde emrivaki biçimde inşa etmiş olduğu yeni yerleşmeler, Trump'ın Kudüs'ü başkent olarak ilan edip ABD elçiliğini oraya nakletme kararı, değiştirilmesi çok zor gelişmelerdir.

Mülkiye'ye gerek ABD gerekse Avrupa'da ortaya çıkan değişik fikir akımlarını temsil eden konuşmacılar gelirdi. Konferanslar uzun yıllar ikinci sınıf diye bilinen büyücek bir amfide yapılırdı. Müdürün eşi olarak ben de ön sıralarda yer alıyordum. Bundan çok hoşlandığımı söyleyemem, çünkü beni daha çok ilgilendiren konferanstan sonra öğrencilerin yaptıkları yorumlardı. Bunlar ise henüz yatılı okulun tüm özelliklerini yansıtan Mülkiye'nin "taife-i nisa"ya (kadın milletine) yasak olan yemekhane veya yatakhanelerde cereyan etmiş olsa gerek. Mülkiye'nin 1950 yılında Ankara Üniversitesi'ne katılması bir yandan Yavuz'un müdürlükten ayrılarak Mülkiye hocalığından başka Ankara Üniversitesi Hukuk Fakültesi Hukuk Felsefesi kürsüsüne geçmesi, öte yandan Mülkiye'nin seçmiş olduğu ilk dekan Prof. Fethi Çelikbaş'ın önderliğinde yeni uygulamalara geçmesine neden olmuştur.

1948'in sonlarına doğru bir grup Ankaralı tanıdıklarla birlikte Türk Amerikan Kadınları Kültür Derneği'ni kurmuştuk. Genelde evlerde, zaman zaman kamuya açık lokallerde kültürel etkinlikler düzenliyorduk. Bu arada Halide Edip Adıvar'ı, Kızılay'a yakın Milli Kütüphane'de konferans vermesi için davet etmiştik. Halide Edip o sırada DP listesinden bağımsız olarak TBMM'ye girmişti. Bizlere verdiği konferansa başörtülü gelmişti. Oysa onun gençlik fotoğrafları ne kadar zarif bir kadın simasını yansıtıyor, gençlik yazıları, romanları, Hindistan'a ilişkin gözlemleri ne kadar ilerici bir kişilik sergiliyordu. *Sinekli Bakkal*'dan olağanüstü etkilenmiş, Rabia ve Peregrini'yi sanki yakın bir dostmuş gibi tahayyül etmiş, bir insan olarak kanlı canlı Halide Edip Adıvar sanki bambaşka bir insanmış gibi gelmişti bana. Derneğimiz o tarihe kadar fazla bilinmeyen Anadolu'nun el sanatlarına ilişkin bir sergi de düzenlemişti. Kenan Özbel'in azimli araştırma aşkı sayesinde ortaya çıkan bu sergi daha sonraları Kenan Özbel'in İstanbul Güzel Sanatlar Akademisi'ne akademik unvana sahip bir öğretim üyeliği kazandırmıştı.

O sıralarda, ileride *The Passing of Traditional Society* (Geleneksel Toplumun Geçişi) adlı yapıtı ile ün kazanacak olan Amerikalı toplum bilimci Daniel Lerner'in bir asistanı Ankara'ya gelmişti. Aralarında Türkiye'nin de yer aldığı altı Ortadoğu ülkesinde "modernleşme" süreci üzerinde yapılacak geniş boyutlu, ampirik bir araştırmanın Türkiye'ye ilişkin verelerini toplamaya gelmiş olan bu delikanlı ile ilk defa olarak "Kamuoyu" kavramı konusunda tartışmalar yaptık. Çağdaşlaşmanın ölçülmesi güç bir ögesi olan bu toplumsal dinamiği harekete geçiren kitle iletişim araçları –basın, radyo, film, TV– ilgimi çekmeye başladı. Ne de olsa ilk mesleki deneyimlerimi gazetecilik alanında kazanmıştım. Ankara Hukuk Fakültesi'nde devam ettiğim lisans üstü dersler sona ermişti, devam zorunluluğu bitmiş, sıra doktora tezimin konusunu seçmeye gelmişti. Hukuk formasyonumu da göz önünde tutarak konu olarak kamuoyunun yasama sürecine olan etkisini seçmiştim. İşte böylece yukarıda da açıkladığım üzere geniş çapta Yavuz'un önerisi ve desteği ile ulus aşırı bursuna talip oldum. Niyetim Lerner'in asistanının da çalıştığı New York'un ünlü Columbia Üniversitesi'nde bulunan ve o sırada Paul Lazarsfeld gibi sosyal bilimler alanında yeni yöntemler ve kavramlar geliştirmiş bir sosyal bilimcinin yanında çalışma fırsatını bulmaktı. Ne var ki ulus aşırı komisyonundaki yetkililerin benim için seçtikleri üniversite Amerikalıların "Middle West - Orta Batı" dedikleri, Kanada'ya yakın kesimin en büyük üniversitesine sahip Minnesota Üniversitesi oldu. Hoş bir rastlantı olarak o yıllarda Fullbright yolu ile Türkiye'ye daha doğrusu Mülkiye'ye ders vermeye gelen hocalardan ekonomist Prof. Roy Blakey de Minnesota Üniversitesi'nden yeni emekli olmuştu. Son derece sempatik olan Roy ve bir o kadar dinamik sevecen karısı Gladys bu kararı duyunca hemen kolları sıvayıp Minneapolis'teki dost ve meslektaşlarına mektup yazmaya koyuldular. Böylece ben bir akademik yıl boyunca Minneapolis'tekilerin "Twin Cities" (İkiz Kentler) dedikleri yerleşim yerlerinde, her hafta sonu başka ailelere davet edildim. Kolaylıkla sahip olduğum bu geniş çevre sayesinde Amerika'yı tanımak ve bu izlenimlerimi *Ulus* gazetesine yolladığım yazılarımda aktarmak fırsatını buldum. Minnesota'daki ikametim sona erdiğinde devam ettiğim lisansüstü master programının tüm derslerinin sınavına –böyle bir zorunluluğum olmadığı halde– girdim ve iyi notlar aldım. Bu çalışmalarımın sonucu olarak bağlı bulunduğum Siyaset Bilimi bölüm başkanı benim haberim olmaksızın Ankara Üniversitesi'nde hem Hukuk hem de Siyasal Bilgiler Fakültesi dekanlarına "bu öğrencinin yararlı bir öğretim elemanı olabileceği"ni bildirmiş! Bu değerlendirme etkisini göstermekte gecikmedi: SBF dekanı ve aynı zamanda ulus aşırı burs komisyonunun üyesi Dr. Fazıl H. Sur, Amerika dönüşümde beni bularak, yakında açılacak olan asistanlık sınavına girmemi öğütledi. SBF'nin yeniden yapılandırma yıllarına rastlayan 1953 yıllarının son aylarında yeni kabul edilen ders programını ve yeni kurulmuş olan kürsüleri güçlendirme amacı ile aynı tarihte on farklı konuda asistanlık sınavı açıldı. Henüz Minnesota Üniversitesi'nde bulunduğum sırada o dönemde dekan olan Yavuz, Birleşmiş Milletler'in desteği ile kurulması tasarlanan Türkiye ve Ortadoğu Amme İdaresi Enstitüsü'nün (TODAİE) ders programları ile meşguldü. Günümüzde sağlam bir şekilde yerleşmiş olan Kamu Yönetimi = Amme İdaresi kavramı o zamanlarda henüz kullanılmıyordu. İdarecilik çoğu kez sadece yasaların bilinmesi ve anlaşılması, ayrıca idare sanatı olarak anlaşılıyordu. Kavram önce bana fazla çekici gelmemişti. Ancak biraz daha düşündüğümde böyle bir dersin gerçekleştirmek istediğim doktora konusu olarak "Kamuoyu" kavramının aydınlatılmasına yardımcı olacağını düşünerek iki sömestr bu alanlarda verilen dersleri izlemiştim. Ne kadar isabet ettiğimi çok sonra daha iyi anladım. Nitekim doçentlik tezimde "Bürokrasi" ile ilgili kavram ve yorumları gözden geçirince, idari bilimlerin hukuktan bağımsız bir dal, siyaset biliminin önemli bir bölümü olduğunu fark etmekte gecikmedim. Bütün bu nedenlerle SBF'nin açmış olduğu asistanlık sınavları içinde Kamu Yönetimi ile ilgili olanı seçtim ve kazandım! Benimle birlikte o sınavlarda Şeref Gözübüyük, Metin Kıratlı, Feyyaz Gölcüklü, Mehmet Gönlübol değişik kürsülere katıldılar.

Tahsin Bekir Balta'nın İdare Hukuku Kürsüsü'nde asistanlık

Bu sırada SBF'de "Kamu Yönetimi"ne ilişkin bir kürsü bulunmadığından –Türk üniversitelerine kürsü yerine bölüm sisteminin yerleşmesi, 1960'tan sonra ilk önce ODTÜ'nün kurulması ile başladı ve zamanla yayıldı– benim alanım kendisinden yaşamım boyunca büyük destek, yardım, feyiz ve ilham aldığım Prof. Dr. Tahsin Bekir Balta'nın yönetmiş olduğu İdare Hukuku kürsüsüne bağlandı. Balta eski bir dosttu. Yavuz'un ta İstanbul Üniversitesi Hukuk Fakültesi'nden itibaren yakın arkadaşı idi. Rize'nin Pazar ilçesinde yerleşmiş çok geniş, itibarlı bir aileye mensuptu. Cumhuriyetin kuruluş yıllarında yurtdışına gönderilen gençler arasında yer almıştı. Balta ile birlikte Berlin'e gitmiş olan delikanlılar arasında Türkiye'nin siyasal yaşamına bir ara damgasını vurmuş olan CHP eski genel sekreterlerinden Kasım Gülek, keza Türk fikir ve kültür âlemine arkeoloji ve Anadolu sanat tarihinin en önemli yapıtlardan birkaç tanesini vermiş olan arkeoloji profesörü Ekrem Akurgal ve Sedat Alp bulunuyordu. Bu Berlinli Türkler iki dünya savaşı arasında Avrupa'nın en canlı ve çelişkili başkenti Berlin'de bireysel özgürleşmeyi de yakından izleme fırsatını bulmuşlardı. Öyle sanırım Tahsin Bekir Balta'nın kadın-erkek eşitliğine olumlu bakışı o dönemde Almanya'da esen eşitlikçi ortamdan kaynaklanıyordu, ayrıca Atatürk'ün kökleştirmeye çalıştığı kadın devrimleri onun değerler sisteminde daha fazla ağırlık kazanmıştır. Balta eşine bugünlerde artık az rastlanan ölçüde dürüst, sözünün eri, cesur, açık sözlü bir insandı. Yavuz'dan öğrendiğime göre Karadeniz'in töreleri gereği ona yaşça yakın bir akrabası ile "beşik kertmesi" yapmışlardı. Bu arzulanmayan nikâh –üstelik Cumhuriyetin ilanından önce yapılmış olması– onun daha sonraki yıllarda yuva kurma tasavvurlarını gerçekleştirmeyi engellemiştir. Ölünceye kadar bekâr kalmıştır. Fakat aydın kadınlara karşı her zaman saygılı, ölçülü bir ilgisi vardı. Uzun yıllar Ankara'da yaşayan müzisyen ve ses sanatkârı Vahdet Hanım'ın evinde verdiği konserlerin düzenli izleyicileri arasında yer alıyordu.

Hiç unutmuyorum, asistanlık sınavları yeni bitmişti, asistanlığa kabul edilenler arasında, daha sonra Avrupa Konseyi İnsan Hakları Mahkemesi yargıçlığına seçilen, Feyyaz Gölcüklü, İsviçre'deki hukuk tahsilini bitirdikten sonra Türkiye ve Ortadoğu Amme İdaresi Enstitüsü'nün müdürlüğü ile Kenan Evren'in hukuk danışmanlığını yapmış olan Şeref Gözübüyük ve ben vardım. Tahsin Hoca kendisine büro olarak seçmiş olduğu üst katlardaki enstitü odasının kapısını açtığında kendi odasının önündeki salonda henüz kimse oturmuyordu. Bana "Buraya yerleş ve işler hale getir. Meslektaşlarınla işbirliği yap. SBF'ye giren ilk kadın öğretim yardımcısı olarak kendini göster" demişti. Aramıza kısa bir süre sonra ABD'de doktorasını tamamlamış Şerif Mardin de katıldı. Prof. Balta'nın dediğini yapmaya çalıştık; çeviriler ve orijinal yayınlar çıkarttık, yurtdışından araştırma yapmak üzere genç akademisyenlere omuz verdik. Tahsin Hoca akademik işbirliğine, gençlere fırsat tanıma gereğine inanıyordu. 1950'lerden sonra yeni yeni düzenlenmeye başlanan uluslararası konferanslara katılmamızı, oralarda deneyim kazanmamızı istiyordu. Bu amaçla profesörler kurulunda yolluk ödeneği konulması için uğraşırdı. Yine onun ısrarı ile 1957 yılında Almanya'nın Speyer kentinde yeni kurulmuş olan İdari Bilimler Merkezinde (Verwaltungswissenschaften Studium) konuk asistanlık yapmak üzere üç aylık süreyle oraya gittim.

Tahsin Bekir Balta İngiliz, Fransız ve Alman dillerinin gramer kurallarına mükemmel surette egemen olmasına karşın bu dillerin tümünü Laz şivesi ile konuşurdu. Dolayısıyla son derece ilginç sohbetlerini anlayabilmek için biraz "Balta usulü Lazca" öğrenmem gerekmişti. Kendisi Türkçede "devlet" kelimesini "duvlat", Almanca "Maedchen" kelimesini "Metyen", Fransızca "droit" kelimesini "dorova" şeklinde kullanırdı. Bu şiveye rağmen gerçekten engin hukuk bilgisi, temel ilkelere bağlılığı nedeni ile kendisine pek çok şeyler borçlu olduğum bir insandı. Tahsin Bekir Balta gözü pek, tipik bir Karadenizli idi. O yörenin insanlarının yürümeden önce yüzdükleri, denizi çok iyi tanıdıklarını söylerler. Tahsin Bey bu tanıma tam anlamı ile uygundu. Yaz tatillerimizi Büyükada'daki Anadolu Kulübü'nde geçirdiğimiz 1940'lı yılların son kesimlerinde, kendisi "temiz" bir yer bulmak için bir kayık alırdı. Heybeli ile Büyükada'nın ortasına düşen bir yerde denize atlardı. Düşünüyorum, Hoca acaba bugün Marmara'ya girer miydi? Sanmam. Yavuz, derin sularda rahatça yüzemezdi, her zaman yere basabilecek sığlıkta sular arardı; bunun tek istisnası Balta'nın çektiği kayıklardı. Tahsin Hoca'ya duyduğu sonsuz güven nedeni ile onunla denize açılırdık. Bir gün, evleneli henüz iki ay olmuştu, üçümüz Heybeliada'ya doğru açıldık. Oradan buradan konuşurken Tahsin Bey birdenbire küreklere asılarak, "Balonun görüntüsü belirdi" tarzında bir laf etti ve son süratle tekrar kıyıya yöneldi. Ben durmadan Yavuz'a "Ne dedi, ne dedi?" diye soruyorum. Meğer Tahsin Bey "Poyrazın belirtisi göründü" demiş, fırtınanın kopacağını çok önceden kestirmişti. Ancak ben iyice bir azarlandım: hiç insan üç kişi bir kayıkta iken "Ne dedi?" diye sorar mıydı?..

Tahsin Hoca 1946-50 yılları arasında bakan olarak CHP'nin endüstri politikalarına bilfiil yön verirken, ta İstanbul Hukuk Fakültesi'nde geçirdikleri öğrencilik yıllarından beri benzer ilgi alanlarını paylaşan iki eski dost bu kez ayrı yerlerde at koşturmaya başladılar. Yavuz, öteden beri gönül vermiş olduğu akademik yaşamına dönmek için çaba sarf ederken, Tahsin Hoca, Rize seçmenlerinden gelen baskılara karşı kendi anlayışına uygun düşen bir "duvlat" anlayışı savunuyordu. İktisat Bakanı bulunduğu sırada Sümerbank'ı zarar ediyor ve gereğinden çok adam istihdam ediyor gerekçesi ile kapatmak istemesi –tabii başarılı olamadı– "özelleştirme" politikasının sanıldığı kadar yeni olmadığını gösterir. Hele günümüz bazı yorumcularının ileri sürdükleri gibi Balta'nın "duvlat" anlayışı Osmanlı'nın geliştirmiş olduğu "ya devlet başa ya kuzgun leşe" türü ceberut bir devlet anlayışı değildi. Atatürk döneminin egemen fikirlerinde devlet elbette halk için olacaktı, fakat gücünü ve itibarını her şeyden üstün tutacaktı. Balta'nın bu görüşe olan inancını hayatımın son döneminde, SBF kürsüsünün başına geçtikten sonra daha açıkça görecektim.

Hoca, Avrupa Konseyi'nin kurulduğu yıllardan itibaren değişik komisyonlarında görev alıp, daha sonraları İnsan Hakları Komisyonu'nda ülkemizi temsil ediyordu. Sık sık Strasbourg yolculukları içeren bu uzman/temsilci görevinden hoşlanıyordu. Yazları resmi görevi sona erdikten sonra çok sevdiği Oxford yada Cambridge'e gidiyor, orada mütevazı bir pansiyonda kalarak gönlünce kütüphanelere girip çıkıyordu: Bir devletin uluslararası kuruluşlarda aynı şahıs tarafından istikrarlı biçimde temsil edilmesi, haliyle o devlete itibar kazandırmaktadır. Nitekim Balta'nın 1950-1970 yıllarını kapsayan uzun bir dönemde Strasbourg'da etkili ve sözü dinlenen bir uzman olarak ün kazandığı kesindir. Ne var ki bu sık gidişler o sıralara varlığını kanıtlamak, 1960'tan sonra ise özerkliğini vurgulamak isteyen SBF Profesörler Kurulu'nda sık sık tartışmalara neden oluyordu. Kurulun diğer üyeleri bu görevin her defasında profesörler kurulu tarafından yeniden belirlenmesi gerektiği tezini ileri sürüyorlardı. Sonunda emellerinde başarılı oldular ve günün birinde adı geçen komisyonda Türkiye devletini Balta yerine genç bir profesör olan Bülent Daver'in temsil etmesine karar verdiler.

Anlaşılan hırslı Daver Dışişleri Bakanlığı'nda gereken temasları yapmış ve emeline ulaşmıştı. Olaydan bir gün sonra o sırada sekiz yaşında olan oğlum Mustafa Kemal ile birlikte Hoca'nın Maltepe'deki mütevazı evine gittik. Tahsin Hoca gerçekten üzgündü. Üzüntüsünün başlıca nedeni elbette başladığı işleri tamamlayamadan ayrılmak zorunda kalması idi. Fakat üzüntüsünü artıran asıl etken, başka ülkelere mensup komisyondaki arkadaşlarının Türkiye Dışişleri Bakanlığı'nı bir telgraf yağmuruna tutup, kararın değiştirilmesini isteyen tavırları oldu. Tahsin Bey "duvlat"ının itibarına halel gelmesini istemiyordu! İçi kan da ağlasa gelen telefonlara –birine ben de tanık oldum– "Sakın uğraşmayınız, genç meslektaşım çok yeteneklidir, görevini ehliyetle yerine getirecektir" tarzında yanıtlar veriyordu.

Bu olay 1969 yılının ilkbaharında cereyan etti. Aynı yılın sonbaharında bir yıl süre ile oğlumla birlikte Münih'te Maximilian Üniversitesi'nin Geschwister Scholl Institut'ta –bizim Siyasal Bilgiler Fakültesi'ne tekabül eden bir akademik kurum– ders vermeye çağrılmıştım. Yavuz'u yitirdikten sonra bana ve oğluma karşı yakın bir ilgi gösteren Tahsin Hoca bu davetten çok memnun kalmıştı. "Almanlara canlı olarak Türk kadın devriminin ne olduğunu göstermiş olacaksın" demişti bana. Ekimden itibaren derslere başlamıştım. 10 Kasım 1969 günü Ludwig Strasse'nin ikiz fıskiyeli havuzlarına bakan ana binanın merdivenlerinden iniyordum. Kocaman sütunlara dayalı bembeyaz saçlı bir baş gördüm: olamaz! Hoca benim ders saatimi öğrenmiş, ders çıkışında diğer öğrenciler gibi gelişimi bekliyordu. Hoca büyük bir manevi destekti benim için. "Londra'ya giderken ne yaptığını görmeye geldim, seni ders verirken arkada izledim, konuşma tarzını beğendim. Atatürk'ün çizdiği yolda ilerliyorsun, seninle övündüm" dedi. Hoca'yı yemeğe davet etmek, ona evimizi göstermek istedim, ne yazık ki uçağı birkaç saat sonra kalkacaktı. Tekrar gelmeyi vaat etti. Mayıs 1970 başında meslektaşım Prof. Dr. Metin Kıratlı Zürih'ten telefon ederek, Hoca'yı Londra'da, her zaman kalmakta olduğu otel odasında bir daha uyanmamak üzere bulduklarını söyledi. Çok üzüldüm, hayatımda bana önderlik eden, beni destekleyen, kadın-erkek farklarını göz ardı edip, insan haklarına gönül vermiş olan gerçek bir bilim adamını kaybetmiştik.

Kader, Yavuz'la Balta'yı 1942-46 yıllarında Türkiye Büyük Millet Meclisi'nde aynı çatı altında birleştirmişti. Her ikisi Bütçe Komisyonu Üyeliği'ne seçilmişlerdi. Türk üniversitelerinin özerklik mücadelesine ilişkin bir konuşma yapacağım sırada her ikisinin TBMM tutanaklarına geçen konuşmalarını bir kez daha okudum. İkisi de bu görüşmeler sırasında temel gerçekleri dile getirip, özerk olmayan bir bilimsel kurumda bilimsel araştırma yapmanın imkânsız olduğunu vurgulamışlardı.

Düşünüyorum da hayat bana çeşit çeşit ayrıcalıklar bağışladı. Bunlardan bir tanesi birkaç kuşağı birlikte yakından tanıyabilmekti. Nitekim Yavuz'la olan hayat arkadaşlığım Cumhuriyeti kuran kuşağı temsil eden şahsiyetleri yakından izleme fırsatını verdi: İsmet İnönü, Ali Fuat Cebesoy, Afet İnan, İsmail Hakkı Baltacı, Falih Rıfkı Atay, Yakup Kadri Karaosmanoğlu, Hasan Saka, Necmeddin Sadak, Fuat Sirmen, Mithat Kuntay ilk akla gelen isimlerdir. Bunlar Cumhuriyetin Atatürk'ün düşünceleri doğrultusunda yeni devletin yolunun taşlarını döşeyenleri, uygulayıcıları idi. TRT'nin ifadesiyle "Cumhuriyete kanat gerenler"di. Yeni bir yurttaşlık anlayışının kök salması için çaba sarf eden bu kuşak kuşkusuz ordunun simgeleştirmiş olduğu değerleri benimsemişti, çoğu topluma seçkinci bir gözle bakıyordu, yine de onlar halkla bütünleşebilen uyumlu ve hoşgörülü bir yönetimin gerçekleştirme hayalini gönüllerinde taşıyan insanlardı.

SBF'ye dış kökenli bilimsel aşı

SBF devlet hizmetine adanmış bir kariyer okulu yerine, üniversitenin bir parçası olmaya karar verdiği yıldan sonra yeniden yapılanmak ve yeni disiplinlerle tanışma kararını vermişti. Bu adımlardan biri bir grup Amerikalı sosyal bilimcilerle uzun soluklu projeler gerçekleştirmekti. Bunlardan SBF içinde en fazla gürültü ve eleştiriye neden olan New York Üniversitesi ile yapılan beş yıllık anlaşma idi. Başta kamu yönetimi olmak üzere işletmeciliğin çeşitli yan dallarını tanımak üzere değişik Amerikan üniversitelerinden devşirilen, çoğu emekli olmuş hocalar derslere giriyor, asistanlar ise onlara yardımcı oluyordu. Ben bir yıl o dönemde ABD üniversitelerinde en fazla rağbet gören ve okutulan *Public Administration* (Kamu Yönetimi) kitabının yazarı Marshall C. Dimock ile çalıştım. Kendisi ayrıldıktan sonra da Türklere olan büyük sempatisi nedeniyle "Ali Bey" olarak çağrılan Albert Gorvine ile derslere girdim. Amerikalı hocalarla çalışanların ek bir gelir sahibi olmaları, bu "nimet"lerden yoksun kalanların gözüne batıyordu.

Bu hocalarla Anadolu yolculukları da düzenlendi. 1956 yılı yazı bu defa yine bir karma grupla Karadeniz, Kars, Doğubeyazıt, Van ziyaret edilecekti. Grubumuzda SBF dışından Atatürk'ün eski başbakanı Fethi Okyar'ın oğlu iktisat profesörü Osman Okyar ve onun yakın arkadaşı SBF'li Aydın Yalçın bulunuyordu. Hükümet –daha sonraları anlaşıldığı üzere– bu "tehlikeli" grubu gözetmek üzere Adalet Bakanlığı'ndan Yargıç Karabel adında bir hukukçuyu da katmıştı. İki büyük station vagon araba ile seyahat ediyorduk. Önceleri Samsun, Ordu, Trabzon'a gidip o yörenin görülmeye değer ekonomik ve tarihi yerlerini dolaştık. Yaz başında Karadeniz kıyılarının engin yeşili hepimizi büyülemişti, henüz bugün gözleri rahatsız eden çirkin yapılaşmalar ve doğal kıyıları yok eden asfalt yollar döşenmemişti, her taraf şahane doğal güzellikler sergiliyordu.

Beni tedirgin eden şey, manzara sırtlarından koskocaman küfelerini eksik etmeyen, çoğu kez biri elinde, diğeri karnında çocuklarını taşıyan kırmızı peştamallı kadınlarımızdı. Oysa onlar bu kadere sessizce katlanıyorlardı. Tevekkeli değil, babaları kızlarını "everirken", anaları "gayret kuşağı" adı verilen kırmızı bir kuşak bağlarlarmış. Bu kuşak gerçekten önemli bir simge oluşturuyordu. Kadınlarımıza küçüklükten bu yana telkin edilen değerlere göre o yaban ellere gidecek, orada ailesini utandırmayacak, hep gayret edecek... Büyüklerine karşı, kocasına karşı, kocasının ailesi ile olan eşitsiz ilişkilerinde hep gayret gösterecek!!

Grubumuzda Norman Angus isimli Yeni Zelandalı bir profesör de vardı. Karadeniz'in yeşillikleri ona kendi ülkesinin eşsiz doğa güzelliklerini anımsatmış olacak, hayatından çok memnundu. Bizlerle şakalaşıyor, bol bol soru soruyordu. Rotamız Trabzon'dan sonra Ziganalar üzerinden Erzurum, sonra Doğubeyazıt'tı. Uzaktan Ağrı Dağı'nın erişilmez zirvesi ve çırılçıplak yamaçları görünüyordu. Geçtiğimiz köyler çok yoksuldu. Arabada sohbet ederken ben "Demokrat Parti tarafından köy enstitülerimiz kapatılmış olmasaydı buralar okulsuz kalmaz, bambaşka bir görünüm kazanırdı" tarzında bir görüş ileri sürdüm. Arkadan hemen bir ses yükseldi: "Bu iddia gülünç, Türkiye'nin her köyünde okul vardır!" Yargıç Karabel görevini ifa etmeye başlamıştı. Vardı yoktu, derken Prof. Angus: "Bunun kolayı var, ilk geçeceğimiz köyde durur, sorarız!" dedi. Gerçekten yarım saat sonra tekrar bir köyden geçtiğimizde Angus şoföre "Dur" dedi. Tarlada güler yüzlü bir köylü duruyordu. Ben de indim, ona doğru giderek "Merhaba, sizin köyde okul var mı?" diye sordum. Köylü "Hayır" dedi. Sona hemen gururlu bir şekilde kendini toparlayarak

"Amma biz misafir ağırlamasını biliriz!" şeklinde sözlerini tamamladı. Daha ben bu sözleri çevirmeden, Yargıç Karabel otomobilden fırlayarak "Sizin yaptığınız vatana hıyanetidir, bunu çok pahalıya ödeyeceksiniz. Ankara'ya gidince, sizi ihbar edeceğim!" dedi. Bu sırada ikinci otomobilimiz de gelip durmuştu: Yavuz tartışmayı duyunca bana hemen kendi arabasına gelmemi önerdi. Yolculuğun artık tadı kalmamıştı. Bu nedenlerle olsa gerek biz Van'ın sadece ünlü kalesini gezebildik. Doğubeyazıt'ta gecelediğimiz halde bir dünya şaheseri sayılan İshak Paşa Sarayı ve medresesini göremeden Ankara'ya döndük...

Bu geziyi izleyen bir hafta içinde o yıl İspanya'da hem Madrid hem de Barcelona'da düzenlenen kamu yönetimi ve idari bilimlere ilişkin iki kongreye katılmak üzere Türkiye'den ayrıldık. Dönüşte Yavuz, Barcelona kongresinin sonunda bindiğimiz gemide yüksek ateşle hastalandı. Doktor filibit tanısını koyup hemen dönmemizi öğütledi. Bu nedenle planladığımız halde İtalya'da Floransa ve başka kentlere uzanmak planlarımızı gerçekleştiremeden doğru İstanbul'a döndük. Henüz iyileşmediği ve rahat bir şekilde yürüyemediği halde daha ayağının tozuyla Yavuz'a ilgililer hemen "müjde"yi verdiler. Biz yurtdışında iken her ikimiz hakkında Memurin Muhakeme Yasası gereğince araştırma açılmış, üniversiteden atılmamız istenmiş, durum adalet bakanı tarafından bakanlar kurulunun gündemine girmiş, ancak Başbakan Adnan Menderes –yıllarca Yavuz'la tek parti döneminde CHP'nin Meclis Yönetim Kurulu'nda çalıştığı ve onu çok yakından tanıdığı için olsa gerek– kendisini savunarak "Benim bildiğim Yavuz Abadan hiçbir zaman yurduna ihanet etmez" demiş "konuyu bir kez daha araştırın" direktifini vermiş. Bu defa ihbarda bulunan Yargıç Karabel'in göstermiş olduğu tek tanık olan şoförün İngilizce bilmediği, hiçbir konuşmamızı anlamamış olduğu gerçeği ortaya çıkmış, böylece biz bu "ağır suçtan" aklanmıştık.

Evet o yıllarda Turhan Feyzioğlu öğrencilere "nabza göre şerbet vermeyiniz" tarzında bir öğüt verdiği için kınanmış, anayasa hukuku hocası Bülent Nuri Esen, "İçinde bulunduğumuz ortam demokrasi değil, kakokrasidir" dediği için bir ay kürsüsünden uzaklaştırılmıştı.

Meğer beterin beteri varmış: 2017-18 yıllarında Ankara Üniversitesi Rektörü İbiş ve arkadaşları, gerekçe göstermeksizin başında bulunduğu öğrenim kurumundan yüz değerli akademisyeni uzaklaştırmak, kariyerinden etmek, bilinmeyen bir ortam içine atmayı başarmakta, kendisini yetkili kılan YÖK başkanlığı ise anayasal laiklik ilkemizle bağdaşmayan emirler verebilmektedir.

Kilyos'taki anayasa semineri

1957 yılının erken seçimlerini takiben SBF her zamankinden daha aktif bir biçimde Türkiye politikası ile ilgileniyordu. 1959 yazında bu defa ABD'deki Rockefeller Vakfı Türkiye'nin anayasal düzeni konusunda Kilyos'ta bir seminer düzenlemişti. Davet edilen Amerikalı bilim adamları gerçekten önemli, kalburüstü kişilerdi. İkinci Dünya Savaşı'ndaki yenilgisinden sonra Japonya'nın yeni anayasasının mimarı Columbia Üniversitesi öğretim üyelerinden Walter Gellhorn, daha sonra eşi ile birlikte esrarengiz bir cinayete kurban giden eski dışişleri bakanı yardımcılarından keza Columbia Üniversitesi'nden felsefeci Charles Fraenkel, aklımda kalan isimlerdir. Türklerden Ali Fuat Başgil, Tahsin Bekir Balta, Yavuz Abadan, Recai Okandan, Bülent Nuri Esen, Vakur Versan'ı anımsıyorum. Çevirmen olarak Mümtaz Soysal ile ben görevlendirilmiştik. Temmuzun ilk haftalarında Kilyos önce günlük güneşlikti, daha sonra şiddetli bir sağanağa sahne oldu. Ali Fuat Başgil'in peştamala sarılmış olarak toplantı salonuna vakarla gelişini görür gibiyim. Demokrasinin Türkiye'de kök salabilmesi için yürütmenin yasal denetime tabi tutulması, temel hak ve hürriyetlerin anayasaca teminata kavuşturulması, ayrıca bağımsız bir anayasa mahkemesi tarafından korunması, parlamentonun ekspres yasalar geçirmemesi için ikinci bir meclise gereksinme olduğu, seçim sisteminde nispi seçime gitmenin daha yararlı olacağı gibi ilkeler bu seminerin ürünleri sayılır. Küçük bir aydınlar grubunun İstanbul dışında oybirliğine yakın bir biçimde kararlaştırmış oldukları bu ilke kararlarının çok geçmeden katılanların istemedikleri bir biçimde, yasal olmayan yollarda kurulmuş bir cunta marifeti ile uygulanacağını o zamanlar hangimiz tasavvur edebilirdi...

Ne var ki Türk üniversiteleri özledikleri özerkliğe kavuşmadan seslerini yükseltmeye başlamışlardı. Bu yarışın içinde SBF bayrağı önde götürüyordu. SBF kuruluşunun 100'üncü yıldönümünü 4 Aralık 1959'da zengin bir yayın listesi ile kutladıktan sonra üyelerinin çeşitli basın organlarına yazdıkları yazılar ve verdikleri beyanlarla Türk demokrasisine yön vermeye çalıştıkları fark ediliyordu. Dolayısıyla 27 Mayıs 1960 devrimi SBF'yi hazırlıksız yakalamadı.

27 Mayıs 1960 Devrimi

SBF İdari Bilimler Enstitüsü Türkiye'nin siyasi tarih açısından en önemli rollerden birini 27 Mayıs 1960 devriminden sonra oynadı. Demokrat Parti ana muhalefet görevini yüklenen CHP'den iyice rahatsız olmuştu. TBMM genel kuruluna iktidar partisine hem savcı hem de yargıç rolünü tanıyan ünlü "Tahkikat komisyonu"nu kurma önerisi geldiğinde azıcık siyaset ve anayasa ilkelerinden anlayan tüm vatandaşlar ve pek tabii üniversite gençliği, için için kaynamaya başlamıştı. Amaç basını ve fikir odaklarını susturmaktı. Başkent huzursuzdu. "555" rumuzu ile eylemini tanıtmaya çalışan gençler bu izinsiz toplantıyı 5 Mayıs 1960 günü saat 17.00'de Kızılay'da gerçekleştirdiler. Daha sonraları bir süre kürsümüze katılacak olan Hukuk Fakültesi öğrencisi Deniz Baykal aynı paralelde düşünen diğer gençlerle o sıra Atatürk Bulvarı'na yaya çıkma cesaretini göstermiş olan Başbakan Adnan Menderes'in yakasına yapışmış, hesap soruyordu. Ankara'nın evlerinde o akşam tartışmalar yoğunlaşmıştı, elden ele dolaşan bildirilerin bir kısmının Bakanlıklar'da gizli olarak çoğaltıldığını biliyorduk. Açık sözlülüğü ve demokrasiden yana tutumu ile şimşeklerini üzerine çekmiş bulunan SBF'yi sindirmek için hükümet ani bir kararla fakülteyi Konya'ya nakletmeye karar vermişti. Ne var ki buna zaman kalmamıştı... O sırada dekanımız bulunan Prof. Fehmi Yavuz her türlü polis müdahalesine karşı direniyordu, yine de polisin fakülteye girmesini önleyememişti. 26-27 Mayıs gecesi yakın dostumuz gazeteci Leyla Çambel'e davetli idik. Gece yarısı Selanik Caddesi'ndeki evimize döndüğümüzde üç saat sonra şafak sökmeden kalkacağımızı bilmiyorduk. Ancak bilinçaltı olarak Kızılay meydanına dikilmiş olan dört tankın bize olağanüstü yarınlar hazırlanmakta olduğunu sezdirmişti. Radyoyu kimin açtığını anımsayamıyorum. Gür bir ses silahlı kuvvetlerin yönetime el koyduğunu, NATO'ya ve Birleşmiş Milletler'e "bağlı kalacakları"nı bildiriyordu. Bu sesin Albay Alparslan Türkeş'e ait olduğunu sonradan öğrendik. Şafağın sökmesiyle birlikte sokağa çıkma yasağını uygulamak üzere Harbiyeli öğrencilerin belli başlı caddeleri sardıklarını gördük. Evlerin çoğunun balkonundan sevinç ifade eden yüzler görülüyordu. Harbiyelilere çay ya da soğuk su ikram edenler vardı. Radyo askeri marşlar çalıyor, sabahki bildiriyi tekrar ediyordu.

Milli Birlik Komitesi'ni oluşturan albaylar zihniyet bakımından hiç de türdeş değildi. Bir yandan Alparslan Türkeş doğrultusunda Turancılık ve Kızıl Elma hayalleri ile avunan Muzaffer Özdağ gibi maceraperestler vardı, onlar SBF'ye gelip yalnız genç elemanlarla temas kuruyorlardı, sanırım daha sonra büyük bir haksızlığa yol açan 147'ler olayını hazırlayanlardan bir kısmı onlardı. Öte yandan askeri müdahaleyi Türk demokrasisini güçlendirmek için kullanmak isteyenler bulunuyordu. Cemal Madanoğlu'yu onların başında sayarım. Ancak bu müdahale ile yeniden militarist bir diktatörlüğü kurmak isteyen totaliter zihniyetli bir grup da vardı. Bunların başında daha sonraları 147'ler grubunda yer alan Esin Numan, Fazıl Akkoyunlu, Orhan Kabibay geliyordu. Bugün bu konuya ilişkin çeşitli tarihi araştırmalar, bu arada Türkiye'nin yürekli basın mensuplarından genç yaşta yitirdiğimiz Örsan Öymen'in *Bir İhtilal Daha Var* türünden önemli yayınları bulunmaktadır. Bu araştırmalarla çeşitli devrim teşebbüslerine karışmış olanların anılarından hayli ilginç bilgiler elde etmek mümkün. Oysa olaylar cereyan ettiği sırada insan kendini girift bir biçimde iç içe girmiş vahşi bir ormanda sanıyordu. Olayları o sırada sağlam mantık yerine daha çok sezi ile değerlendiriyorduk.

Evet, 1960 yılı Abadanlar için heyecan dolu aylar getirmişti. Mayıs'ta NATO'nun amaç ve değerleri konusunda Yavuz'la birlikte Freiburg Üniversitesi'nin düzenlemiş olduğu bir seminere katılmış, günübirlik, dörtlü işgal kuvvetleri tarafından yöneltilen Berlin'e gidip savaşın yıkıntılarına tanık olmuştuk. Türkiye'deki olayların cereyanı karşısında apar topar yurda dönmüş, iki gün sonra ise askeri müdahale ile karşı karşıya kalmıştık. Yine aynı yılın temmuz-ağustos aylarında daha önce kararlaştırıldığı üzere eski Amerikan Dışişleri Bakanı Henry Kissinger'ın o sırada Harvard

Üniversitesi öğretim üyesi sıfatı ile düzenlemiş olduğu uluslararası bir seminere katılmak üzere, bu ünlü üniversitenin yer aldığı Cambridge kentine gitmiştim.

SBF'de yeni anayasa semineri

Döndükten sonra bu sırada özellikle Tahsin Bekir Balta ile Yavuz Abadan'ın girişimi ile SBF'nin kamu hukuku grubu üyeleri kolları sıvayıp bir anayasa taslağı hazırlamaya koyuldular. Öte taraftan İstanbul kamu hukukçuları başta Hıfzı Veldet Velidedeoğlu'nun başkanlığında büyük bir gizlilik içinde, Uludağ'ın eteklerinde bir taslak hazırladıkları rivayetleri dolaşıyordu. Bu taslakta Anayasa Hukuku profesörleri dışında bulunan nüfuzlu çevrelerin dileklerinin de yer aldığı söyleniyordu. Bu durum SBF'deki arkadaşlarımızı samimi bir endişeye düşürmüştü. Demokrasiyi yeniden yapılandırmak için iktidara el koymuş olduğunu ilan eden albayları daha yoğun bir şeffaflığa itmek için Tahsin Balta'nın müdürlüğünü yaptığı ve o zamanki yasa gereği özerkliğe sahip olan SBF İdari İlimler Enstitüsü bir Anayasa Semineri düzenledi. Türkiye'nin o sırada parlamentosuna kilit vurulmuştu, uygulanan sıkıyönetim nedeniyle hiçbir yerde özgür tartışma yoktu. Fakülte düzeyinde yapılan seminerimiz bu yapay sessizliği birdenbire yırttı... İlk günden başlayarak SBF'li öğrenci ve öğretim üyelerinden başka ünlü gazeteci ve normal faaliyet yapmaktan men edilmiş bulunan siyasi partilerin temsilcileri de bu akademik etkinliğin sürekli izleyicileri oldu. 1950'lerin ikinci yarısında Demokrat Parti'de Adnan Menderes'e karşı "ispat hakkının" tanınması için mücadele eden, daha sonra Hürriyet Partisi'ni kuran, bu partinin 1957 genel seçimlerinde başarısız olması üzerine CHP'ye katılan Turan Güneş, keza genç yaşta bir uçak kazasında yitirdiğimiz Turhan Feyzioğlu, o sıralarda henüz politikaya atılmamış, günümüze dek aydınlanmamış bir cinayete kurban giden Muammer Aksoy gibi meslektaşlarım, Türk kamuoyunu anayasal konularda duyarlı kılmak için, bu semineri bir parlamento oturumu haline dönüştürmeyi başardılar.

O sırada demokratik düzenin özgürlükçü bir anayasa metni ile kurulabileceği konusunda yaygın bir oydaşma (konsensüs) vardı. Ayrıntılı şekilde ele alınan başlıca sorunlar şunlardı:

1) 1924 anayasası yenilenmeli midir?
2) Anayasada yapılacak değişikliklerle yetinmeli mi yoksa yeni bir anayasa mı hazırlamalı?
3) Yeni bir anayasa taslağını bir Kurucu Meclis mi yoksa başka bir organ mı hazırlamalı?
4) Anayasa çerçevesinde siyasi partilerin rolü betimlenmeli midir ?
5) Seçim yasası nasıl olmalıdır?
6) Çift meclis olsun mı?
7) Temel hakların anayasal teminatı nasıl sağlanmalıdır?

Bu yaşamsal önem taşıyan sorular günlerce SBF'nin eski profesörler kurulunda elektrikli bir havada tartışılmıştır. Konuya yakın bir ilgi gösteren Milli Birlik Komitesi'nin üyeleri de düşüncelerini ortaya koyuyorlardı. Bu açıdan bakılınca 27 Mayıs Devrimi –askeri müdahale– kuşkusuz önemli bir özellik taşımaktadır: ihtilalciler darbeden önce gerçek komitacı yöntemlere başvurdukları halde daha sonraları alışılmamış demokratik ortam içinde, kökleştirmeye çalıştıkları siyasal düzenin karakterini belirlemeye çalışmışlardır. Denilebilir ki Türk kamuoyu SBF semineri sayesinde yeni iktidar sahiplerini değişik siyasi ve ideolojik yönleri ile birlikte tanıma fırsatını bulmuştur. Bu konuda sanırım insancıl demokratik değerlerin hukukla perçinlenmesi gereğine ve hukuk devletinin tüm ilkelerinin üstünlüğüne inanan Tahsin Bekir'in hizmeti büyüktü.

O sırada SBF'li öğretim üyeleri Türkiye'nin müstakbel siyasal kaderinden adeta şahsen sorumlu oldukları inancını taşıyorlardı. Her birimiz sanki bu oluşuma yön vermeliyiz kanaatini besliyorduk. SBF'nin tutumu o yıllarda Fransa'nın siyasal kaderine önemli ölçüde günümüze dek yön veren ünlü ENA ile kıyaslanabilir. Oysa bugün SBF artık ülkeyi kana, karışıklığa, kaosa götüren ulusal sorunlar karşısında hangi çözüme taraftar olduğunu Türk kamuoyuna bildirmiyor, daha doğrusu bildiremiyor. Düzenli olarak toplanan akademik kurullar kalmadığı gibi fakültelerin özerk araştırma merkezleri de kaldırılmıştır. YÖK kurulduktan sonra üniversiteler kendi alanlarında bir yol çizmekten alıkonuldu, günümüzde ise önce siyasi, daha sonraları olağanüstü hal (OHAL) nedeni ile rektörlerin oluru ile yüzlerce genç personel bir daha geri dönme olanağı olmayan biçimde akademi dünyasından uzaklaştırılmış bulunmaktadır.

Günümüz Türkiye'sinde üniversiteler kısmen siyasal iktidarın baskısı, kısmen geniş sayıda gençlere kitlesel uzmanlık bilgisi vermeye yönelik politikalar nedeni ile karakter değiştirmişlerdir. Günümüz Türkiye'sinde önemli araştırmalara yer veren bilim ocaklarının sayısı olağanüstü azdır. Üniversitelerin çoğu yetersiz eğitim veren liselerin boşluklarını doldurmaya çalışan, sınırlı bir ölçüde mesleki beceriler kazandıran yüksek okullardır. Bu değişim popülist bir politika sonucu olarak "tabela üniversite"leri yaratan politikacıların ürünüdür. Türkiye son yirmi yılda önemli ölçüde "beyin göçü"ne, "yaratıcı zekâ erozyonu"na sahne olmaktadır. Gençlerin karşılaştıkları önemli diğer bir etken dijital dünyanın sunduğu sayısız öğrenim kaynaklarını bulabilme ve ondan yararlanabilme yeteneğini kazanmaktır. Günümüzde gençlerin düşünce dünyasını internet, sosyal medya kaynakları, iletişim alanında twitter, Facebook ve benzerlerinin sunduğu imkânlar karşılamaktadır.

Gençler, duygularını kısaltılmış harfler ya da emojilerle ifade etmek gibi yeni iletişim yollarını tercih etmektedir. Bu önemli değişiklikler siyasal alanındaki tercihlerine de damgasını vurmaktadır. Ulusal ve uluslararası düzeyde ortaya atılan yeni kavramlar –çoğu kez sloganlaştırılmış biçimiyle– daha çok belli bir dünya görüşü yansıtan fikir adamları, yüksek tirajlı basında köşe başlarını tutmuş kalem sahipleri ile siyasal polemiğe egemen olan politikacıların kullandıkları ve güvenilir bilgileri perdelemeye yarayan kavramlardır. Günümüzde medyatik bir kişilik kazanma arzusuyla birçok bilim insanı, ayrıntıya yer veren bilimsel analizler yerine çok kısa kurulmuş cümlelere sığdırılan reçeteler sunmaya özen göstermektedir. Günümüz dünyasında aşılmayan sınırlar olmadığı için etnik, dinsel, ırksal farklılıkları vurgulamak ve "yapay sınırlar" yaratılmak suretiyle yeni çıkmazlar yaratılmaktadır. Post modern dünyamızda demokrasinin yaşama şansı sorusu giderek artan bir önem taşımaya başladı.

Oysa 1960 yılının sonbaharında işler ne kadar değişikti... SBF, de kurulan mini-parlamento insanın zihninde kolay kolay silinmeyecek nice şahsiyetlerin resmi geçidine tanık olmuştur. O sırada yeni doçent olan Mümtaz Soysal yeni bir anayasa yapacak yerde 1924 Anayasası'nın eksiklerinin giderilmesini, Türkiye'nin "kuvvetli hükümet yerine sorumlu hükümet"e muhtaç olduğunu savunmasına karşın, Nihat Erim, Turan Güneş, Muammer Aksoy 1924 Anayasası'nın otoriter devlet tipini yansıttığını, oysa günümüzde hukuk devletinin gerekli olduğunu vurguluyorlardı. Seminer günlük olayları bile biçimlendirmiştir. Kurucu Meclis nasıl oluşturulmalı tartışmaları sırasında 27 Mayıs Devrimi'ni hazırlayan kişilerden Milli Birlik Komitesi üyelerinden Osman Köksal 7 Kasım 1960 günü: "Milli Birlik Komitesi iktidarı devredecektir. Ne zaman? En geç 1961 sonbaharına kadar. Bu ağustos da olabilir. Eylül de... Hatta 29 Ekim de olabilir, fakat 30 Ekim olamaz!" ifadesinde bulunmuştur. İki gün sonra, 9 Ekim 1960 tarihinde ise keza Milli Birlik Komitesi üyesi Fazıl Akkoyunlu yaptığı konuşmada şöyle demişti: "27 Mayıs hareketi hasbelkader üstümüzde kaldı. Biz bu emaneti bir an evvel millete iade etmek istiyoruz. Bunu yapmazsak Anayasayı çiğnemiş sayılırız ve Yassıada'da yer yoksa Sivri Ada'ya gideriz!"

İnsan önemli toplumsal çalkantıların cereyan ettiği bir sırada olup biten siyasal olayları değerlendirememektedir. Bununla beraber bazı eğilimler açıkça gün ışığına çıkmıştı. Daha sonra Türkeş tarafından finanse edildiği anlaşılan *Öncü* gazetesinde çıkan bazı yazı ve yorumlardan demokrasi yanlısı ve karşıtı güçlerin perde arkasında çatıştıkları anlaşılıyor. Nitekim iktidarı sivillere devretme, parlamentoyu yeniden açmak, Türk toplumunu daha geniş özgürlükler getiren bir anayasal düzenine kavuşturmayı amaçlayan Madanoğlu ve arkadaşlarının karşısında bu devrimi CHP'yi iktidara getirmek için yapmadıklarını ileri süren Kabibay, Erkanlı, Türkeş eğiliminde Milli Birlikçiler vardı. Sonuç olarak klasik devrim teorilerinin aksine, "Termidor" yerine "Yumuşak iniş"e geçildi. 13 Kasım 1961'de 14'ler adı verilen ve anti-demokratik eğilimler taşıdıkları anlaşılan Milli Birlikçiler, Avrupa, Asya ve Amerika gibi değişik ülkelere ataşe mililer olarak gönderildiler.

Şu kadar ki bu bölünme sadece askerler arasında değil, üniversite çevrelerinde de kendini gösterdi. 27 Mayısçılar Demokrat Parti döneminde yerlerde sürüklenen İstanbul Üniversitesi Rektörü Ord. Prof. Dr. Sıddık Sami Onar başkanlığında bilimsel bir heyet oluşturup, kendilerine yeni bir anayasa hazırlama görevini vermişti. Aralarında İstanbul Hukuk Fakültesi genç doçentlerinden Tarık Zafer Tunaya ve İsmet Giritli'nin de bulunduğu bu kurula Ankara'dan sadece

Prof. Dr. Enver Ziya Karal davet edilmişti. Yeni anayasanın önemli bir bölümünü Uludağ'ın serin yamaçlarında kaleme almayı yeğleyen Prof. Dr. Hıfzı Veldet Velidedeoğlu'nun hazırlamış olduğu bu taslakla ilgili olarak çıkan ilk basın haberleri anayasanın korporatif bir karakter taşıyacağı merkezinde idi. Bu tercihe karşı SBF baştan itibaren durum almıştı. Tahsin Bekir Balta ve arkadaşlarının hazırladıkları taslak belli bir meslek grubu, toplumsal sınıf temsiline kesinlikle yer vermemişti.

Ankara seminerinde seçim sistemi, kurulması düşünülen İkinci Meclis konularında gerilimli tartışmalar yapılmıştı. Ancak en hararetli tartışmalar temel haklar konusunda yapıldı. Daha sonraları Türk siyasi tarih konusunda uzun yıllar Paris'in Ulusal Kütüphanesi'nde araştırmalar yapacak olan genç asistan Taner Timur meseleyi çok özlü bir biçimde ortaya koymuştu: "Türkiye'nin bir numaralı problemi ekonomik kalkınma davasıdır. Buna kuramsal planda iki yanıt vardır: Kollektivist ya da demokratik hal çaresi. Biz, 27 Mayıs hareketi ile demokratik şıkkını yeğledik. Bu nedenle 27 Mayıs gibi liberal bir hareket, hürriyeti kısıtlama yolu ile sonuçlanamaz!"

Bu konuda Yavuz Abadan da önemli bir noktaya dokundu: "Hürriyet hakları ile sosyal haklar arasında bir karşılaştırma yapmak mümkün değildir. Bunlar içerik itibariyle tamamen farklı statülerdir. Hürriyet hakları insanın insan olarak doğmasının tabii ve zorunlu bir sonucu olarak devletten önce ve devlete üstün sayılan temel esas haklardır. Sosyal haklar ise her ülkede ekonomik olanaklarla ölçülü, sınırlı haklardır." Benzer bir düşünce Münci Kapani tarafından da dile getirilmişti: "Hürriyetlerden herkesin faydalanabilmesi için bunların sosyal haklarla tamamlanması gerekir. Ancak sosyal haklar ön plana ve zorunlu olarak geçtiği zaman bir tehlike belirmektedir."

Seminer, Ankara ve İstanbul tasarılarının temel haklar açısından farklı bakışların sergilenmesine de olanak tanımıştır. Sorunu vatandaşlık hukuku açısından ele almış olan İlhan Unat bu farkları şöyle belirtmişti: "Her iki anayasa tasarısında temel haklara yer verilmiştir. Şu kadar ki İstanbul tasarısında örneğin toplanma ve yürüyüş yapma hakkı (mad. 19), dernek kurma hakkı (mad. 20), seyahat etme hakkı (mad. 21) sadece Türklere tanımak suretiyle hukukun temel ilkesi bir yana bırakılmış görünmektedir. Kanaatime göre bugünkü evrensel insan hakları görüşü açısından böyle bir istisna yaratmak bir çelişki doğurmaktadır. Aslında sadece siyasi hakları vatandaşlara hasredilmesi ve diğerlerinin bütün insanlığa şamil haklar olarak yabancılara verilmesi uygun olur."

Sonuç olarak denilebilir ki SBF İdari İlimler Enstitüsü'nün düzenlemiş olduğu seminer Türkiye'de demokratik bir düzene geçişte özel bir rol oynamıştır. Bunun en önemli göstergelerinden biri o sırada devlet başkanı ve başbakan olan General Cemal Gürsel, ODTÜ Rektörü Prof. Dr. Turhan Feyzioğlu'nu "Kurucu Meclis Statüsü"nü hazırlamakla görevlendirmiştir. 25 Ekim 1960-24 Aralık 1960 tarihleri arasında SBF profesörler kurulu salonunda yapılan on dört oturum boyunca salonda her defasında iki yüz-üç yüz arasında değişen meraklı dinleyiciler vardı. Milli Birlikçilerden Ahmet Yıldız, Osman Köksal, Suphi Karaman, Sami Küçük tartışmalara sık sık katılmışlardır. Bu açıdan denilebilir ki 27 Mayıs devriminin Türk toplumuna benimsetmeye çalıştığı daha geniş özgürlüklerle temel hakların inşasında gerek İstanbul gerekse Ankara üniversiteleri kendilerine düşen tarihi sorumluluğu yerine getirmişlerdir. Unutulmamalıdır ki 1960 öncesi Türk vatandaşlarının birçok haklar meyanında seyahat hak ve özgürlüğü anayasal teminata kavuşturulmamıştı. Yurtdışına çıkmak politikacılarla işadamları dışında sadece üst düzey memurların hizmet gerekçesi ile yapabildikleri bir etkinlikti. Onun dışında kalanlar için tek bir yol kalmıştı: ya sağlık nedenlerinden ötürü yurtdışında tedavi olabilmek için tam teşkilatlı bir hastanenin yetkili kurulundan resmi bir belge almak ya da tanıdık bir milletvekili veya bakan yardımı ile idari takdire dayalı bir pasaport sağlamak. Nitekim dış ülkelere giden Türk işçilerin sayısal olarak büyük akımı ancak 1961 anayasasının kabulünü izleyen yıllara rastlamaktadır. Daha sonra referandum yolu ile Türk seçmenlerin yüzde 62'si tarafından onaylanan 1961 Anayasası kuşkusuz Türk toplumunun benimsemiş olduğu en özgürlükçü temel hukuk metni sayılır. Ne yazık ki insan hakları anlayışı ile bağdaşmayan, tipik otoriter bir siyasal yargılama yolu ile idam ve hapis cezaların verildiği Yassıada Mahkemesi'nin kararlarının yarattığı yoğun eleştirel fikir iklimi baştan itibaren bu temel yasanın ömrünü kısaltan ana etken olmuştur.

Yassıada Mahkemesi ve davalar

Yassıada'da intikam alıcı bir zihniyetle açılan davalar Türkiye'nin ulaşmak istediği demokrasiyi sağlam esaslara oturtmak dilekleriyle hiç bağdaşmamıştır. Türk kamuoyu "Bebek" ve "Köpek" davalarını gülünç ve adaleti gerçekleştirmek isteyen bir hukuk anlayışı ile bağdaşmayan girişimler olarak değerlendirdi. Opera sanatkârı Ayhan Aydan ile dönemin başbakanı Adnan Menderes arasındaki özel ilişkilerinin, bir çocuk sahibi olma isteğinin kamuya hesap verilecek bir yönü yoktu. Ayhan Aydan, mahkeme huzurunda bu kişisel bağlantıyı cesur bir şekilde ortaya koyarak, adalet mekanizmasının nasıl kullanılmaması gerektiğini ispat etmiştir. Aynı grotesk suçlama, dönemin cumhurbaşkanına Afganistan tarafından hediye edilen tazı köpeğinin nereye emanet edildiği konusunda da ortaya çıkmıştır. Parlamenter sistemde iktidarın yargıya müdahalesi, basın özgürlüğünün aşırı şekilde kısıtlaması sorgulanmayan, buna karşın kişisel özgürlüğü ağır şekilde kısıtlayan ve özellikle idam konusunda verilen telafi edilemeyen cezalar başta Batılı ülkelerde olmak üzere Türkiye'de olumsuz yankı ve eleştiriler yaratmıştı. Yabancı devletlerin temsilcileri başta idam olmak üzere şiddete dayalı cezaların verilmemesi için kollarını sıvamışlardı. Yavuz'u yakından tanıyan Alman büyükelçisi birkaç günlüğüne İstanbul'a geldiğinde o sırada Büyükada'da olduğumuz için kendisini ziyaret etmek istediği haberini bizlere bildirmişti. Büyükelçiyi atlı araba ile küçük tura çıkarmıştık. Arabada bulunduğumuz sırada büyükelçi Yavuz'dan, CHP ile olan sıkı bağlarını bildiğinden, Başbakan Adnan Menderes, eski Dışişleri Bakanı Fatin Rüştü Zorlu ve eski Maliye Bakanı Hasan Polatkan'ın idamlarının önlenmesi için aktif bir müdahale istedi. Yavuz vaktiyle CHP'nin TBMM'de parti yönetim kurulunda birlikte bulunduğu Adnan Menderes'i, takdir ettiği Fatin Bey'i ve zamanında yüksek öğrenim yapabilmesi için ailesini ikna etmiş olduğu Hasan Polatkan'ın affedilmeleri için elinden geleni yapacağına söz vermişti. Bir iki gün sonra Ankara'ya döndüğümüzde bu göreve ciddiyetle eğilip, her kapıyı çalmıştır. Ne var ki o dönemin gerçek iktidar sahipleri Türkiye'nin içinden ve dışından yükselen seslere kulak vermeyip, en radikal çözümü, idamı yeğlemişlerdi...

Siyasi sorumluluğun ancak oy sandığında ödeneceği, yaşam hakkının temel bir insan hakkı olduğu gerçeği o zaman kavrayamamışlardır. Bugün de aynı doğrultuda istekler ortaya çıkınca yirminci yüzyılda işlediğimiz ağır suçun hâlâ yirmi birinci yüzyılda gündemimizde yer alması, tarihten ders almanın ne kadar güç olduğu bir kez daha anlaşılmaktadır.

Türk kamuoyu o yılın sonbaharında 18 Eylül 1960 tarihinde infaz edilen idam cezalarının ülke çapında ve özellikle kırsal kesimde yarattığı büyük kederin üstesinden gelmeden, bu defa ordudan tasfiye edilen yüksek sayıda subaylar –EMİNSU– olayı ile karşı karşıya kalmıştı. Ancak kapalı kapılar arkasında alınan köktenci tasfiye hareketlerinin sonu gelmemişti...

Üniversiteler ve 147'ler olayı

1961 Ekim ayında Cumhuriyet Bayramı'ndan bir iki gün önce, bir dönemin doğu illeri bölge valiliğini yapmış olan CHP milletvekillerinden Avni Doğan ve eşinin evimize gece ziyareti sırasında telefonda tanımadığım bir gazeteci bana şu soruyu yöneltmişti: "Milli Birlik Komitesi Türk üniversitelerine mensup 147 öğretim üyesini tasfiye etmiştir. Eşiniz profesördür. Yavuz Abadan da bunlar arasında yer almaktadır. Sizi listeye koymadılar, acaba neden?" Hayatımda şiddetini hatırlayamadığım kadar ağır bir şok bir anda beynimi durdurdu. Yavuz tasfiye edilmiş... ben atılmamışım... nasıl olur!? Ömrünü Atatürk'ün ilkelerini öğretmeye adamış, önüne gelen herkese yardım elini uzatmaktan başka hiçbir şey yapmamış bu insana bu darbe nasıl indirilir? Kendimi toparlamam gerekti, evde misafirler vardı, Yavuz ise "Telefonda bu geç saatte senden ne istiyorlar?" diyordu. Açıklamak, acının altında tümden yok olmamak, bana çok zor geldi... Gerisini pek hatırlamıyorum, sadece Avni Bey'in telefonun başına geçip daha fazla bilgi almak için *Ulus* gazetesini aradığını... Ertesi sabah haberi duyan ve olayın şokunu atlatamayan, bizi merak eden, tepkilerimizi ölçmek isteyenler evimize doluştu. İçlerinde daha sonraları MİT hesabına çalıştığını öğrendiğim eski bir öğrenci de vardı. Neden, niye diye haykırırken bana Yavuz için "Sol eliyle yazıyor" demişti. Bugüne kadar Yavuz'un bu listeye nasıl, niçin girdiğini tam olarak öğrenemedim. "Sol görüşleri" nedeni ile tasfiye edilenler konusunda en geniş bilgiyi

Nurşen Mazıcı "Öncesi ve sonrasıyla 1933 Üniversite Reformu" (*Birikim*, Ağustos 1995) makalesinde vermiştir. Ben yıllar boyunca ancak mozaiğin ufak parçalarına ulaşabildim. Buna göre özellikle İstanbul'da tıp fakültelerinde önleri açılmayan bir kısım doçentler yükselmelerini sağlama almak için askerlerle işbirliğine gitmişler, başka bir deyimle Truva atı örneği, kaleyi içten fethetme yolunu yeğlemişlerdir. Bunların başında İstanbul Üniversitesi'nin eski rektörü Cemil Bilgel'in damadı, asker kökenli Dr. Cihat Abalıoğlu bulunuyordu. Etrafına kümeleşen, Ankara Üniversitesi'nde de benzer bir odak yaratan klikler çeşitli fakültelerde yükselen şikâyetlere de kulak vermek suretiyle, "içten gelen talepleri" de hesaba katarak listeler hazırlamışlar. İş bir kere bilinmeyen bir gücün arkasına saklanan muhbirlere kalınca, akla gelen gelmeyen gerekçelerle insanları lekelemeye çalışmışlardır. Listeye baktığımda o zamanın Türkiye'sinde tıp, hukuk, teknik konularda önde gelen isimlerin çoğu yer alıyordu. Bu arada hiçbir siyasi faaliyete karışmamış genç elemanlar da vardı. Yavuz için sızan dedikodulardan birkaçı şunlardı: sola sempati göstermesi, asıl görevi olan Hukuk Fakültesi'ndeki odasına hiç uğramaması, bazı DP ileri gelenleriyle dostluğunu sürdürmesi. Bu isnatların hepsine verilecek yanıtlar vardı: Yavuz ömrü boyunca sosyal adalet ve sosyal hukuk devletini savunmuş bir fikir adamı olmakla beraber yaşamının hiçbir kesitinde komünizme yakınlık göstermemiştir. Bu tutumunun pek çok nedenleri arasında mensubu olduğu Tatarların Stalin tarafından Kırım'dan sürülmesi ve Sovyet Rusya'nın içlerinde André Gide, Romain Rolland gibi bazı naif Batılı düşünürlerin sandığı gibi insanlığa yeryüzündeki cenneti gerçekleştirmiş bir toplum yaşamı sunmamış olduğuna ilişkin bilgileri yer almaktadır. Hukuk Fakültesi'ndeki odasına uğramamasına gelince, bu oda üst katta idi, bacaklarında ilerlemiş varisleri nedeni ile merdivenleri güçlükle çıkan Yavuz için bu odaya gidip gelmek zaman zaman bir eziyet sayılıyordu. Ayrıca Yavuz ailesini geçindirme sorumluluğu nedeni ile tek bir kurumda hocalık yapmakla yetinemiyor, daha yakınlık duyduğu SBF'de ders veriyordu. Ayrıca her iki kurumdaki genç akademik personel gibi "Bilgi ve görgüsünü ilerletmek" üzere yurtdışına çıkmadığından, giden tüm meslektaşlarının derslerini fahri olarak üstleniyordu. Öyle ki bir sömestr hiç istemediği halde haftada on dokuz saat ders yükü olmuştu. Buna bir de Eskişehir'e olan derin bağlılığını katmak, oralara da koşup İktisadi Ticari İlimler Akademisi'nde de ders okutmasını eklemek gerekir. Özetle onu odasında bulamayanların diğer kürsülere de bakmaları gerekirdi. Ne var ki bence bu gerekçelerin tümü asılsızdı. Kanımca derin görüş ayrılıkların bulunduğu Milli Birlikçiler arasında kim bilir, kimlerle anlaşıp dumandan göz gözü görmediği bir odada gecenin geç saatlerinde bu listeyi oluşturmuşlar...

Biz, SBF'de bırakılıp kalanlar, büyük bir infiale neden olan olayı protesto etmek üzere hemen topaklandık. SBF'ye özgü "esprit de corps" gereğince başka kurumlarda titizlikle korunan asistan/doçent/profesör ayrımı yapmaksızın, hepimiz bir araya geldik. SBF bu büyük haksızlığın vakit kaybetmeksizin giderilmesini talep etmişti. 147'ler olayına bizzat İsmet Paşa'nın sahip çıkması ve bu büyük haksızlığın bir an önce tamir edileceğini vaat etmesine karşın kederim ve üzüntüm günden güne artıyordu. Kararın tebliğini izleyen aylarda hiç değilse altı ya da yedi defa Prof. Tahsin Bekir Balta'ya istifa dilekçemi sundum. Ancak Tahsin Hoca büyük bir öfke ile her defasında hazırladığım dilekçeyi yırtıp atıyor, benden istifa dilekçeleri yerine yeni araştırmalar yapmamı istiyordu.

Öğrencilerin serbest zaman etkinlikleri

İşte bu yüreklendirme sonucu daha ileride büyükelçi kademesine ulaşmış olan bir grup üstün yetenekli öğrencilerle "Türk Öğrencilerin Serbest Zaman Etkinlikleri" konulu, ampirik bir araştırmayı gerçekleştirdim. Dışişlerine girdikten sonra Avusturya, Avrupa Konseyi, Hollanda büyükelçisi olarak hizmet etmiş olan Türkiye'nin ilk kadın büyükelçisi Filiz Dinçmen, aynı dönemde Türkiye'yi Çekoslovakya'da temsil etmiş olan eşi Üstün Dinçmen, yine daha sonraki yıllarda Türkiye'yi Birleşmiş Milletler nezdinde temsil etmiş olan İnal Batu, keza daha sonraları Tokyo büyükelçiliği yapmış olan Umut Arık, o zamanlar hepsi diplomasi şubesinin parlak bir gelecek vaat eden iyi öğrencileri idi. Onlarla altı hafta boyunca her gün Selanik Caddesi'ndeki evimize öğleden sonra toplanıp devrin gençlik sorunlarını yansıtacak olan soruları ortaya dökmeye çalıştık. Umut Arık'ın her gün saat dörde çeyrek kala "kısa bir işim var, on beş dakika sonra döneceğim" demesine bir anlam veremiyordum, ancak gönüllü bir işte çalışanı elbette sorgulayamazdım. Meğer o sırada abayı yakmış olduğu müstakbel eşi Maarif Koleji'nden çıkıyormuş, o da beğendiği kız arkadaşını kısa da olsa görmek için çırpınırmış.

O günden bu yana köprülerin altında çok sular akmış, acaba bugünkü gençler bu tür bir heyecan tattılar mı? Bu sorum anlamsız. Her devir kendi değerlerini yaratır.

1961 Anayasası gerçekten Türk yurttaşlara birçok yeni haklar getirmişti. Bunlardan çok önemli olanlardan biri her vatandaşa hak olarak tanınan seyahat etme özgürlüğüdür. 1961 Anayasası ayrıca çok önemli özerk kurumlar da yaratmıştır. Bunların başında üniversite özerkliği yer almaktadır. Ayrıca o dönemde devlet tekelinde kalmakla birlikte radyo ve henüz kurulmamış olan televizyona da özerk bir yönetim hakkı tanınmıştı. Ne yazık ki üniversite özerkliği 12 Eylül

1980 darbesiyle, iletişim alanında çok yönlü bilgilendirme ile eğlendirme işlevini de içeren kitle iletişimi alanında TRT'nin özerk bir kamu kurumu olduğunu belirten madde ise daha 12 Mart 1972'deki askeri müdahale ile tarihe karıştı.

2020'de bu anıları gözden geçirdiğimde 1959 yazında Kilyos'ta Rockefeller Vakfı tarafından finanse edilen ve birinci hafta kamu hukukçuları, ikinci hafta ekonomist ve iş adamları, üçüncü hafta ise sivil toplum örgüt temsilcileri ile azınlıklar temsilcilerini bir araya getiren, kamuoyuna aksetmeyen o tarihteki çalışmalar gözümde bambaşka bir karaktere bürünüyor. Soğuk savaş sırasında Batı dünyasını kendi iradesi altında biçimlendirmeye başlamış olan Birleşik Amerika önce Marshall yardımı, daha sonra "demokrasi dileklerini güçlendirme" kararı ile uluslararası alanında usta bir toplumsal mühendislik uygulamasına girişmişti. Bu çabaların başlangıçtaki hedefleri ne kadar isabetli olmuşsa, daha sonra ne yazık ki dar milliyetçi, etnik kimi grupları dışlayan, militarist teşebbüsleri davet etmiş ve Türk toplumunu 1983'te iktidarı denetlemeyen yeni, kamu özgürlüklerini kısıtlayan bir anayasaya doğru götürmüştür.

Başta İsmet Paşa olmak üzere dönemin hükümeti 147'ler olayını olumlu bir çözüme ulaştırmak için durmadan çaba harcadı. 12 Eylül 1980'den sonra 1402 sayılı yasa ile yüzlerce üniversite mensubu ile birlikte kamu yönetiminde de geniş çaplı bir tasfiye yapmış olan askeri yönetimi izleyen ilk sivil hükümetin aksine olarak 147'ler olayında CHP kamuoyunun ilgisini sonuna kadar uyanık tutmayı borç bilmiş, işlenen haksızlığı tamir ve kürsülerinden uzaklaştırılan hocaları eski ocaklarına iade için sistematik bir çalışma yapmıştır. Böylece 18 Nisan 1962 günü –Yavuz'un elli yedinci yaş gününde– gözlerinden sevinç yaşları ile TBMM senatosunun dinleyiciler balkonundan 147'ler olayını tasfiye amacını güden ve hukuki durumu sanki böyle bir tasarruf yapılmamışçasına tekrar eski haline getiren yasanın kabulüne tanık olabilmiştim. Özellikle benim için büyük bir bayram olan bu olayın kapatılmasını aynı gün akşam üzeri evde kutlamıştık.

Berlin Hür Üniversitesi'nde bir sömestr

Birkaç gün sonra ise Yavuz, 1962 yaz sömestrinde ders vermek üzere davet edildiği Hür Berlin Üniversitesi'nin Siyaset Bilimi Fakültesi işlevini gerçekleştiren Otto-Suhr Enstitüsü'nün davetlisi olarak bizler, oğlum Mustafa Kemal ve yeğenimiz Kâmile ile ben Federal Almanya'nın yolunu tuttuk. O sırada Berlin Üniversitesi'nin rektörlüğünü yapan, bir ara Türk vatandaşlığını da seçmiş bulunan Ankara Üniversitesi Hukuk Fakültesi'nin Hukuk Felsefesi hocası Prof. Dr. Ernst Hirsch vaktiyle Yahudi hocaları meslekten çıkarılınca Türkiye'nin kendisine kucak açtığını unutmamıştı. O da akademik yaşamından isteğine rağmen uzaklaştırılan bir meslektaşını yeniden itibara kavuşturmak üzere girişimde bulunmuştu. Ancak Yavuz kendisine karşı işlenen bir haksızlık, kendi ülkesinde giderilmedikçe yurtdışına gitmeyi kabul etmemişti. Bereket versin TBMM yasama faaliyetleri resmi davet tarihinden önce gereken düzeltmeyi yapmıştı, böylece bizler uzunca bir aradan sonra yeniden değişik bir akademik ortamda yaşama imkânına kavuşmuştuk. Berlin'in Dahlem semtinde bulunan enstitüde diğer Alman meslektaşlarla birlikte çok canlı tartışmalarla dolu geçen seminerler yapıldı, bunların çoğuna ben de katıldım. Boş zamanlarda ise ikiye bölünmüş Berlin'i kuşatan göl ve ormanlarında gezintiler yapmak olanağı doğmuştu. Alman aydınları ise aralarında Nazizm'i oluşturan etkenleri araştırıyor, sosyal demokrat partinin bu korkunç diktatörlüğün kurulmasını neden önleyemediği konusunu tartışıyorlardı.

Yeni bir araştırma alanı: Dış göç

Ağustos 1962'de Türkiye'ye döndüğümüzde yaşamımızda yeni bir dönem başladı. İlk defa ev sahibi olduk. Kavaklıdere, Kıbrıs Sokak 16 numaralı, Efes Apartmanı'nın bahçeye bakan üst katındaki dubleks dairemize taşınabildik. 1961 Anayasası'nın ilk defa olarak anayasal yoldan teminata kavuşturulan üniversite özerkliği sayesinde akademik yaşamımıza büyük bir canlılık gelmişti. Hayat uzun yıllar süren üzüntülerden sonra birdenbire daha çekici göründü. 1962-67 yıllarını kapsayan beş yıl içinde yeni araştırmalar gerçekleştirdim. Türk işgücünün Batı Avrupa'ya akın edişi birdenbire büyük bir hız kazanmıştı. Çalışma Bakanlığı'nı üstlenmiş olan SBF hocalarından Prof. Dr. Cahit Talas'ın önerisi üzerine Devlet Planlama Teşkilatı beni Batı Almanya'daki Türk işçilerin sorunlarını yerinde incelemek üzere dört asistan arkadaşımla birlikte altı haftalığına Almanya'ya yolladı. Elli sekiz kent, doksan altı firmada yaptığımız araştırmada gördüklerimiz, yaşadıklarımızı, karşılaştıklarımızı buraya tüm zenginliği ile aktarmaya imkân yok. Şu kadarki 1963'te sayılan 36.000'i aşmayan ve o zamanlarda henüz rotasyon sistemine tabi oldukları için ailelerini de getirme olanağı olmayan Türk işçileri için daha sonraları yayınladığım *Batı Almanya'daki Türk İşçileri ve Sorunları* (DPT, 1964, Ankara) adlı kitabımda önerdiğim bir dizi önlemler alınabilseydi, bu meyanda bir Dış Göç Bakanlığı kurulabilseydi, otuz yıl içinde sadece Avrupa'da sayıları iki buçuk milyonu aşan Türk işçilerimizin durumu farklı olurdu. Fakat eski hikâyedir bu, "wenn das wörtchen wenn nicht waere" (eğer sözcüğü olmasaydı)... O zamanlar, belki de bir ölçüde bugün de ulus ötesi göç akımına katılan Türklerin seçtikleri ülke ile bütünleşmeleri farklı olurdu. Evet, bizim dış göç sürecine kapılan insanlarımızı ne ne kadar döviz getirdikleri gerekçesiyle sadece altın yumurtlayan tavuğa benzetmemiz, ne de ülke bütünlüğünü koruma gerekçesi ile köyünden evinden söküp attığımız bu insanları desteksiz bırakmamız kabul edilebilir bir tutumdur. Doğudan batıya ya da Anadolu'dan dünyanın başka bir yöresine olsun –çok ciddi–, kişisel, aile çapında acele çözüm bekleyen sorunları vardır, kamu yönetiminin yerel ya da ulusal düzeyde bu sorunlara eğilmesi şarttır.

Bugün Avrupa Birliği'nin kucakladığı ülkelerde yüzde dört buçuk Türk kökenli yurttaş yaşamaktadır. Bu yurttaşlarımızın önemli bir kısmı seçimlerde oy kullanma hakkına sahiptirler. Seçmenlerimiz genellikle Avrupa'da Sosyal Demokrat veya Yeşiller partilerini tercih etmekte, anayurtta ise iktidardaki partiyi desteklemektedirler. Son yıllarda Türk siyasal partilerinin seçim çalışmalarını ulus ötesi alanlara taşımaları ciddi uluslararası anlaşmazlıklara yol açmıştır. Sosyal medya aracılığıyla yayınlanan ve yaygınlaşan görüşler bu anlaşmazlıkları artıran başlıca etkendir.

1963'te gerçekleştirdiğim ilk büyük çaplı araştırmadan sonra elli yılın üzerinde zaman geçmiş bulunmaktadır. Aradan geçen zamanda bu toplumsal sürecin her yönü ile –kadın ve çocukların sorunları, tasarrufların yatırım biçimleri, anayurtta inşa edilen konutlar vs.– uğraşacak, sayısız uluslararası toplantılara davet edilecek, üç yabancı dilde kitap ve altmışı aşan makaleler yayımladım. Ne var ki bilimsel gerçeklerin yürütme erkine dayalı politikalara dönüştürülmesi, çok isabetli, uzak görüşlü programlar gerektiriyor. Bu politikalar ise dün olduğu gibi bugün de giderek ufkumuzdan uzaklaşmaktadır.

SBF'deki Profesörler Kurulu

1961 Anayasası ile birlikte üniversitelere tanınan özerklik statüsü oldum olası kendine özel bir siyasi işlev emanet edildiğini sanan SBF'lileri her çeşit siyasal olaylara karşı olağanüstü duyarlı kılmıştır. Perşembe günleri saat 14.00'te başlayan Profesörler Kurulu küçük bir parlamentoymuşçasına ayrıntılı, önceden basılmış gündeminden başka özdenetimin ve her çeşit eleştirinin yapıldığı bir kuruldu. Sözde üniversitelerde laubalilik ve laçkalığın önüne geçmek için 12 Eylül 1980'den sonra getirilen YÖK hiçbir zaman demokratik bir kurul gibi işlememiştir. Oysa SBF'de bir öğretim üyesinin iki defa üst üste derse girmemesi, izinsiz Ankara dışına çıkması bile uzun tartışmalara yol açıyordu. SBF kurum olarak 27 Mayıs öncesinde ağır suçlamalara maruz kaldığı için 1961 Anayasası'nın getirmiş olduğu haklarla birlikte demokrasinin bekçiliğini yapma görevini de benimsemişti. 60'lı ve 70'li yıllarda siyasal hayatımızın çeşitli bunalım ve çıkmazları karşısında SBF Profesörler Kurulu mutlak surette bir bildiri ile durum almayı alışkanlık haline getirmiştir. Bu bildiri ve kararların zaman zaman tamamen yanlış olgulara dayandığını daha sonra acı bir şekilde öğrenecektik. Nitekim Basın Yayın Yüksek Okulu'nda Mustafa Kuseyri adlı bir öğrenci bir arbedede sağcı arkadaşı tarafından vurulduğunda, SBF Profesörler Kurulu Ankara Üniversitesi'nin diğer öğretim üyeleri ile birlikte cüppelerini giymiş olarak Anıtkabir'e bir yürüyüş yapma kararı almıştı. Oysa bu olayı kurul kararından önce değerlendirmiş olan Basın Yayın Yüksek Okulu Müdürü Prof. Dr. Muammer Aksoy yönetim kuruluna bu cinayetin ileri sürüldüğü gibi sağcılar tarafından değil aksine sol fraksiyonlar arasında bir çatışma sonucunda cereyan ettiğini bildirmiştir. Durumu bilen bazı kurul üyeleri örneğin Orhan Türkay hemen her kriz karşısında acele hareket etmemizin doğru olmayacağını ifade ettiğinde sözleri sağır kulaklara çarpıyordu.

Evet, SBF giderek Türkiye'deki sol hareketlerin odaklarından biri haline gelmişti. Öğrenciler örgütlenme serbestisinden yararlanarak Mihri Belli, Behice Boran gibi tanınmış konuşmacıları davet ediyorlardı. Şu kadar ki SBF'de sağcı muhafazakâr fikirler her zaman savunulmuş, demokratik ortam içinde Ülkücüler de fikirlerini yaymaya devam etmiş, sözcülerinden Alparslan Türkeş ve arkadaşlarını dinleme olanağını bulmuşlardı.

Askeri darbeler

Ortalığın bir türlü yatışmaması, ardı ardına yapılan sağcı görüşleri benimsemiş cuntacıların darbe teşebbüsleri bu gerilmiş atmosferi daha da tırmandırıyordu. 27 Mayıs devrimi silahlı kuvvetler içindeki kaynaşmayı durdurmak şöyle dursun, sayısız üniformalının gönlünde yatan heveslileri ancak cesaretlendirmiştir. Bir yandan ordudan beş bine yakın subayın tasfiye edilerek EMİNSU adlı bir baskı grubunun ortaya çıkması, öte yandan Talât Aydemir, Fethi Gürcan gibi açıktan açığa tek partili sistemi geri getirmeye hevesli cuntacıların bir türlü bu heveslerinden vazgeçmemeleri Türkiye'ye güç günler yaşatıyordu. Böylece önce İnönü'nün basiretli ve cesur müdahalesi ile bertaraf edilen 22 Şubat 1962 harekâtı oldu. Bu teşebbüs "Yetmiş üç isyancı subay"ın emekliye ayrılması ile sonuçlanmıştı. Ancak Yeniçerilerin kazan kaldırma geleneğinden kaynaklanan askerin siyasete bulaşma hastalığı dinmek bilmiyordu. O yılları eşsiz bir yetenek, mizah duygusu ve sağlam bilgilere dayanan araştırıcılık ruhu ile kaleme almış olan rahmetli Örsan Öymen'in kitabının başlığına işlediği gibi *Bir İhtilal Daha Var...* şarkısı bitmek bilmiyordu. Nitekim silah arkadaşlarının başta Türkeş olmak üzere başarılı bir devrim yapıp kendisinin dışarıda kalmasını hazmedemeyen Harbiye okulunun eski kumandanı Talât Aydemir, sadık arkadaşı Fethi Gürcan'la birlikte 21 Mayıs 1962'de bir kez daha şansını denemeye kalkışmıştı.

Hiç unutamıyorum o gece, daha doğrusu şafak sökerken yakın akrabamız Kâmile'nin uyarısı üzerine kalkmış, radyoyu dinlemeye başlamıştık. Ankara'nın ayazı henüz duyulur acılıkta idi, gökyüzü koyu pembeye boyanmıştı. Dört yaşındaki oğlumuz Mustafa Kemal boynuma sarılarak, endişeli bir sesle: "Anneciğim, sen yine askerlerin gelmesinden mi korkuyorsun?" diye sordu. Bereket o gece TRT Radyo müdürü daha sonra Basın Yayın Yüksek Okulu'nda öğrencim olan İlhan Baş yeni ihtilalin beyannamesini okurken, 28. Tümen Kurmay Başkanı Ali Elverdi Radyoevi'nin önüne geldiğinde komutansız üç adet tank ile bir teğmenden başka engelle karşılaşmayınca Radyoevi'ne girip tabanca gücü ile mikrofonu yeniden ele geçirip tasarlanan ihtilali bertaraf etmeyi başarmıştı. Türk demokrasisi bir kez daha derin bir soluk alıp yakayı kurtarmıştı sanıldı... Birkaç ay sonra Talât Aydemir'in duruşmasına gözlemci olarak bir kez gittim. Siyaset psikolojisi dersini vermeye çalışan bir sosyal bilimci gözü ve yüreği sızlayan bir ruh hali içinde askeri mahkemenin huzurunda ifade veren yenik cuntacıları izlemeye koyuldum. Talât Aydemir namlunun gücüne güvenerek toplumu dilediği kalıba sokabileceğine inanmış bir kişilik sergiliyordu. Onun için iktidarın iplerini ele geçirmek en büyük önemi taşıyordu. Fakat kanımca asıl inançlı bir ihtilalci kuşkusuz Fethi Gürcan'dı. İnce, uzun, avurtları çökük yüzü ile bana birdenbire birkaç yüzyıl önce Floransa halkını öbür dünyada cennete kavuşturmak üzere büyük özverilere inandırmaya çalışan ve sonunda kamuya açık bir meydanda yakılarak idam edilen Rahip Savonarola'yı hatırlatmıştı. Fethi Gürcan'ın iç âlemi tüm başarısızlıklara rağmen alev alev yanıyor izlenimini vermişti. O Aydemir'den farklı olarak "kanlı bir ihtilal" yapmak arzusu ile yanıp tutuşmuş, bu özlemini mahkeme huzurunda da ifade etmişti. Ne var ki yakalanışı, kelle koltukta gezen gözüpek birine yakışmayacak tarzda olmuştu. Önce Alman Büyükelçiliği'ne sığınmaya çalışıp, bu emelinde başarılı olamayınca Alman sefaretinden sağladığı bir sivil elbise ile İstanbul yolunu tutmuş olan Fethi Gürcan, Bolu kavşağında bindiği otobüste yakalanacaktı. Birinci darbeyi barışçı yollardan çözmüş olan İnönü aynı eyleme kalkışan aynı kişiler için ikinci defa ortaya çıkmadı. Dolayısıyla 21 Mayıs harekâtının baş aktörleri de askeri yasaların kesin hükümlerinden kurtulamayıp fikirleri uğruna yaşamlarını yitirdiler. Fakat Albay Talât'ın 21 Mayıs sabahı Çankaya emniyet amirliğinde söylediği "Bu daha bitmedi..." sözü de yalan çıkmadı. Türkiye, biz, SBF, Türk aydınları, Türk ulusu önce bir 12 Mart 1971 darbesini, daha sonraları ise yaraları çok geç sarılan bir 12 Eylül 1980 darbesi yaşayacaktık.

Profesörlüğe yükseltilme

60'lı yılların ilk yarısında profesörlüğe yükseltilebilmem için doçentlik unvanını kazandığım tarihten sonra geçmesi gereken beş yıllık süre dolmuştu. 1492 sayılı yasa gereği her yükselişte akademik kariyere mensup kişilerin bilimsel çalışmalarına ilişkin yeni eserler hazırlayıp çetin sınavlardan geçmeleri gerekiyordu. 1961 Anayasası ile birlikte kurulan Devlet Planlama Teşkilatı –ne yazık ki tarihe karışmıştır– beni 1963'te yurtdışına giden Türk işçilerin sorunlarını yerinde incelemek üzere kapsamlı bir projeyi yürütmek üzere görevlendirmişti. Kişisel tanışıklığımız da olan o dönemin Alman Büyükelçisi von Walter'in etkin desteği sayesinde 1963 Ekim-Kasım aylarında, SBF'de eski öğrencilerim o sırada asistan bulunan Alparslan Işıklı, Ertuğrul Güçbilmez, DPT'den Cafer Canlı ve Şengün Şenel ile beş hafta süre ile Almanya'nın elli sekiz büyük küçük kentinde, doksan altı firma nezdinde 494 işçi üzerinde kapsamlı bir anket uygulamış, bu araştırmayı Başbakanlık yayını olarak ortaya çıkan bir kitapla Türk kamuoyuna tanıtmıştım. TC hükümetlerinin önce Federal Almanya, daha sonraları Hollanda, Fransa, Avusturya, Avustralya ile imzalamış olduğu bilateral işgücü ihracına ilişkin anlaşmalar bence en kapsamlı bir şekilde kamu kurumlarının işbirliğini, eşgüdümünü gerektiren büyük çaplı lojistik girişimlerdi. Dolayısıyla bu konu sadece iç veya dış göçlerle uğraşan demografi dalının değil, ayrıca kamu yönetimi dalının da önemli bir ögesi sayılabiliyordu. Bu düşüncelerin etkisi ile profesörlük tezi olarak bu araştırmamı sunmuştum. Ne var ki Prof. Dr. Cahit Talas, Prof. Dr. İbrahim Yasa ve Prof. Dr. Cemal Mıhçıoğlu'ndan oluşan jüri tezimi bağlı olduğum Kamu Yönetimi kürsüsünün uğraşı alanı dışında gördüğünden tezin kabul edilmemesine, daha doğrusu raporumun senatoya gönderilmemesine karar vermişti. Bu değerlendirmenin beni olağanüstü üzdüğünü ifade etmeme gerek yok. Ardında yatan gerçek nedenler değişikti, fakat ben onlar üzerinde durmak istemiyordum. Amacım tüm yaşamımı adadığım akademik kariyerde hak ettiğime yüzde yüz inandığım yükselişi başarmaktı. İmdadıma tüm hocalığı boyunca genç elemanlara yardım elini uzatmış, onlara yapıcı fikirlerle destek olmuş "Bahri Ağabey" (Prof. Bahri Savcı) yetişti. Bana kürsü değiştirmemi önerdi. Ankara Üniversitesi Senatosu dileğimi kabul ettikten sonra yeniden işe koyuldum. Bu kez 1961 Anayasası'nın tahlili ve Eskişehir ile Diyarbakır'da gerçekleştirilen oy verme davranışlarına ait ampirik araştırma ve genel seçimlerin sonuç değerlendirilmesini içeren kapsamlı, istatistik verileri de yansıtan bir kitap hazırladım. 20 Eylül-9 Ekim 1965 tarihleri arasında 268 kanaat önderi üzerinde yerinde yapılan görüşmeleri Diyarbakır'da asistan Dr. Taner Timur ve Dr. Özer Ozankaya, Eskişehir'de ise İktisadi ve Ticari İlimler Akademisi asistanı Yılmaz Büyükerşen tarafından gerçekleştirilmiştir. *Anayasa Hukuku ve Siyasi Bilimler Açısından 1965*

Seçimlerinin Tahlili (SBF yayını, No.263, 468 SHP, Ankara) adlı kitabımı ilk tezimin reddinden bir buçuk yıl sonra yeniden SBF jürisine sundum. Bu tez jürice onaylanarak Senato'dan da olumlu karşılandı. Profesörlük unvanına kavuştum...

Güç kazanılan bir zaferin verdiği mutluluğu odamda tattığım sırada, bir gün telefon çaldı. Karşımdaki ses "Başbakan Demirel sizinle görüşmek istiyor" diyordu. Başka bir odada bulunan arkadaşlarımın beni işlettikleri zannı ile "Alay edecek başka kimse bulamadınız mı?" diye çıkıştım. Fakat telefondaki meçhul ses "Burası Başbakanlıktır. Nermin Hanım siz misiniz?" diye sormaya devam ediyordu. Meğer o sırada Adalet Partisi'nin yeni lideri, basında "Çoban Sülü" olarak tanıtılan Süleyman Demirel kitabımı görmüş, okumuş, beğenmişti. Bana "Konuyu çok tarafsız işlemişsiniz" dedi. Ben de karşılık olarak "Bizler SBF'de sosyal olgulara tarafsızlıkla eğiliyoruz... ne var ki araştırma yapma olanakları bulamıyoruz, madem takdir buyurdunuz, lütfen üniversitelere, dolayısıyla bizlere araştırma fonları yaratmak suretiyle destek olunuz..." karşılığını verdim.

Demirel seçimlerden kısa bir süre sonra o sırada dekan olan Fahir Armaoğlu'nun daveti üzerine SBF Fakülte Kurulu'na başkanlık etti. Bize yaptığı konuşma yeni görüşler taşımıyordu. Konuşma bittikten sonra sıra sorulara geldi. Kendisine her politikacının seçim kampanyası sırasında ölçüsüz vaatlerde bulunduğunu hatırlatıp anayasal bir direktif olan kalkınma planlarını gerçekleştirip gerçekleştiremeyeceğini sordum. Aldığım yanıt hayli yuvarlaktı. Günümüze dek hemen her konuda görüş bildiren Demirel bence en çok Alman şansölye Kohl'u andırıyordu. Güncel tartışmalı konularda geniş halk kitlelerini belli bir slogan, belli bir deyişle o an yatıştırmasını başaran deneyimli bir politikacı idi. Ancak derin bir felsefe, bir dünya görüşünün savunucusu sayılmaz. Uzmanlık alanı baraj mühendisliği olması nedeni ile Türkiye'ye Keban Barajı'nı kazandırmak suretiyle doğu illerinde tarım yapma alanlarını genişletmiştir.

Demirel başbakan olduktan uzunca bir süre sonra Türkiye adına Helsinki Şartı'nı imzalamıştır. Bu şart insan hakları odaklı resmi bir belge olmamakla beraber dünya çapında önemli bir dönüm noktası sayılmaktadır. Doğu Avrupa'da, Çekoslovakya'da içeride Havel gibi yazarların hapishaneye düştükleri, dışarıda ise keza Çekoslovak Kundera'nın *Varolmanın Dayanılmaz Hafifliği* gibi yapıtların oluşmasına yol açan ve sosyalist blokunda çok önemli bir rol oynamış olan bu belge, ne Demirel ve hükümeti tarafından ciddiyetle incelenmiş ne de muhalefetten gereken önemle karşılanmıştır. Türk solu Cumhuriyetin kuruluş yıllarından başlayarak içine sokulmak istenen deli gömleğini bir türlü yırtamadığı için, daha doğrusu çok ağır bedeller ödemek zorunda bırakıldığından çağın getirmiş olduğu ideolojik değişmeyi fark edememiştir. Bu yavaş algılama bugün de Türk solunun parçalanmasına, hatta solun ötesinde post-kapitalizm gibi yansıtılan, "Devrin havası"nı (L'air du temps) yakalayamamasının başlıca nedeni olsa gerek. Siyasi tartışmalarımızın gündemini belirleme yerine uluslararası güç odaklarının uygun gördükleri konular üzerinde fikir yürütmekteyiz. Türk aydınları bir türlü önderlik rollerini benimseyememekte, ulus-devlet, laiklik, azınlıklar, etnik kimlik, dinsel diriliş, ekoloji sorunlarını başkalarının gözlükleriyle değerlendirmektedirler.

Son mutlu günler

1966 yılını Yavuz'la Kavaklıdere'deki evimizde mutluluk içinde geçirdik. Birlikte Fakülte'ye gidip gelmenin verdiği güven, ders yapmanın sağladığı manevi tatmin, gençlerin merakını bilgimiz ölçüsünde gidermenin sunduğu haz, çetin bir mücadele sonucu yayınlamayı başardığım 1965 seçim analizi konulu araştırmamla profesörlüğe yükseltilmenin getirdiği sevinci paylaştık. Yine birlikte iki haftada bir otobüsle Eskişehir'e uzanıp oradaki İktisadi Ticari İlimler Akademisi –daha sonraki Anadolu Üniversitesi– öğrencilerine 1961 Anayasası'nın temel ilkelerini, devrim tarihinin unutulmaması gereken başarılarını aktarıyorduk. Bu yolculuklar, beraberinde getirdiği tüm fiziki yorgunluk ve güçlüklere karşın her ikimize de derin bir iç tatmin veriyordu. Bu arada 18 Nisan 1966 günü dost ve öğrencilerimizle birlikte Yavuz'un altmış birinci yaşını neşe içinde kutlama fırsatı bulduk. Temmuz ayını bir zamanlar Falih Rıfkı Atay'ın engin kumsalları, yemyeşil çevresi ve huzurlu kasaba ortamı nedeni ile övmüş olduğu Şile'de geçirdik. Yavuz'u fenerin dibindeki sarp kayanın üstüne kondurulmuş olan küçük otelin terasında görür gibi oluyorum. Gözleri ile Kırım'a kadar uzanan mavi enginlikleri tarıyor, kayalıkları döven hırçın dalgalı Karadeniz'in getirdiği sert rüzgârları içine çekiyordu. Sabahları bizi türlü çeşit yaramazlıkları ile oyalanan oğlumuz Mustafa Kemal ile o zamanlarda henüz doğal güzelliklerini muhafaza etmiş olan "Ağlayan Kaya" adlı kumsala kadar uzanıyor, çoğu kez yoldaki bostanlardan salatalıklar topluyor, dönüşte yukarı mahallenin şipşirin evlerinin pencerelerini süsleyen el dokuma perde ve nakışlarını seyrediyorduk. 28 Temmuz 1966 günü oğlumuzun doğum günü idi, civardaki çocuklarla birlikte sekiz mumu üflemesine tanık olduk.

O gün Yavuz oğluna verdiği küçük bir masal kitabına şu satırlarla seslenmişti:

> *"Ogalim, yuvamızın, hayatımızın neşesi, varlığımızın manası, sevgili yavrum,*
>
> *Sekiz yaşını doldurduğun bugünde ileriye bağlı bütün ümit ve emellerimizle, yüreklerimizin bütün iyi dilekleriyle*

seni ailece, annen ve ablalarının üzerinden her zaman eksik olmamasını Allah'tan dilediğim değer biçilmez şefkat ve sevgileriler kucaklıyoruz. Sen evimizin saadet ve neşesini minicik varlığın, canlılığın, her zaman eksilmeyen şevkin ve çabalarınla yaratan, zaman zaman kahırlarımızı unutturan en sevimli yaratıksın! Ailemizin mütevazı, fakat namuslu ve faziletli yaşayışını, anılarını ve temiz kalmış adını geleceklere ulaştıracak sensin!

Senin insanları seven, daima iyileri tutan, haklı davalar için çırpınan, hacmi küçük, fakat kapsamı geniş bir kalbin, tükenmez bir enerjin var... Bu niteliklerle başarılı bir yaşayışa adaysın. Şimdiden küçücük beyninde yeşeren geleceğe ait tasarılarının gerçekleri sırasında ister astronot, ister mimar, ister şair vs. olarak adını taşıdığın büyük Türk'e layık kendine, yurduna, milletine, insanlığa yararlı bir şahsiyet olarak yükseleceğin, en sarsılmaz ümidim ve dileğimdir. Mutluluk ve sağlık içinde bin yaşa sevgili oğlum, canım, ruhum..."

Polonya'daki ölüm kampı

Eylül 1966'da birlikte son dış gezimize çıktık. Yavuz'un yönetim kurulu üyesi bulunduğu Uluslararası Siyaset Bilimi Derneği (International Association of Political Science IPSA) buluşması için Polonya'nın başkenti Varşova'nın henüz yıkıntılarından kurtulmadığı için, civarındaki Jablona'da, bir malikânede toplandık. Gündem siyasi partiler sosyolojisinin son gelişmelerini saptamaktı. Parasal olanaklarımız ancak otobüs yolculuğuna elverdiğinden daha önceleri yaptığımız gibi Balkan ülkelerini kat edip Avusturya'nın yemyeşil dağlarına ulaştık. Oradan trenle önce Tuna'nın süslediği üç başkentten en görkemli ve haşmetli olan Prag'a uğradık. Avrupa'nın en eski üniversitelerinden birine sahip olan bu nefis barok kentinde tarihi çekirdeği yaya dolaştık. Hraçin sarayının hazinelerini inceleyip, Yahudi mahallesinde yer alan Kafka'nın minnacık pembe renkli evini gezdik. Ertesi gün trenle Varşova'ya devam ettik. İkinci Dünya Savaşı'nın en merhametsiz çarpışmalarından birinin cereyan ettiği bu başkent, 1944 başlarında yerle bir edilmişti. Nazi Almanya'sının orduları ile Sovyetlerin Kızılordu'su Vistül nehrinin iki kıyısında mevzilenmişti. Ruslar nihai çarpışmadan önce gettoya hapsedilmiş olan yüz binlerce Yahudi'nin bu cehennemden kurtulmak için son çırpınışlarına bilinçli olarak seyirci kalmışlardı. Zira Sovyetler de tıpkı Naziler gibi resmi demeçlerinin aksine olarak Yahudi aleyhtarı bir politika benimsemişlerdi. Biz Varşova'ya ayak bastığımızda kentin merkezinde tamamen yakılmış olan tarihi binaları aslına uygun olarak yeniden inşa edilmiş olarak bulduk, özellikle geç barok mimarisini yansıtan opera binası kapılarını açmıştı. Kent yeniden doğmuş, yalnız insanlar çok ezik ve yoksul görünüyordu.

IPSA'nın gündeminde yönetim kurulu üyelerinin, Sovyet sınırına yakın –bir ara başkent görevini de üstlenen– Lubin'e dört kilometre mesafede bulunan ünlü ölüm kampı Majdanek'i ziyaret de öngörülmüştü. Sovyet ordularının hızlı ilerlemeleri nedeni ile bu kampın sorumluları kampta "ürettikleri" günlük ürünleri, yani "insan kemiklerini" ortadan kaldıramamışlardı. Böylece daha sonra müze haline getirilen bu kampta olup bitenler olduğu gibi korunmuştu.

Kapısının üstünde "Arbeit macht frei!" (Çalışmak insanı hür kılar!) ibaresinin yer aldığı bu yerleşkede kurulan zehirli gaz fırınları yardımı ile yirmi dört saatlik bir çalışma sonucu günde yirmi bin (20.000) kişi öldürülüp yakılabiliyordu. Hitler ve yardımcılarının düşledikleri "Nihai çözüm" Avrupa'da Yahudilerin soyunu kurutmak üzere tasarlanan "genosite" bu tür kamplarda gerçekleştiriliyordu.

Otobüsten indiğimizde önümüzde iki katlı bir ev yüksekliğinde, pleksiglas ile örtülü kocaman bir yapı çıktı. Saydam olan bu mekânda sadece insan kemikleri görünüyordu. Yavuz bu beklenmedik manzara karşısında bir bankta yığılı kaldı... Yüreği daha fazlasını kaldırmadı... Bana "tarihi olaya tanık olmak üzere içeri girip dikkatle her şeyi belleğine kazıyacaksın" dedi. Binaya adım attım. Karşıma ilk olarak bir asansör kabini büyüklüğünde bir boşluk çıktı. Duvarları olağanüstü kalın, tepeden birkaç delik, ölümcül siyanür gazı buradan veriliyordu ve tıka basa, çırılçıplak, hep birlikte, balık istifi sıkıştırılan kurbanlar can çekişirken bu kale duvarından daha kalın duvarlara tırnakları ile ölümcül ıstıraplarının izlerini kazımışlardı. Ölüm hücresinin solunda kocaman taştan bir masa, kenarlarına oyuk kazılmıştı. Cesetlerin kanı bu oluklara akıtılıyor, bu kan boya imalinde kullanılıyordu. Dişleri –altın ise– kerpetenle sökülüyor, saçlar kesiliyor, yastıklara dolgu materyali olarak hizmet ediyordu. Sağ taraftaki fırınlarda, işbilir hekimler cesetlerden yararlanabilecek her şeyi topladıktan sonra ölüleri fırınlara tıkıyordu. Tesis gece gündüz, yirmi dört saat işliyordu. Sonradan alınan gözlemci raporlarına göre Lubin kentinin havası aylarca insanın damağında değişik bir tat bırakan bulutlar ile kaplanmıştı.

Avrupa'nın en uygar, en eğitimli, Goethe ve Schiller, Kant ve Hegel, Beethoven ve Brahms gibi isimlerini yetiştirmiş olan bir ülke bu hunharlığı nasıl yapar diye dehşet içinde kalmış, bu delillerin açıklanmasından sonra bir daha bu fecaatin cereyan etmeyeceğine inanmıştım. Heyhat yirminci yüzyılda Bosna'da Srebrenica'da binlerce Müslüman katledilmemiş miydi, bunu Myanmar'da Rohingya adlı Müslüman bir azınlığa, Sudan'da Darfur'da, Suriye'de IŞİD'in kendilerine biat etmeyenlere veya Yezidi halkından olanlara yönelik sistematik kelle kesmeleri ve en son İsrail'de Filistinlilere yönelik katliamlara tüm dünya tanık olmamış mıydı?

Majdanek ölüm kampında ilk defa ölümün soğuk rüzgârı içimi fena ürperti. Aynı rüzgârın hiç beklenmeyen bir anda evimizin direğini, ailemizin çatısını birkaç ay sonra tümden yıkacağını kim tahmin edebilirdi?..

Son aylar

Çetin bir kışı takiben Yavuz 1967 Nisan ayının 18'inde altmış ikinci yaş gününü evde sadece kürsüsündeki genç meslektaşları ile kutlamak istedi. Kıbrıs Sokağı'ndaki dubleks evimizin üst katında, mumların yumuşak ve titrek ışıkları ile aydınlattığı salonda Yavuz'u büyük bir azim ve sabır gerektiren mücadelelerle geçen gençlik anılarını dinlerken, bu tür söyleşilerin sonunun yaklaştığını hiç tahmin etmiyorduk. Tam tersine, mayıs ayı geldi, kışın kocaman çıplak bir beton yığını gibi duran başkentin sokakları yemyeşil elbiselere büründü. 8 Mayıs 1967 günü, pırıl pırıl bir güneş altında ailece, yaramaz oğlumuzun şaklabanlıklarına gülerek Mogan gölüne gidip evliliğimizin yirmi birinci yıldönümünü kutladık. Hayat çok güzel görünüyordu!

Aynı ayın sonunda İstanbul'da IPSA adına Büyükada Anadolu Kulübü'nde Şerif Mardin'in önerdiği "Din ve Siyaset" konulu seminerin hazırlıkları ile meşguldük. Sınırlı sayıda bilim insanının katıldığı seminere özellikle İngiltere'nin tanınmış filozof/antropoloğu, Çek kökenli Ernest Gellner katılmıştı. Gellner "Popüler İslam – Yüksek İslam" gibi iki farklı din anlayışına ilişkin önemli bir kavramsal ayrım geliştirmiş, Fransa'nın tanınmış devrim tarihçisi René Rémond da bu tartışmalara önemli katkılar getirmişti. O sırada Dışişleri Bakanlığı'nın müsteşarlığını yapan Zeki Konuralp'ın açış konuşmasını yaptığı bu bilimsel toplantıda anayasa profesörü Bahri Savcı ve Tarık Zafer Tunaya'nın canlı müdahaleleri laiklik ve inanç özgürlüğü ekseninde gelişen Türk tezlerinin ortaya çıkmasına yardımcı oldu. Seminer oturumları dışında atlı arabalarla büyük tur gezisi yapıldı. Daha sonra İstanbul'a indikten sonra Sarıyer'de mütevazı bir balıkçı lokantasında Boğaz'dan gece süzülen dev tankerlerin görüntüleri karşısında soğuk savaşın bilançolarına girişildi, nihayet ertesi sabah bütün grup uçakla Ankara'ya, oradan da Kapadokya'ya taşındı. Konuklar, Göreme vadisinde Bizans'ta dokuzuncu yüzyılda, Rum Ortodoks kilisesinde resim düşmanları ile resim sanatını savunan ikonoklastlar arasındaki mücadele sonucu, dinsel sanatın özgürlüğünü savunanların bozkırın ortasında, peri bacalarının gölgesinde renkli fresklerle kaybolmuş bir cenneti nasıl yakalamaya çalıştıklarını izlemeye koyuldular.

Üzüntülü günler

Göreme dönüşünde evde Yavuz'u halsiz ve yorgun buldum. Önce bunu aşırı çalışması ile açıklamaya çalıştık. Daha sonra doktorlara koştuk. Haziran ayı hastane ziyaretleri, muayeneler, tahliller, tanı çabaları ile geçti. Her şey yıldırım hızı ile gelişti, önce Zafer Paykoç'un kliniğinde gözlem, sonra Ankara Üniversitesi'nde göğüs hastalıkları kliniğine nakil, çaresiz ve telaşla yapılan konsültasyonlar. Dostlar, tıbbın otoriteleri, Tevfik Sağlam, Reşat Garan, Hüsnü Göksel bir türlü o lanet hastalığı Yavuz'a yakıştırmak istemiyorlardı. Çarşamba günü Yavuz'u ayakta hastanenin koridorunda genç doktorlarla şakalaşırken görüyorum, tüm düşüncesi TBMM'de ileri sürdüğü fikirlerinden ötürü büyük baskı ve fiziki yıldırmalara hedef olan Türkiye İşçi Partisi milletvekili Çetin Altan'ı korumaya yönelikti. Perşembe günü nefes darlığı arttı. Yatay olarak uzanamadığı için evden sevdiği koltuğu hastaneye getirttik. 30 Haziran 1967 Cuma günü öğleden sonra birdenbire bilincini kaybetti, akşam saat 21.30'da ona çok bağlı olan eski öğrencisi, Çamlıdere Kaymakamı Turan Kaya, elinde kocaman bir beyaz zambak buketi ile merdivenleri dörder dörder çıktığında hocasını, son ana kadar başucundan ayrılmamış olan en yakın dostumuz Dr. İbrahim Kıray'ın kolları arasında buldu. Yavuz son uykusuna yatmıştı... Akciğer kanseri teşhisi post-mortem saptandı. Hiç sigara içmediği için metastaz yaptığı farz edildi...

Benim beynim uyuşmuştu, tek bir dileğim vardı, dokuz yaşındaki oğluma ileride babasını tanıtabilmek üzere Yavuz'un maskesinin alınmasını sağlamaktı. Vefalı Turan Kaya bu zor görevi Gazi Enstitüsü'nün resim hocasının yardımı ile gerçekleştirdi. Ertesi sabah oğluma acı gerçeği anlatmaya çalıştım. Anlar gibi yaptı, beni sessizce dinledi. Ertesi gün uğursuz geldiğine varsaydım beyaz kedisini evden uzaklaştırınca birdenbire hıçkırıklara boğularak kendini yerlere attı...

Haber yayılır yayılmaz ev dostlarla dolup taştı, İsmet Paşa da akşam üzeri geldi. İçim mermer gibi katılaşmıştı. Bir robot gibi hareket ediyordum. 3 Temmuz 1967 Pazartesi günü, Siyasal Bilgiler Fakültesi'nin giriş kapısı önünde büyük bir tören yapıldı. İsmet Paşa ve Mevhibe Hanım, kızgın güneşe karşı koruyucu görevi yapan şemsiyeler altına oturdular, ABD Büyükelçisi Parker, naaşın yakınında yer almıştı, Federal Almanya Büyükelçisi Groepke ise Heidelberg belediye başkanının, vaktiyle Yavuz'a verilmiş olan fahri hemşerilik payesi nedeniyle dekan Aziz Köklü'den sonra katafalkın başında gönderilen mesajı okuyup bir veda konuşması yaptı. Sonra, oğlumuz Mustafa Kemal ile birlikte Hacı Bayram'a gidiyoruz, bando eşliğinde bayrağa sarılı tabutun arkasında yürüyoruz. Nihayet Cebeci Mezarlığı'na ulaşıyoruz, oğlumu bir arkadaşıma emanet ediyorum, kabrin başında son bir kez vedalaşıyor, yüksek sesle "Oğlumla birlikte senin onurlu soyadını yaşatmaya devam edeceğiz" diye ant içiyorum.

Matemin estirdiği fırtına geçtikten sonra gelen uzun aylar bitmek bilmeyen bir yalnızlık içinde geçiyor. İster Ankara, ister Yavuz'un hayalini yakalamaya çalıştığım Şile'de olsun, her yer anlamsız, yaşam katlanılamayacak derecede güç görünüyor. Göğsümü sıkıştıran çember açılmıyor. Çok sonra, sekiz dokuz ay sonra gözyaşlarım akmaya başlıyor, sebepli sebepsiz her yerde ağlıyorum. Tek tesellim *Abadan Armağanı*'nı hazırlamak, hafta sonları oğlumla birlikte sohbet ede ede babasının mezar taşını yaptırmaya çalışmak.

Ölüler ancak içimizde yaşadıkları süre ile yaşarlar. Yüreğim çok daraldığında Yavuz'un ortak hatıra defterimizde, bana yazdığı şu satırları tekrar okuyorum:

> *"31/12/1956 saat 20.30 Umumî Manzara:*
>
> *Adeta ümitsiz – İç ve dış meseleler geri geri gitmekte. Üç hatta beş yıl önceki kişisel teşhislerim bugünkü şartlar içinde çok iyimser görünüyor. Buna rağmen:*
>
> *Bu yılbaşında her zamandan daha iyimserim. Güçlükler dayanma kudretimi tazeliyor. Ben hiçbir zaman 'yel değirmenlerine' hücumda zafer arayan bir ütopist olmadım ve galiba da olamayacağım.*
>
> *Amma, namuslu, özgeci, idealist hürriyet mücadeleleri ile her zaman gönül gönüle, kalp kalbe, ruh ruha beraberim ve daima da beraber kalacağım.*
>
> *Ben hiçbir zaman bir kahraman olmadım. Davam sadece bir insan olmaktan ibarettir. Hiçbir zaman insanlığa ferdi ve milli manada hıyanet etmemektir!"*

Yavuz'un anısını canlı tutmak için çalışmalarımı hep sürdürdüm, 1995 Haziran'ında TRT'nin "Cumhuriyete Kanat Gerenler" programı çerçevesinde çok iyi derlenmiş yarım saatlik bir filmin hazırlanmasında katkıda bulundum. 2011'de eğitim alanında Koç Ödülü'ne layık görüldükten sonra iki yılda bir Yavuz Abadan adına hazırlanmış olan anayasa ve özgürlükleri konu alan bilimsel çalışmalara oğlumla birlikte ödül verilmesine karar verdik. 2017 yılında ise asistan Alisait Yılkın'ın yardımı ile *Kırım'dan Gelen Bir Aydının Seçilmiş Yazıları* adı altında Yavuz Abadan'ın doktora tezinin Türkçe metni, çeşitli makaleleri ve özgeçmişi ile ilgili uzun bir makaleyi kapsayan 389 sayfalık kitabı yayımlandı.

SBF'de kutuplaşma

Zaman zaman ortaya çıkan olaylar nedeniyle SBF Profesörler Kurulu kamuoyunu duyarlı kılmak için fakültenin görüşünü, bildiriler aracılığıyla basına açıklama yolunu tutuyordu. Fakülte kurulu sağ-sol ekseni etrafında iyice kutuplaşmıştı. Sosyal adalete öncelik tanıyan kanadını Bahri Savcı, Sadun Aren, Seha L. Meray, Yavuz Abadan, Fehmi Yavuz, Muammer Aksoy, Mümtaz Soysal, Cevat Geray, Alparslan Işıklı, Cahit Talas, İlhan Unat, Sina Akşin, Mete Tunçay temsil ediyorlardı. Sağ kanadı ise Aziz Köklü, daha sonraları Ankara Üniversitesi'nin uzun yıllar rektörlüğünü yapmış olan Necdet Serin, Fahir Armaoğlu, Suat Bilge, Erden Öney, Yahya Tezel, İham Öztrak, Feyyaz Gölcüklü, Bülent Daver yer alıyordu. Perşembe günleri saat 14.00'te toplanan Profesörler Kurulu bir bakıma küçük bir parlamento gibi çalışıyordu.

Yaş nedeni ile emekli olduktan sonra Boğaziçi Üniversitesi'nin o dönem Siyasi Bilimler ve Uluslararası İlişkiler Bölüm Başkanı olan Prof. Dr. Üstün Ergüder'in nazik davetine uyarak bölüm ve fakülte kuruluna katılma fırsatını buldum. O vesile ile başkentte Türk bürokrasisinin fidanlığını temsil eden SBF ile Anglosakson eğitim felsefesinin yolunu izleyen Boğaziçi arasındaki çarpıcı farkı daha iyi anladım. Birinde herkes kendini ülkenin kaderi, rejimin bekası, Atatürk'ün mirasının bekçisi olarak sayıyordu –bu solcular için olduğu kadar sağcılar için de geçerliydi. Solcular Atatürk'ün tam bağımsızlık görüşlerini anti-emperyalizm doktrinine eklemleyerek Türkiye'nin iç ve dış politika çizgisini değişmeden korumaya çalışırken, tutucu kutup Atatürk'ün milliyetçilik fikirleri yardımı ile her liberal atılımın arkasında komünizm hayaletini eklenmeye çalışıyordu. İdeolojik kutuplaşma arttığı ölçüde anlamsız suçlamalar artıyordu. Önce Çin, sonra Avrupa'ya sıçrayan "Kültürel Devrim"in yapıları sorgulama fikri çok geçmeden başta Birleşik Amerika ve onu takiben Avrupa'da 1968 kuşağını temsil eden öğrenci başkaldırılışına yol açtı. Bu sırada Ankara'da ancak otuz-kırk bin izleyicisi olan TRT deneme kanalı benimle birlikte iki öğrenciyi davet ederek bu olayları değerlendirmemizi istedi. Konuşma esnasında fikirlerle mikropların sınır tanımadıklarını söylemiş bulundum. Bu ifadem birkaç gün sonra TRT'de esaslı bir araştırmaya yol açtı, önce üniversite rektörlüğü, daha sonra bakanlıktan benden ifade alınması talep edildi. Sözlerim "ihtilale yeşil ışık yakan" türden bulunmuş. Neyse ki televizyonun etki alanının çok dar olması nedeniyle bu araştırma hevesi kısa bir süre sonra unutuldu. Fakat 1961 Anayasası'nın getirmiş olduğu özgürlükler baştakileri huzursuz etmeye başlamıştı. Demirel her vesileyle bu anayasanın değişmesi gerektiğini ifade ediyordu. 1968 olayları Avrupa'da gençliğin ayaklanmasına yol açmıştı. Şu kadar ki Cohn-Bendit gibi "Asi gençlerin" ateşli nutukları, yerleşmiş siyasi partilere karşı çıkan Petra Kelly gibi militan çevrelerin büyüleyici sloganlar etrafında kenetlenen gençlik grupçuklarının etkinlik alanı çok geçmeden sınırlı kalmasına karşın, Türkiye'de tam tersine yüksek öğrenim gençliği DEV-SOL türünden kimden desteklendiği bilinmeyen örgütlerce giderek tahrik ediliyordu. Bu ters gelişmenin kanımca en önemli nedeni Türk aydınlarının Batı'daki akranları gibi dünyadaki komünist partilerle sosyal demokrat partiler arasındaki keskin sınır çizgisine bakmaksızın kendilerini tümden yoğun bir "toplumsal eleştiri"ye kaptırmaları ve sorunlara daha çok azgelişmişlikle Latin Amerika türü anti-emperyalizme dayalı mutlak bir bağımlılığa karşı direnişe dayalı bir gözlükle bakmaları yatmaktadır. TBMM'nin çalışmalarını yetersiz gören "egemen çevreler" –bu çevrelerin içinde silahlı kuvvetlere mensup aktif ve emekli kimi önder kişiler de dahildi– siyasal ortamı gerginleştiriyordu. O dönemin tarihçileri ile daha sonraları yayımlanan birçok politikacının anılarının ortaya koyduğu üzere o dönemin siyasal seçkinleri, kestirme çözümler arıyordu. Bu "ulusal sabırsızlık" ne yazık ki Türk toplumuna çok pahalıya mal olmuştur. 12 Martlar ve 12 Eylüller bu sabırsızlığın ürünleridir. 12 Mart olarak adlandırılan askeri müdahale –parlamento fesih edilmeksizin partiler üstü bir hükümet getirilmişti– beni derinden etkilemişti.

Basın Yayın Yüksek Okulu müdürlüğü

SBF Kurulu 1970 yılının sonbaharında beni kuruluşunda hayli emeğim geçen Basın Yayın Yüksek Okulu'nun müdürlüğüne seçmişti. Bu sıralarda BYYO'nun ayrı bir tüzel kişiliği olmasına karşın bütçesi ayrılmamıştı. "Siyam ikizleri" gibi basın yayın hayatı için gazeteci, radyocu, televizyoncu, halkla ilişkiler alanında uzman yetiştirmesi beklenen bu okulun tüm faaliyetleri, SBF dekanlığının bütçesinden ayrılacak olan ödeneklerle gerçekleştiriliyordu. Bu nedenle BYYO'nun müdürlük görevi, kişinin plan ve fikirleri gerçekleştirme olanağını sunan bir makamdan çok, yetkisiz bir sorumluluklar yumağını temsil ediyordu. Yine de bazı yenilikler yapmaya kararlı idim. Bunlardan biri öğrencilere yönelik konferans ve film gösterileri idi. Basın balosunda dönemin sıkıyönetim komutanların masasında da konuk olmuş olan Yılmaz Güney'le tanışarak kendisinden *Umut* filmini bizim BYYO'da göstermesini ve tanıtmasını rica etmiştim. Öğrenciler bu tür gösterilere çok rağbet ediyordu. Ancak ucunu bir türlü yakalayamadığım öğrenci örgütleri BYYO'nun kantininde faaliyet gösteriyor, okulun duvarlarını türlü çeşitli devrim sloganları ile süslüyorlardı. Bu öğrenci liderlerinden bazısını müdürlük odasına çağırıp polis olup olmadığını bilmeksizin sert uyarılara tabi tutuyordum.

SBF yönetimiyle, resmi makamlarla yapılması gereken toplantılar artıyordu. Dekan o sıralarda Prof. Dr. İlhan Unat'tı. Vazifesine olduğu kadar arkadaşlarına ve yetişmiş olduğu Mülkiye kurumuna bağlı, temel hak ve özgürlüklere öncelik tanıyan, titiz bir hukukçu idi. Birçok konularda kendisine danışıyordum. Kendisi öğrenci ve daha sonra öğretim üyesi arkadaşlarımız, örneğin Bahri Savcı tutuklandığı zaman, tüm ilgili makamlara başvurup, kendilerine yasanın öngördüğü tarafsız muamele görmeleri için çırpınıyordu. Bu arada Ankara Sıkıyönetim Komutanı Semih Sancar'a da gittik. Heyetimiz de dekanımız, yönetim kurulu adına eski Milli Eğitim bakanlarından Fehmi Yavuz AÜ Sosyal Merkez Müdürü Engin Göktan ve BYYO müdürü olarak ben vardım. Fehmi Bey komutandan gençlere karşı hoşgörülü ve müşfik davranılmasını talep ediyordu, komutan ise tam tersine "hayır, fesat olmalı, bunlar başka şeyden anlamazlar" deyip duruyordu. Çeşitli olaylar nedeniyle yüksek sayıda öğrencimiz tutuklanıyordu, onların akıbetini öğrenmek için geç vakitlerde Ankara stadyumuna ya da emniyet genel müdürlüğüne gitmek gerekiyordu.

Daha az gerilimli zamanlarsa öğle yemeğinden sonra SBF resmen "Seha L. Meray salonu" gayri resmi olarak ise "Çan-çan odası" olarak betimlenen üst katta büyücek bir odada kahvemizi içiyorduk. Burası Anglosakson üniversitelerinin şaşmaz "Senior Commonroom"una benziyordu. Bir köşesinde "satranççılar" derin hesaplarına dalmış bulunuyorlardı. Bunların başında Yavuz Sabuncu, Korkut Boratav, Tekin Akıllıoğlu, Orhan Türkay geliyordu. Geri kalanlar günün aktüel konularını tartışıyorlardı, aralarında Bülent Daver, İbrahim Kaplan, Necdet Serin gibi arkadaşlar genellikle alınan önlemleri gerekli bulurken, diğerleri dozu farklılaşan eleştirilerde bulunuyordu. Aslında "Mülkiye" sanıldığı kadar toptan ilerici ya da günün deyimiyle "aşırı sol" değildi, arkadaşlarımızın ideolojik yönelimleri gökkuşağına benzer bir dağılım gösteriyordu.

12 Mart ve 12 Eylüller

SBF 12 Eylül 1980 tarihine kadar gerçekten "kamunun sesi"ni dile getiren nadir kurumlardan biri idi. Amerikalı topum bilimci Richard Sennett'in deyimi ile "Bu kurumun insanları demokrasiyi ayakta tutan en önemli ögelerden biri olan kamu işlerinden sorumluluk duymak, yurttaş olmak" hasletini henüz yitirmemişlerdi. Mülkiye bu niteliğini Türkiye'deki birçok kurumda olduğu gibi üçüncü darbenin yarattığı ağır baskı nedeni ile kaybetti.

12 Mart 1971 tarihinde atipik bir askeri müdahaleye tanık oldu. Ordunun dört komutanı, Memduh Tağmaç, Faruk Gürler, Muhsin Batur ve Celâl Eyiceoğlu, Demirel hükümetinden bir muhtıra ile istifasını talep etti. Gerekçeleri ekonominin bozulması, para değerinin düşmesi, öğrenci gösterileri, Alevi-Sünni gerginliği, dört Amerikalının kaçırılması idi. Ancak bu müdahale sonucu parlamento feshedilmedi, ülkenin yönetimi "partiler üstü tarafsız bir hükümete" emanet edildi. Nihat Erim'in kurmuş olduğu hükümette başbakan yardımcısı Sadi Koçaş, kızlarının öğrenci olduğu BYYO'ya neden devam etmediklerini BYYO müdürü olmam dolayısıyla bana

telefonda açıklarken 12 Mart yönetiminin tüm hışmı ile solcu fikir mihraklarını "balyoz gücü" ile temizleyeceklerini beyan ediyordu. 12 Mart 1971'i izleyen gün ve aylarda çok yüksek sayıda öğrenci, öğretim üyesi, aydın tutuklanmış, gereksiz işkencelere tabi tutulmuştu. İlhan Selçuk ve Uğur Mumcu gibi Türk basınının altın kalemlerine ne gibi insan haklarına aykırı işlemler yapıldığını öğrenmek isteyenlerin "Ziverbey Köşkü" ile ilgili anılarını okumaları gerekmektedir. Askeri cuntanın "raydan çıkmış demokrasiyi" yerine oturtma çabaları sonuç vermedi. Erim hükümeti kurulduktan altı ay sonra, başbakan yardımcısı olan Dünya Bankası'nın eski başkan yardımcısı Atilla Karaosmanoğlu ve on arkadaşı bir protesto bildirisi ile görevlerinden ayrılmışlardı.

Türkiye' de 12 Eylül 1980'de gerçekleştirilen üçüncü askeri darbe en ağır sonuçlarla tarihe geçti. Genelkurmay Başkanı Kenan Evren'in tüm siyasal hayatı durma noktasına getiren müdahalesi ile birçok üniversite en değerli bilim adamlarını kaybetti. Binlerce kamu memuru ile birlikte, 1402 sayılı kararname ile tasfiye edilen bu kalabalık küme 1983 Anayasası'nın kabulü ile bağlı bulundukları kuruma dönme hakkına kavuşturulunca, bu haksız işleme tabi tutulan bir kısım aydın bu hakkı kullanmamayı yeğlediler. Fransız şairi Verlaine'in dediği gibi "o narin kâse bir kez kırılmaya, ufak bir çatlak göstermeye başlamasın..." Haksızlıkları sineye çekip yeniden mesleğe şevkle bağlanarak bilimsel çalışmalara devam etme gücünü bulanlar olduğu kadar, bu şevki tümden yitirenler vardır. Nitekim Mülkiye'nin yetiştirmiş olduğu en değerli iktisatçılardan Tuncer Bulutay 1402'nin hışmına uğradıktan sonra bir daha asli kürsüsüne dönmek istemedi, tüm çağrı ve davetlere rağmen vakarla kendini evinde kitapları ile hapsetti. Aynı şekilde SBF'nin dekan yardımcılığını yürütmüş olan Kurthan Fişek de basın hayatında kalmayı yeğledi.

Yeni bir soyadı: Abadan-Unat

Dönelim 12 Mart 1971 ve onu izleyen aylara. BYYO Müdürü sıfatıyla öğrenci ve öğretim üyelerine yapılan baskı ve olumsuz muameleler nedeniyle o sırada SBF dekanı olan Prof. Dr. İlhan Unat'la sık sık yetkili makamlara gitme zorunluluğu doğdu. Birbirimizi 1954'ten beri tanıyorduk. Kötü ve acı bir rastlantı sonucu 1967 yılının Ocak ayında önce İlhan çok sevdiği eşi, çocuk doktoru Dr. Bedia Unat'ı beyin kanserinden, altı ay sonra ise çok sevdiğim hayat arkadaşım Yavuz Abadan'ı akciğer kanserinden kaybettik. Oğlum Mustafa Kemal ve İlhan Bey'in kızı Oya o yıl dokuz yaşlarına girmişlerdi. Ayşe Unat ise henüz ortaokula başlamıştı.

Bu acı kayıplar üzerinde dört yıl geçmişti. İlhan Bey'le kısa süren bir "sempati" arkadaşlığı sonucu yeni bir aile kurabileceğimize karar verdik. Böylece 31 Ocak 1972'de o dönemde Ankara'da herkese mutlu bir yuva vaat eden nikâh memuru Mücteba Bey'in karşısına çıktık. O karlı günün tanıkları yarım yüzyıllık arkadaşım Mübbecel ile çok değer verdiğim eşi Dr. İbrahim Kıray'la İlhan'ın çok sevdiği meslektaşı Prof. Dr. Cahit Talas'la eşi olmuştur. İlhan demokratik bir davranışla bilimsel kariyerim boyunca onurla taşıdığım soyadım olan "Abadan"ı muhafaza etme hakkını tanıdı. Böylece "Abadan-Unat" oldum. Batı ülkelerinde çok yaygın olan çifte soyadını Türkiye'de kabul ettirmek güç oldu. Gerçi 2001'de Türk Medeni Kanunu'nda yapılan değişiklikler ile kadınlara baba soyadı ya da eşlerin soyadı veya ikisini birden kullanma arasında bir tercih imkânı vermiştir. Oysa yayın hayatına belli bir soyadı ile giren kişinin bu adı sürdürmek istemesi son derece doğal bir istektir. Bu dileğimi en son mahkeme yolu ile gerçekleştirebildim.

Sıkıyönetim makamları o dönemin sorumlu üniversite yöneticisi bulunan bizlere karşı oldukça sert bir tavır takınmışlardı. Evlenmeden kısa bir süre önce her ikimize Ankara Sıkıyönetim Komutanlığı'ndan "Bilgimize başvurmak" gerekçesi ile 1 Şubat 1972 tarihli birer davet mektubu gelmişti. Bir gün önce nikâh muamelesi yapılacağını bildirdiğimiz halde, erteleme ricamıza olumlu bir yanıt gelmedi. Böylece 1 Şubat 1972 Salı sabahı, yoğun bir kar fırtınası altında, taksilerin işlemediği bir günde, komşumuz Vildan Hanım'ın arabasıyla saat dokuzda Mamak'a vardık. Önce benim ifademe başvuruldu. Suçlama "öğrencilerimi neden evimde kabul ettiğim"di. Sorgu yapan subaylara geceleri sokağa çıkma alışkanlığım olmadığını, öğrencilerimle kamuoyu yoklamalarına ilişkin anketler hazırladığımı açıkladım. Subaylar ifadem sırasında aralarında sohbet edip şu tür konuşmalara yer veriyorlardı: "Sence Türkiye'yi kim yönetiyor, hükümet mi yoksa Koç mu?" Sonra dönüp bana da aynı soruyu yöneltiyorlardı. İfademe ekleyecek yeni unsurların bulunmadığını saptadıktan sonra beni şu sözlerle dışarı çıkarttılar: "Oğlunuzun Almanya'da Bavyera'da bir yatılı okulda bulunduğunu biliyoruz. Bugünlük bu ifade ile yetiniyoruz. Evinize dönebilirsiniz!" Dosyama baktım, oldukça kabarıktı! Sıra eşim İlhan Unat'a gelmişti. Ona da dekan sıfatı ile neden SBF salonunu Mihri Belli gibi şahsiyetlere tahsis ettiğini sorduklarında, İlhan bu salonun herkese, bu arada Alparslan Türkeş'e de açık tutulduğunu belirtmiş. O da bana söylenenlere benzer sözlerle serbest bırakılmıştı. Aynı gün İstanbul'a hareket etmekle bu anıları geçmişte bırakmak istedik.

Siyasal Bilgiler Fakültesi o yıllara hem "eleştirel kamuoyunun sesi"ni temsil ediyor hem de gazete başlıklarının sürekli konuğu olmaya devam ediyordu. İlhan'dan sonra Mümtaz Soysal'ın dekan seçilmesi yeni bir bunalıma neden oldu. SBF dekanının "kışkırtıcı" bir anayasa kitabı yazmış olması suçlaması ile fakülte odasında tutuklandı... Hâlâ Mümtaz'ın fakültedeki merdivenlerden polisle birlikte indiğini ve siyah bir arabaya bindirilerek uzaklaştığını görür gibiyim. 12 Mart yönetimi tüm hışmı ile solcu saydığı aydınlara karşı darbeler indirmekle meşguldü.

Kıbrıs Harekâtı

Bir yıllık City Univercity of New York'taki (CUNY) çalışmalarımı takiben 1974 yazında yurda döndüm. Almanya'dan bize on yedi yıl hizmet edecek olan ikinci el aldığım bir Peugeot getiriyordum. Tam Kıbrıs Barış Harekâtı'na rastladı dönüşümüz. Bülent Ecevit'in cesur kararı, daha önce Fatin Rüştü Zorlu'nun Londra'da ısrarla elde ettiği garantiyi yok sayan Yunanistan'ın müdahalesini ortadan kaldırmıştı. Balkanlarda bitmez tükenmez gibi gelen yolları kat ederken, bu zorunlu ve kaçınılmaz askeri müdahale kısa bir süre içinde iki cemaate de hayat hakkı veren bir uzlaşma ile sonuçlanabilecek miydi? Aklımı hep bu soru meşgul ediyordu. Korkum bu işin uzaması idi. Aklıma ünlü Fransız düşünür Alexis de Tocqueville'in bu cümlesi takılmıştı: "C'est le provisoire qui dure!" (Sürekli olan geçici çözümlerdir.) Nitekim aradan kırk küsur yıl geçmesine karşın yavru vatan ile ana vatan bu güzelim Akdeniz adasında nimetleri eşitlikçi biçimde paylaşacak yerde uluslararası durumda kalıcı bir statü gerçekleşemedi. Benzer şekilde Hindistan ile Pakistan arasında çözümlenemeyen Keşmir'in statüsü geçici niteliğini koruyor.

Türkiye'yi bıraktığımızdan çok farklı buldum. 1973'te yapılan genel seçimler sonucu ülkede CHP-MSP koalisyonu işbaşına gelmişti. Haziran 1974'te çıkarılan bir genel af sayesinde haksız suçlamalar sonucu cezaevine giren Sadun Aren gibi yakın dost ve meslektaşlarımız yeniden sivil yaşama döndüler. Eylül 1974'te kürsü mensubu Doç. Dr Ahmet N. Yücekök odama girip, parlamentonun kendini feshedeceğini, koalisyonun bozulacağını haber verdi. Birinci tahmini gerçekleşmedi, fakat koalisyon bozuldu ve Türkiye bir dizi Milli Cephe hükümetleriyle yaşamaya başladı.

Derslerde yoğunluğu giderek artan bir ideolojik kutuplaşmanın ağırlığını duymaya başlamıştım. O sıralarda henüz günümüzde olduğu gibi "resmi ideoloji" türünden kalıp cümlelerle Atatürk, İnönü ve Cumhuriyetin devrimleri eleştirilmiyordu. Kimi yazarlara göre İsmet Paşa Türkiye'yi İkinci Dünya Savaşı'na sokmamakla büyük bir hizmet yapmamış, aksine ulusun "erkekliği"ni yitirmesine neden olmuştu! Bu görüşler o zamandan bu yana ismi yüceltilmeye başlanan basın mensubu ve yazar Necip Fazıl Kısakürek ve tayfasına aitti. Öğrencilerim bu düşünce akımından cesaret alarak bana arada bir tuzak sorular yöneltiyorlardı. Ben bu sorulardan kaçmak şöyle dursun, onlara mantığa dayalı yanıtlar vermeye çalışıyordum. Günün birinde sınıf kapısının dışından şöyle bir haykırış kulağıma geldi: "İçeride ne duruyorsunuz, bu kadını dinlemeyin, anlattıkları kafa karıştırıyor!" Meğer o sıralarda herkes bir tür Marksizm ya da faşizm teorisini iyice anlama peşinde idi. Böylece kimisi merdiven altında Arnavutluk'taki Moskova yönetimine karşı cephe alan, Balkanlarda Çin propagandasını yapan Enver Hoca'nın yorumladığı Mao'nun küçük kırmızı kitabını anlamaya çalışıyordu. Başkaları ise Hitler'e de esin kaynağı olan İngiliz toplum bilimci Chamberlain'in beyaz ırkın üstünlüğü konusundaki teorilerini izlemeye çalışıyordu. 2000'lerden sonra internetten bilgi almanın ufuklarını küresel çapta genişleten, sosyal medya yolu ile sayısız ortak fikir odakları yaratan ortamda, özellikle inanç dünyasındaki yeni akımlar gençlere ilginç gelmiyor. Bu akımlara önem kazandıran başlıca nokta Marksizm, daha doğrusu uygulamalı türü Stalinizm'in yetmiş yıllık bir tatbikattan sonra çizmiş olduğu pembe hayallerin gerçekleşmemesi, buna karşın her türlü din ve dinsel akımların bu dünya ile ilişkin olmaması nedeni ile bireylerin zihinlerinde yaşatabilmesi olgusudur.

Kadın araştırmaları ve feminizm - uluslararası göç ve iltica

1966'da kurma olanağını bulduğum Siyasal Davranış Kürsüsü'nün uğraşı alanına giren Siyaset Sosyolojisi, Siyasi Partiler, Seçim Sistemleri, Kamuoyu ve Medya gibi derslerin dışında, zamanımı iki konu üzerinde yoğunlaştırmıştım. Bunlardan biri uluslararası göç, seçim sistemleri, kamuoyu ve Türkiye'nin dış göç süreci; diğeri ise 1968 kuşağının toplumsal konuları yeniden sorgularken feminizme vermiş olduğu taze ilgi idi. Sonuncu konunun başta Birleşmiş Milletler ve UNESCO olmak üzere çeşitli uluslararası kuruluşlarca ele alınması, bu alanda yeni akademik çalışmaların başlangıcını oluşturmuştur.

Kısaca "Women Studies – Kadın Araştırmaları" adı verilmeye başlanan bu konuya ilişkin sorularla ilk defa, 1962 yılında, Yavuz'la beraber Berlin'de bulunduğumuz sırada karşılaşmıştım. Aslında kadının toplumsal konumu İngiltere'de hemen Fransız devrimini takiben "Kadınların Haklarının Tanınma İsteği" adlı ve benzeri yapıtlar ile dile getirilmiştir. Yine Anglosakson âleminde, bu defa 1848'de ABD'de greve giden üç yüz kadının hak talepleri dile getirildi. Bu istekler azalmadı, aksine çoğaldı. İngiltere'de kadınlara birtakım siyasi haklar tanınması için başlayan eylemler, "süfrajet" hareketini doğurdu. Kadınlar kendilerini kral sarayının demir parmaklıklarına zincirlediler. Bu hak uğruna can veren Millicent Fawcett'in ölümünden sonra İngiliz kadınları nihayet 1928'de oy verme hakkını elde ettiler. Ancak bu gelişmeler hareketi durdurmadı. Devamını getirdiler...

Dünya çapında durumun nasıl olduğunu araştırmaya karar veren Amerikalı toplum bilimci R. Patai benden Türk kadınları konusunda bir bahis yazmamı istemişti. Daha sonraları birçok süreli yayın ve toplu eserlerde kadın sorunu ile ilgili incelemeler yayınlayacaktım. Göç konusunun içinde yer alan kadın konusu da benzer şekilde zaman içinde önem kazandı.

Kadın sorununa dönersek, Birleşmiş Milletler kadının küresel statüsü ile ilgili çalışmalara yönelik reformları inceleyince yapılan değişikliklerin, gerçekleştirilen reform ve düzenlemelerin yetersiz olduğunu çok geçmeden saptadı. 1973'te, o dönem Birleşmiş Milletler genel sekreter yardımcılarından, Finlandiyalı hukukçu H. Sipila, İstanbul'da "Aile Planlaması ve Kadının Statüsü" konusunda uluslararası bir seminerin yapılmasına önayak oldu. Gelişmekte olan ülkelerin sırtındaki en büyük kamburun, bir türlü üstesinden gelemedikleri hızlı nüfus artışı olduğu gerçeği, daha o günlerde olanca çıplaklığı ile görünüyordu. Ne var ki o dönemde gebeliği önleyici usullerin yaygınlaştırılması ve ona bağlı hukuki düzenlemeler (örneğin kürtajın serbest bırakılması, aile planlamasının kurumsallaştırılması) bu konudan en çok etkilenen ülkelerde gerçekleştirilemedi. Türkiye'de çok sonra kabul edilen bu politikalar ne yazık ki 2003'ten sonra tümden kenara itildi. İktidar sahibi partinin başkanı her yeni evlenen çiftten önce "en az üç çocuk", son yıllarda ise "beş çocuk" istemek suretiyle hızla olup biten kentleşme ile birlikte özellikle kız çocukların eğitimsiz kalmasına, beraberinde çocuk yaşta evlendirilmelerine yol açmıştır.

Kadın sorunu Birleşmiş Milletler'in gündeminden inmedi, aksine "Kadının On Yılı"nı ilan edip, 1975'te Mexico City'de ilk defa bir "BM Dünya Kadın Konferansı" düzenlenmiştir. Bu konferansta Türkiye'yi Dr. Emel Doğramacı, gazeteci Nilüfer Yalçın başta olmak üzere bir grup Türk meslek kadını temsil etmiştir. Ancak bu katılımcılar Birleşmiş Milletler'e üye devletler için öngörülen hedef ve stratejiler konusunda, Türk kamuoyunu bilgilendirme gereğini duymamışlardır.

Ben bu önemli gelişmelerin kapsam ve çapı konusunda ilk defa 1977'de Amerika'nın Massachusets eyaletindeki ünlü Wellesley kolejinde haberdar oldum. O yıl Boğaziçi Üniversitesi'nden sosyal psikoloji doçentlerinden Deniz Kandiyoti ile birlikte "Kadın ve Gelişme" konulu konferansa katıldım. Sunduğum tebliğ "Göçmen Kadınların Özgürleşmesi ve Sözde Özgürleşme Sorunları" hayli ilgi uyandırmıştı. Bu tebliğimde dış göç sürecinin Türk göçmen kadınına en çok parasal alanda göreli bir serbesti ve bağımsızlık sağladığını, bu özgürlüğün aşırı tüketim eğilimini güçlendirdiğine dikkati çekmiştim. Wellesley'deki konferansı takiben sırf gelişmekte olan ülkelere özgü olmak üzere Afrika, Asya, Latin Amerika temsilcilerinden oluşan grubumuz Wisconsin eyaletinin Milwaukee kentine taşındı. Orada Amerika'nın güçlü bir ekonomik konuma sahip olan Johnson ve Johnson firmasının konukları olarak tüm günümüzü, Amerika'nın çok ünlü mimarlarından Frank Lloyd Wright'ın inşa etmiş olduğu bir villada, tartışarak geçirdik. Lloyd hemen hemen tüm yapılarında toprak, kaya, orman, özetle doğa ile birleşmiş ögeleri ön planda tutmak suretiyle görsel çevre bilincini aşılayan bir öncü sayılır. Wellesley / Milwaukee toplantıları bende silinmeyen yankılar uyandırmıştır. Kadının statüsü ve hakları konusunda yapılan çalışmaları daha ayrıntılı olarak Türkiye'de tanıtma kararını almıştım. O dönemin Kültür Bakanı, eski öğrencim ve meslektaşım Ahmet Taner Kışlalı'nın desteği ile 19-22 Mayıs 1978 tarihleri arasında İstanbul'da Yeniköy'de Sait Halim Paşa Yalısı'na bitişik Turizm Bakanlığı'na bağlı bir otelde "Türk Toplumunda Kadın" konulu bir konferans düzenledik. (Ne yazık ki o tarihten bu yana Boğaziçi kıyısında eşsiz bir konuma sahip olan otel yıktırıldı, tartışmaların yapıldığı Sait Halim Paşa Yalısı büyük bir yangın geçirdi, kamuya ait olan kıyı kısmı İstanbul'da ünlü bir girişimcinin mülkiyetine geçti.)

Konferansa tanınmış iki konuşmacı davet edilmişti. Biri *Çarşafın Ötesinde* (*Beyond the Veil*) kitabının yazarı Faslı sosyolog Fatma Mernissi, diğeri Hindistan'da Yeni Delhi'de Kadın Sorunları Araştırma Merkezi'nin başında bulunan Vina Mazumdar'dı. Bu arada tartışmaları elektriklendiren iki katılımcı daha belirdi, biri 1980'den sonra yurtdışına gidip *Paganlık, Musevilik, Hıristiyanlık, Laiklik* kitabını yayımlayan Marksist Aytunç Altındal, diğeri İslam köktendincileri arasında öncü bir rol oynamış olan Şule Hanım'dı. Birincisi kadın-erkek eşitliğinin ancak sosyalist devriminin zafere ulaşması ile sağlanabileceğini, ikincisi ise kadın erkek eşitliğinin İslam'ın özünde yer almadığını belirtmeye çalışmışlardı. Bugün bile hâlâ, her iki davetsiz konuşmacının hangi odaklar tarafından bizim konferansa yönlendirildiğini, kendi kendime sormaya devam ediyorum...

Konferansa tümü kadın araştırmacılar tarafından hazırlanmış, Türkiye odaklı on dört tebliğ sunulmuştu. Bunlar daha sonra *Türk Toplumunda Kadın* başlığı altında Türk Sosyal Bilimler Derneği tarafından yayımlanmıştır. Birinci baskı Almanya'da tanınan Türk ressamı Mehmet Güler, ikinci baskı ise Türkiye'nin tanınmış kadın ressamı Oya Katoğlu'nun yaptığı kapakla yayımlanmıştır. Kısa bir süre sonra aynı kitap Hollanda'nın tanınmış yayınevi E.J. Brill tarafından 1981'de *Women in Turkish Society* başlığı ile İngilizce, aynı yıllarda Frankfurt'ta *Die Frau in der türkischen Gesselschaft* adıyla, Yıldırım Dağyeli'nin kurduğu Dağyeli Verlag tarafından Almanca yayımlandı.

Bu derlemem o tarihe kadar yayımlanmış Türk kadınının toplumsal konumu ve sorunlarına ilişkin en kapsamlı kitap olmuştur. Bir bakıma klasikler arasına girmiştir. Bu vesile ile önemli saydığım bir tartışmaya girişmek zorunluluğunu duyuyorum. O tarihten sonra yayımlanan Nilüfer Göle'nin *Modern Mahrem* ve Aynur İlyasoğlu'nun *Örtülü Kimlik* adlı kitaplarında ileri sürülen, ama daha önce Şirin Tekeli tarafından ısrarla savunulan bir görüş egemendi. Buna göre "Türkiye'de yeni feminizm ilk defa, yaygın bir bilinçlenme sonucu olarak 1980'den sonra ortaya çıkmıştır. Askeri müdahale siyasal yaşamı tümden bir elekten geçirme sürecine tabi tutarken, kadınlar siyasete karşı değilse de kendi sorunlarına güçlü bir ilgi duymaya başlamaları bu dönemde gerçekleşmiştir." Başka bir deyimle 12 Eylül 1980 darbesinin uyguladığı depolitizasyon süreci dolaylı yoldan kadın sorununu Türk kamuoyunun gündemine yerleştirmiştir. Ayrıca bu görüş Mustafa Kemal'in gerçekleştirmiş olduğu reformları yorumlamak suretiyle değil, bireysel planda bir uyanış yaratmıştır. Şirin Tekeli bu görüşünü özellikle *Kadın Bakışı Açısından 1980'ler Türkiye'sinde Kadın* adlı kitabında şöyle açıklamaktadır: "Feminizm 1980 askeri darbesinin bütün siyasi kuruluşlara, bu arada özellikle Marksist sola indirdiği darbenin ardından gündeme gelebildi... İlk feminist bilinç yükseltme gruplarının oluştuğu 1982 başına bakıldığında, feminist hareketin, 1980 askeri darbesine karşı oluşan ilk, hatta öncü hareketi olduğu, toplumun demokratikleşme arayışında temel bir işlev gördüğü savunulabilir." Bu görüşü benimseyenler arasında sosyolog Nükhet Sirman, ABD'de akademik çalışmalarını sürdüren Zehra F. Arat da bulunmaktadır.

Ben bu görüşü paylaşamıyorum, zira Atatürk'ün ısrarı ile 1926'da gerçekleştirilmiş olan Türk Medeni Yasası'nın kabulünden bu yana birçok vesilelerle Türk kadınlarının yasal düzenlemelerle ulaşması gereken yere varmadığı ileri sürülmüştür. 1978 Mayıs ayında İstanbul'da toplanan kadın odaklı konferansta bildiri sunan tüm konuşmacılar kadın hakları devriminin eksikleri üzerinde dikkati çekmiş, bu kazanımların aslında giderek güçlenen, büyük kentlerde yaşayan bir kadın seçkinler grubunun dışında ne gecekondu kadınlarını ne de Anadolu'da yaşayan kadınları etki alanına çekebildiği saptanmıştır. Kaldı ki hiçbir önemli toplumsal olgu belli bir tarihte, örneğin 12 Eylül 1980'de başlatılamaz. Bunun elbette bir başlangıcı vardır, ancak bu başlangıç belli bir olayla bağlantılı kılınamadığı gibi, bu trendi sırf iç dinamiklere bağlamak da yanlıştır. Eğer, 1980'den bu yana, Türkiye'de kadın sorunu kamuoyunun gündemine girmişse, "ulusal mekanizma" olarak betimlenebilen kadın politikalarına özgü kamu yönetimi kurumları kurulmuşsa, Türk seçmeni ve siyasi partiler bir kadın başbakanını ve içişleri bakanını yadırgamaksızın karşılamışsa, bunun nedenini sadece 1980'den sonra "Mor İğneler" gibi protesto hareketleri ya da Kadın Kütüphanesi'nin varlığı ile açıklamaya imkân yoktur. Soruna daha geniş bir açıdan bakılırsa Türkiye'nin kentleşme, gecekondulaşma gibi 60'lı, 70'li yıllarda geçirdiği dönüşümle birlikte, beraberinde sayıları giderek artan yüksek eğitim görmüş, meslek hayatına girmiş genç kadınların varlığı da göze çarpmaktadır. Bu kadınlar yaşadıkları çevreye göre elbette yasal ve fiili durumlarını tartışacaklardı. Buna bir de uluslararası platformda ağırlığı giderek artan nüfus, istihdam, kadın emeği, automation türü girift etkenler katılırsa, kadın sorununun neden diğer İslam ülkelerine benzer, hatta onlardan daha yoğun şekilde ortaya çıktığı daha kolay anlaşılacaktır.

Ayrıca şunu unutmamak gerekir, uluslararası platformlarda tartışılan kadın sorunu her fırsatta barış arayışı ile birlikte ele alınmaktadır. Bu konuya karşı yoğun ilgi ancak 2010'dan sonra göze çarpmaktadır. Daha önceleri Türk feministlerin özel ilgi gösterdikleri konular üniversitelerde yaşanan tesettür ile ilgili dayatmacı politikalar ve kamusal, özel alanda kadına karşı yöneltilen şiddet hareketleri olmuştur. Böyle bir yorum, aslında kadına daha geniş çerçeveli bir özgürlüğün sağladığı demokratik haklar içinde özel bir konuma kavuşturmak suretiyle İslamcı kadın hareketine neden omuz vermeyi yeğlediklerini açıklamaktadır. Özetle her ülkedeki kadın hareketlerinin iç ve dış dinamiklerden hemen hemen aynı oranda etkilendiği görülmektedir. Bu arada sadece kadın-erkek eşitliğini kabul etmeyen İslam ülkeleri değil, ileri liberal ülkelerde de gerilemeler olabilmektedir.

Amerikalı yazar Susan Faludi, *Backlash (Geri Tepki)* adlı yapıtında belirlediği üzere, günümüze dek tarih hangi dönemde kadınlara kişiliklerini kazanmak yönünde, ekonomik ve sosyal yaşamda eşit olanaklar sunulmuşsa, erkek egemen toplumun iktidar sahipleri, bu amaç ve hedefleri gözden düşürmek için yasalar, medya ve sözcülerini seferber etmişlerdir. Nitekim İrlanda'da kürtaja izin veren 2018'de yapılan yasal değişiklik yine bazı koşullar içermektedir. Benzer fakat farklı şekilde ABD'de yaygınlık kazanan "#MeToo" hareketi sayısız kadının vaktiyle patron-âmir-öğretmenleri tarafından cinsel saldırıya maruz bırakıldıklarını uzun yıllardan sonra kamuoyunun bilgisine açıklamalarına yol açmıştır.

Türkiye'de de durum benzerlikler göstermektedir. AKP'nin kurulduğu 2002'den sonraki yıllarda kendini "demokratik muhafazakâr" parti olarak tarif etmiş ve demokratik düzenlerin çağdaş tüm değerlerini benimseyen bir siyasi parti olduğunu vurgulamıştır. Ancak iktidar partisi, AB üyeliğinin hemen gerçekleşmeyeceğini anladıktan sonra, aslında kuruluş felsefesinin farklı olduğunu belirtmekte gecikmemiştir. Nitekim AKP başkanı ve dönemin başbakanı Recep Tayyip Erdoğan "kadın erkek eşit olamaz", "eşitlik kadın erkeğin fıtratına aykırıdır"; Meclis Başkanı Bülent Arınç "Kahkaha atan kadın iffetsizdir",

Maliye Bakanı Mehmet Şimşek, "Kadınlar iş aradığı için işsizlik yüksek", Sağlık Bakanı Mehmet Müezzinoğlu, "Kadınlar için tek kariyer annelik olmalıdır" gibi beyanlarla gerçek kanaatlerini belirtmişlerdir. Buna karşın 2013'ten itibaren daha dikkat çekici ölçüde, zaman zaman eylemler ortaya koymakla beraber kamuya açık alanlarda görüşlerini dile getirmekten çekinmeyen genç kadınlar ortaya çıkmıştır. Eylem biçimleri de farklılık göstermektedir. Nitekim kimi büyük eylemler haricinde 2018'de Kadıköy Rıhtım'da bisiklete binmiş bir grup kadın şu sloganları koro halinde haykırmışlardır:

> *"İster hamile kalırım, ister kalmam! Sana ne!*
> *İster doğururum, ister doğurmam!İ Sana ne!*
> *Hamile kalır, kürtaj olurum! Sana ne!*
> *İster mini etek giyerim, ister şort giyerim! Sana ne!*
> *Başımı ister örterim, ister örtmem! Sana ne!*
> *Bisiklete binerim! Sana ne!*
> *İstediğim yerde kahkaha atarım. Sana ne!"*[1]

Son yıllarda kadına karşı uygulanan şiddet ve gittikçe sayısı artan kadın cinayetlerine karşı tedbir alınmasını isteyen kadınlarımız, büyük kentlerde polis coplarına ve tutuklanmalara rağmen sokaklarda haklarını savunmaya devam etmektedirler.

Türkiye'de siyasal alanda kadınlara tüm kapılarını kapatan bir partinin neden en fazla kadınlarca desteklendiğine ise şaşmamak gerekir. Bunun ardında zorla benimsetilen ve imam hatip okullarına ağırlık veren eğitim politikası, belediyelerin cömertçe dağıttıkları yardımlar vb. önemli bir yer tutmaktadır. Nihayet bu eğilimde günümüzde vurgulanan bireyciliğin de yer aldığını sanıyorum. Geçmiş günlere dönüyorum.

1 Melis Alphan, Hayatlarımıza karışanlara oy yok ! *Cumhuriyet*, 05.06.2018

Çankaya'dan bir öneri: Kontenjan senatörlüğü

1978 yazı beni sadece modern feminizmin değişik yorumları ile meşgul etmedi. O yıl oğlum Mustafa Kemal ABD'de Cornell Üniversitesi'nde okuduğu Mimarlık Fakültesi'nin birinci sınıfını geçtikten sonra İstanbul'a gelip kendi girişimi ile bir mimarlık bürosunda grafiker olarak iş bulmuştu.

Aile olarak tatilimizi önce İstanbul'da daha sonraları Şile'de geçiriyorduk. Bir akşam üzeri, Şile'nin ünlü fenerinin yakınındaki geniş bir platform üzerinde oluşmuş olan kayalıklar üzerinde eşimle birlikte güneşin batışını seyrederken bir polisin saygı ile yaklaşıp kaymakam beyin beni görmek istediğini bildirdi. Ürktüm, acaba ne olmuştu? Oysa haber olumsuz değil, aksine onurlandırıcı sayılması gereken bir kabul arayışı idi. Cumhurbaşkanlığı genel sekreteri, daha sonraları dışişleri bakanlığı da yapacak olan diplomatlarımızdan Haluk Bayülken, devlet başkanı Amiral Fahri Korutürk adına benim "Kontenjan Senatörlüğü" görevini kabul edip etmeyeceğimi soruyordu. 1961 Türk anayasası İtalyan anayasasından esinlenerek devlet başkanlığına bazı kişisel yetkiler tanımıştı. Kural olarak seçimle gelen yüz eli kişilik ikinci meclis olan senatoya, devlet başkanı kişisel takdirine bağlı olarak on beş kişilik bir kontenjan grubu tayin edebiliyordu. Beni tercih etmesinin hangi nedenlere bağlı olduğunu bugün de bilmemekle beraber, sanırım Türkiye'de kadın sorunsalını bilimsel yollardan çözümleme çabam yatsa gerek. Yanılmıyorsam 20 Ağustos 1978 akşam üzeri gökyüzünü kızıla yakın bir gurup karşısında verdiğim bu kararla kendimi birdenbire siyasetin teorik alanı yerine, pratiğinde buldum.

TBMM'de o dönemde üyelere ayrı oda, sekreter gibi kolaylıklar sunulmuyordu. Meclis binasının üst katında biri kontenjan grubu üyelerine, diğeri Milli Birlikçilere olmak üzere genişçe birer oda ayrılmıştı. Kişisel evrak, kitap vs.

koyacak yer yoktu. Geniş bir masa etrafında oturuluyordu. Grubumuz normal olarak salı ve perşembeleri senato oturumlarına katılıyordu. Grubumuzun –benim hizmet ettiğim dönemdeki– üyeleri şunlardı: grup başkanı eski adalet bakanı, Mülkiye mezunu Zeyyat Baykara, devletin maliye kesiminden, Mülkiye mezunu Namık Kemal Şentürk, Adnan Başer Kafaoğlu, eski vali Şerif Tüten, akademik dünyadan İstanbul Hukuk Fakültesi'nden Hüseyin Nail Kubalı, Ankara Siyasal Bilgiler Fakültesi'nden Safa Reisoğlu, Türk-İş genel sekreteri Halil Tunç, basın dünyasından İnönü'nün damadı, Metin Toker ve TRT'den Hüsamettin Çelebi, ordu kesiminden eski deniz kuvvetleri komutanı Hilmi Fırat, Askeri Yargıtay Başkanı Fahri Çoker. Akademi ve diplomasiyi temsil eden Adile Ayda'dan boşalan yere ben seçilmiştim. Benden başka kadın üye yoktu. Aslında devlet başkanlığınca belirlenen bu üyelerin, toplumda var olup yeter derecede parlamentoda temsil edilmeyen toplumsal sınıflardan gelmeleri tasarlanmıştı. Oysa gerçekte grupta maliye sektörü ile askeri temsilciler –tabii üye olarak tanımlanan Milli Birlikçiler ile birlikte– önemli bir baskı grubu oluşturmuştu.

Meclis Başkanı Cahit Karakaş o sırada tüm milletvekilleri ve senatörler için ek binalar ihale etmişti. Günümüzde onlar da yetmez olmuş, daha yenileri kurulmuştur. Bu odasızlık nedeniyle parlamentoda çalışmak istediğimde aradığım sessizliği ancak kütüphanede bulabiliyordum.

TBMM kütüphane komisyonunda mücadele

TBMM kütüphanesi sayısal açıdan çok zengin bir kitap koleksiyonuna sahip olmakla beraber o dönemde kitaplar, resmi yayınlar, katalog vs'nin ancak küçük bir kısmı bilgisayara yüklenmiş durumda idi. Kendime faaliyet alanı olarak bu paha biçilmez bilgi hazinesini daha çağdaş bir düzenlemeye kavuşturmayı seçmiştim. Ne yazık ki seçmen oyu ile ilgili olmayan bu alan –belli kadroların dağıtım alanına girdiği için– diğer görevlerde olduğu gibi siyasi partilerin nüfuz alanına giriyordu. Dolayısıyla kütüphane personeli arasında bu konuda uzmanlığı hatta bilgi sahibi olmayan pek çok kimseye rastlandığı gibi, yönetimin başında bulunan şahıs da daha modern yöntemler kullanmakta fazla istekli görünmüyordu. Dünyada kanımca en hızlı ve verimli bir şekilde işleyen Amerikan Kongre Kütüphanesi bünyesinde 1980'lerde 18 milyon –bugünlerde 22 milyonu aşkın– kitap bulunduğu halde okuyucuya gereksinme duyduğu cildi en geç on beş dakikada ulaştırabilmektedir. Oysa TBMM kütüphanesine, Basın Yayın Yasası gereği, Türkiye'de basılan her yayın gönderildiği ve yine yasa gereği bu gönderilen yayınların demirbaş olarak kaydedilmesi gerekliliği dolayısıyla, bir uzmanlık kütüphanesi olması gereken bu kitaplık, çocuk kitapları, pornografik yayınlar, romanlar gibi asıl uğraşı alanı ile ancak uzaktan ilgili bir kitaplar deposu halinde bulunuyordu. Bu arada siyaset bilimi, anayasa hukuku gibi kanun koyucuların çok yakından izlemeleri gereken kaynak kitaplar, özellikle yabancı dilde olanların büyük eksikliği açıkça göze çarpıyordu. Senatoya girdiğim günden itibaren, anarşik olaylarla dolu dönemde çok geçmeden silahlı kuvvetlerin müdahale olasılığı, bana yakın bir alternatif görünmüştü. En azından muhalefet tarafından durmadan eleştirilen 1961 Anayasası'nın köklü bir değişikliğe uğrama ihtimali ufukta belirmişti. Öyle olduğu halde anayasa hukuku alanında isim yapmış yerli, yabancı tek bir otoritenin güncel kitabını bulmak mümkün değildi. Bu büyük eksiğin iki nedeni vardı: seçimle oluşturulan kütüphane komisyon üyeliklerine bu konuya karşı ilgi duymayan kimselerin seçilmesi ve bütçe komisyonu tarafından verilen ödeneğin –ısmarlama yetkisi olmasına karşın– kütüphane yönetimi tarafından hiç kullanılmaması.

SBF kütüphanesinde arkadaşlarımla birlikte yıllarca çalışmış biri olarak kaç defa toz toprak içinde kalmış, birer çöp yığınından farksız alt kata atılmış Birleşmiş Milletler'in, benzer uluslararası kuruluşların yayınlarını gözden geçirmiş, bu pejmürdeliğe bir çare aramıştım. Ancak uğraşılarım sonuçsuz kalmaya mahkûmdu. Kütüphane komisyonu başkanlığına şahsen son derece sempatik, dinamik Trabzon Milletvekili Ahmet Şener seçilmişti. Ancak kendisi bu göreve sırf özel ve kuytu bir odaya sahip olmak için talip olduğunu bizzat itiraf etmişti. Gerçekten de sadece parlamento üyelerine açık tutulan okuma salonunu loş ve kolay kolay bulunmayan bir köşesine saklanmış olan odası hemen hemen bütün "çok gizli" parti meselelerini konuşmak için kullanılırdı. Kütüphane salonunun sayılı müdavimleri vardı. Bunların başında siyaset matematiğine meraklı Tarhan Erdem ile arkadaşı Nejat Ölçen gelirdi. 2000'lerden sonra Tarhan Erdem, Konda kamuoyu araştırma firmasını kurmuştur.

Meclis'te ilk şoku yine bu kütüphanede yaşadım. TBMM kütüphane müdürü Hilmi Bey'in odasında bulunduğum bir sırada içeriye MSP'den bir milletvekili girdi. Müdür beni tanıştırınca derhal elimi uzattım. Ne yazık ki elim havada kaldı... Karşımdaki parlamenter asık bir suratla "ben kadın eli sıkmam" cümlesini kurdu. Daha sonraları bu olayı, sempatik halleri ile herkesin takdir ve saygısını kazanmış olan, MHP'li Şener Battal'a endişe ile naklettiğimde, "Sen ona bakma, biz iktidara gelirsek, onu hizaya sokarız" demişti. Ben kütüphanenin durumunu ne pahasına olursa olsun yoluna koymak için Amerikan kültür ataşesi ile temasa geçip, TBMM'ye özgü bir yıllık bir burs sağlamıştım. Ancak gitmesi gereken MSP'li yetkili kesinlikle bursu kullanmama kararını verdi... Bugün elbette var olan kitapların önemli bir kısmı bilgisayara geçmiş bulunmaktadır. Ne var ki Türkiye'ye özgü, "sui generis" başkanlık sisteminde parlamentonun önemi çok azalmıştır... Hele kütüphanenin!..

Dinsel değerlerin uzun ömrü

Şeriat devleti özlemi bugün sanıldığı kadar yeni değildir. Belleğimi zorluyorum, ben çok eskiden şöyle bir olayla karşılaşmıştım. Bugün gibi hatırlıyorum. Yıl 1952. Ankara'nın sıcak yaz günlerinden bir vakit, yaprakların kımıldamadığı saat üç civarı. Bir iş için Necati Bey Caddesi'nde yürüyorum. Üzerimde kısa kollu bir yazlık elbise var. Birdenbire alt gelir grubuna mensup, saçı sakalı birbirine karışmış bir adam önüme çıkıyor. Başımı kaldırmaya vakit kalmadan bütün gücüyle koluma bir şamar indiriyor ve bağırıyor "demokrasi varsa, senin gibi o....ların böyle gezmesini yasaklayacak günler elbette gelecektir!" Bu olayı birkaç gün sonra başkentte toplanan CHP il kongresinde, başkan İsmet İnönü'nün huzurunda naklettiğimde, Paşa beni yanına çağırarak "Biz laikliğin bekçisiyiz, sen üzülme kızım!" demişti.

O zaman olduğu gibi bugün de belli giysi ve başlıkların siyasal bir simge olduğu kanaatini taşımaktayım. Bu kanım belli boğumlar taşıyan ya da belli biçimde başa tutturulan başörtüsü için olduğu kadar parmakları ile kurt işareti yapan sportif kılıklı MHP partizanları için de geçerlidir. Öngöremediğim husus zamanla siyasi bir mücadele ögesi olarak giyimin, daha doğrusu örtünme özgürlüğünün kimi kuruluşların insan hakları çerçevesinde vicdan özgürlüğünün şaşmaz bir göstergesi olarak kullanılması haline gelmesidir. Bunun yansıması, günümüzde Avrupa'nın en liberal ülkelerin de bile yeni giyim yasaklarının kabul edilmesidir. Bu arada "başörtüsü" ile "türban" arasındaki fark gün geçtikçe bu iki grup arasındaki hayata bakış açısını da belirtmektedir.

Günümüzde Avrupa'da yabancı düşmanlığını, ırkçılığı, İslam düşmanlığını pekiştiren o dazlak ya da kısa saçlı, göğüsleri sembolik birtakım dövmelerle süslü, ayaklarında tekme atmaya çok elverişli kalın botlar giymiş erkek-kadın gençlerinin egemenliği olmuştur. Onlar bir bakıma kamuoyunun duyarlılığını ya da dikkatini oluşturan "öncü" güçlerdir. Simgelerin en önemli özelliği mesajı düşündürmeksizin karşıdakinin belleğine yerleştirmesidir. Bu ister modern İslam örtünmesi olsun, ister rahibe kılığı olsun, ister Nazizm ya da faşizmin görkemli saltanat günlerinin özlemini yad ettiren flamalar, gamalı haçlar olsun.

Türkiye'de Cumhuriyet rejimine karşı alternatif bir devlet modeli oluşturmadan önce Fatih ve Beyazıt sokaklarını başları yeşil ya da beyaz sarıklı, sırtlarında lata denilen bol bir ceket ve şalvar don giymiş, düzineler dolusu 12-15 yaşındaki erkek çocuklarla doldurma siyaseti güdülmüştür.

Giysi özgürlüğü toplum yapısına göre geçerli olabilir. Cuma günü saat on altıya yakın, New York'un elmas borsasının bulunduğu 46. Sokak'la 5. Cadde'nin kesiştiği köşeden geçenler başlarında siyah, geniş siperlikli geleneksel şapkalarını iri bukleli favorileri üzerine oturtmuş, geleneksel giysilerini giymiş düzineler dolusu Hasidik Yahudilerin, Yahudi dinlenme günü olan cumartesi yani şabatı karşılamak üzere Brooklyn semtine doğru hareket eden özel otobüslere doluştuğunu görebilirler. Neden oradaki özgürlük başka bir ülkede de geçerli olmasın?? İşte bunun cevabı kestirmeden "olsun" ya da "olmasın" değildir. Zira belli bir etnik ya da dinsel grubun yaşam tarzına gösterilecek saygı daha doğrusu toplumda ayrılacak yer, bu grubun sistemin tümüne karşı işgal ettiği yer, sayısal gücü ve sistemi değiştirip değiştirmemek istemesine bağlıdır. Türkiye gibi Alevi-Sünni kutuplaşmasından başka dini cemaatlerin toplumsal dengenin inşasında rol oynadığı bir ülkede, İslam gibi evrensel bir dinin belli çıkarları temsil eden tarikat ya da siyasi grupların kalkan olarak kullanılması çağdaşlaşma ilkesine gönül vermiş yurttaşlar açısında çok olumsuz sonuçlar verebilir. Bu tür bir zıtlaşma karşısında tek çözüm, kişinin inanç sistemiyle baş başa bırakılması, duyguları yönlendiren dini buyrukların kamusal alanı düzenleyen hukuk kurallarından ayrı tutulmasıdır.

Federal Almanya'dan yüksek liyakat nişanı

Yavuz'un Almanya'daki öğrencilik yıllarından başlayarak iki ülke arasındaki kültürel ve bilimsel bağların ahenkli bir biçimde gelişmesi amacı ile yaptığı çeşitli çalışma ve yayınlar kendisine 1966 yılında Federal Almanya'nın Yüksek Liyakat Nişanı'nın "Grosses Verdienstkreuz" verilmesine vesile olmuştu. On yıllık bir farkla bu kez aynı nişan bana da özellikle yurtdışına giden Türk işçilerin sorunlarını ele alan araştırmalarımı eleştirel bir bakışla değerlendirdiğim için verildi. Yapılan törende Almanya büyükelçisi Dr. Sahm'ın, demokratik bir düşüncenin ürünü olan eleştiriyi ödüllendirmenin ne kadar önemli olduğunu vurgulaması, harcadığım emeklerin tümden boşa gitmediğini belirtmesi, beni gerçekten mutlu etmişti.

Oysa bugün benim düşlediğim çok kültürlü toplumda birlikte yaşamanın kısa süreli bir düş olduğu ortaya çıktı. Artık "integration" (bütünleşme) yerine hedef şartsız koşulsuz "asimilasyon" (erime-eritme) hedefi güdülmekte. Hollanda, Danimarka gibi özgürlükçü bilinen ülkelerde de yoğun bir yabancı, özellikle İslam karşıtlığı egemenliğini sürmektedir.

1980 öncesi meclis koridorlarında esen hava

Parlamentolarda toplantı salonları kadar koridorlar da önemlidir. C.P. Snow adlı İngiliz yazar *The Corridor of Power* adlı yapıtında politikacıların karşılaştıkları, şakalaştıkları, fiskos ettikleri, hülasa günlük yaşamın küçük jestleri ile vakit geçirdikleri bu mekânları ne de güzel tasvir etmiştir. Benim de TBMM'ye girdiğim yasama döneminde sistem, çift meclis kuralına göre işlediği için büyük toplantı salonu Millet Meclisi'ne, daha sonraları ana muhalefet partisine grup salonu olarak ayrılan salon ise Senato'ya tahsis edilmişti. Her iki toplantı salonu birer koridora açılmaktaydı. Büyük toplantı salonunun açıldığı koridor o zamanlar Adalet Partisi grup odasına da açıldığı için oralarda ağırlıklı olarak Adalet Partisi mensupları otururdu. Buna karşın büyük toplantı salonunun sol tarafında bulunan koridora sadece AP ve CHP'liler değil, aynı zamanda senatörler de çıkarlardı. Buralardaki masa ve oturma köşelerinde bol bol çay kahve içildiği gibi anlamlı, cinaslı, politik laflar atılır, kelime düelloları yapılırdı. Senato toplantıları düzenli olarak pazartesi, çarşamba ve cuma günleri toplanırdı.

Cumhurbaşkanına önemli durumlarda tavsiyede bulunması öngörülmüş olan grubumuza en önemli soru 2 Ocak 1980 tarihte gelmişti. Genelkurmay Başkanı Kenan Evren'in imzası ile gelen bir mektupta ülkenin komünist yuvalar yüzünden yönetilmez duruma geldiği, hangi önlemlerin alınması gerektiği sorulmuştu. Grubumuz kendisini bu mektuba muhatap saymadığını çoğunlukla ifade etmişti. Benim, Ülkücü gençlik örgütünün faaliyetinden bahsederek, bu duruma işaret edilmesi gerektiğini ileri sürdüğüm öneriyi, cumhurbaşkanı "Bana sağcıların suç işlediğini söyletemezsiniz" tarzında yanıtlamıştı. Bu arada Cumhurbaşkanı Fahri Korutürk'ün süresinin sona erdiği 5 Nisan 1980 tarihinde Çankaya'yı terk etmesi, durumu daha çıkılmaz bir hale getirdi. TBMM ve Senato'nun yer aldığı oturumlarda siyasi partilerin uzlaşmaz tutumu büsbütün görünür hale gelmişti.

Dönemin muhafazakâr görüşünün en etkin temsilcisi Necmettin Erbakan değişik vesilelerle "bakalım kadayıfın altı kızardı mı" türünden manalı konuşmalarla uzlaşma havasını zayıflatıyordu. Hiçbir siyasi parti, partiler üstü bir görüşü temsil eden devlet başkanı adayı konusunda anlaşamıyordu. O dönemde Senato Başkanı olan İhsan Sabri Çağlayangil aday gösterilmiş olsaydı, sorunu çözerdi kanımca... 12 Eylül öncesindeki günlerde asayiş kalmamıştı. Üniversitesine dönmesi gereken oğlumu hava alanına götürürken Ankara çıkışında büyük bir hendek içinde büyük alevlerle yanan engellerle karşılaşmıştım. Zor bela alana vardığımda yolcuların akşamdan geldiklerini ve taş üzerinde yattıklarını öğrendim. Polisi aradığımda kimse yanıt vermedi, kaos bilinçli olarak yaratılıyordu. Demokrasiyi sağlama bahanesi ile kamusal düzenin otoriter bir yönetimle gerçekleştirilmesi, birçok yurttaş tarafından olumlu karşılandı. Bu müdahalenin faturası son derece ağır oldu...

Devlete yeniden itibar kazandırmak gerekçesi ile yapılanların bilançosu gerçekten çok hazin. Daha önceki müdahalelerde ana tema hep "raydan çıkmış bir demokrasiyi yeniden yoluna koymak"tı. Oysa bu defa amaç, demokrasiden önce ülkeyi emir ve komuta zinciri çerçevesinde, yanlış yorumlanmış zoraki bir Atatürkçülük sevdası ile bezenmiş ideoloji yani Türk-İslam sentezi ile ayağa kaldırmaktı. Bu hususta en gerçekçi teşhisi bir ara Milli Güvenlik Kurulu tarafından Zincirbozan kampında zorunlu ikamete tabi tutulan Alparslan Türkeş tarafından dile getirilmişti: "Fikirlerimiz iktidarda, fakat bizler gözaltındayız!" Devlete yeniden itibar kazandırma gerekçesiyle yapılanların ne kadar vahim hatalar içerdiğini Atatürk'ün kurumlarını bile ortadan kaldırmaya gidecek kadar bilgi ve görüşlerinden emin olan "Apoletli Beşler" bir süre sonra hatalarını kabul etmek zorunda kaldılar...

Kenan Evren devri sona erdiğinde Beşler'den yalnız eski hava kuvvetleri komutanı ile genelkurmay başkanı hayatta kalmıştı. Yargı önüne davet edildikleri halde, sağlık gerekçesiyle, yaptıklarının hesabını veremediler, cezalandırılmaksızın öbür dünyaya göçtüler. 12 Eylül 1980'de işledikleri büyük hataların bilançosu çok hazindir:

650.000 kişi gözaltına alındı.

1 milyon 683 bin kişi "fişlendi".

Açılan 210.000 davada 230.000 kişi yargılandı.

7.000 kişi için "idam" istendi.

49 kişi asıldı.

388.000 kişiye pasaport verilmedi.

30.000 kişi "sakıncalı" olduğu için işten atıldı.

14.000 kişi "vatandaşlıktan" çıkarıldı.

30.000 kişi "siyasi" sığınmacı olarak yurtdışında yaşamaya başladı.

14 kişi cezaevlerinde giriştikleri protesto nedeni ile "açlık grevi" sonucu yaşamını yitirdi.

937 film "sakıncalı" bulundu.

23.667 derneğin faaliyeti "durduruldu".

3.854 öğretmen, 120 öğretim üyesi, 47 yargıcın işine son verildi.

9.400 "sakıncalı" ilan edilen kamu görevlisi 1402 sayılı yasaya göre atıldı, sürüldü.

Gazetecilere toplam 4.000 yıl ceza istendi, 3.315 yıl cezaya hükmedildi.

300 gazeteci saldırıya uğradı, 3 gazeteci silahla öldürüldü.

Gazetecilerden istenen tazminat miktarı 12 milyar 848 milyon liraydı.

Hiçbir gerekçe göstermeksizin, meşhur portakal renkli bir zarfla "1402 sayılı yasa gereği görevinden azledilen" arkadaşlarımızın sayısı SBF'de bir düzineyi aşmıştı. Bunlardan anayasa hocamız -benim Bahri Ağabeyim- Prof. Savcı'nın yaş haddinden emekli olmasına iki ay kalmıştı. Prof. Dr. Kurthan Fişek ise dekan yardımcısı olarak idari bir görev yürütürken ve bu arada Milli Güvenlik Kurulu'na danışmanlık da yaparken, "ecinnilerin" hışmına uğramıştı. Karardan en fazla etkilenen, bilimsel çalışmaları dışında hiçbir uğraşısı olmayan SBF'nin en parlak ekonomistlerinden Prof. Dr. Tuncer Bulutay'dı. Evine çekildi, kimseyi görmek istemedi. Yıllar sonra, 1402'liklere yeniden göreve dönme kapısı açıldığında, kesinlikle bu olanaktan yararlanmak istemediğini beyan eden yine Tuncer olmuştu. Onu görevden alanlar kusurlarını itiraf edip durumu eski hale getirmek istediler, fakat o kişiliğinin bir gereği olarak onları asla affetmedi. İnternet bu kadar yaygınlaşmadan önce ya evinde ya da Amerikan kütüphanesinde oturup bilimsel çalışmalarını sürdürüyordu. Çok değer verdiği eşini yitirdikten sonra da tutumunu değiştirmedi. Bunun tek istisnası bilimsel toplantılara davet edildiğinde ileri sürmekten çekinmediği sert eleştirileri olmuştur.

Evet, sıkı yönetim süresince, 1983'te yapılan ilk seçimden sonra da üniversitelerin içi oyulmuş, yarı ölü bir ağaca dönmüştü. Ancak bugün bakıyorum da, o dönemdeki koşullar bile, AKP'nin cumhurbaşkanınca atanan rektörler ve YÖK'ün diğer müdahalelerine göre daha insaflı idi. Halen yürütme organının aldığı kararlarla, ilgili kurumların ileri sürdükleri herhangi bir itirazı, öğrenci protestosu, sivil toplum hareketini hesaba katmaksızın kamusal politikaları eleştiren belli üniversiteleri -Ankara Üniversitesi, ODTÜ, Boğaziçi- susturmak için OHAL bahanesiyle öğretim üyeleri, öğrenci ve personeli tutuklayarak iddianame hazırlamaksızın bu yurttaşları hapsetmekte çekinmemektedir. Günümüzde üniversiteler asli görevlerini yerine getirmekten uzaktırlar. Büyük çoğunda sadece eskimiş bilgiler "siyasete bulaşmamış, tarafsız(!) kişilerce" aktarılmaktadır. Vaktiyle 1980'den sonra çağımızın ilerisini görebilen akademik çevreler üniversitenin dışına taşmış, Türk basın ve fikir hayatını zenginleştirmiş bulunuyorlardı. 1402'liklerin yanı sıra sırf mesleki dayanışma olarak üniversiteden istifa edip şanslarını başka alanlarda arayanlar, bir süre sonra başka semalarda parlamaya başladılar. O dönemde biri Ankara'da, diğeri İstanbul'da siyasi bilimler fakültelerinden uzaklaştırılan Rona ve rahmetli Aydın Aybay kurdukları büro ile hukuki anlaşmazlıkları uluslararası platformlarda çözüyordu. İkinci Dünya Savaşı'nın sonunda insanlığa dehşet anları yaşatan Hiroşima kentinde barış anıtı dikecek kadar "küreselleşmiş" bir adalet kavramının kökleşmesine hizmet etmişlerdir. Yine o dönemde SBF'nin 1402'likleri arasında yer alan Mete Tunçay yıllarca *Tarih ve Toplum* dergisini çıkartmış, Kurthan Fişek ve Ertuğrul Özkök *Hürriyet,* Mümtaz Soysal *Milliyet* gazetelerini kalemleri ile güçlendirmişlerdir. Değerli tarihçilerimizden İlber Ortaylı, Taner Timur, Uygur Kocabaşoğlu akademik görevlerinden istifa ederek dış ülkelerde konuk profesör ya da araştırmacı olarak yaşamlarını sürdürmüşlerdir. Anayasa Hukuku doçenti Fazıl Sağlam ise avukatlık alanında çaba sarf etmiştir.

12 Eylül rejimi birçok kurumu değiştirdi, Fransa'dan esinlenen ancak oradaki Conseil Supérieur de l'éducation'un kötü bir kopyası sayılan YÖK, üniversitelerin özerkliğini kaldırmakla yetinmedi, bu kurumlarda herhangi bir kolektif fikrin oluşmaması için tüm önlemleri aldı. Ankara SBF'de, perşembe günleri neredeyse Avam Kamarası'nı andıran bir törenle

belli bir gündemle toplanan Profesörler Kurulu gitti, yerini ne zaman toplanacağı belli olmayan, yetkisiz bir küçük kurul geçti. Doğramacı rejimi geldikten sonra profesörlüğe yükselmeyi bekleyen doçentlerin eskisi gibi bir süre çalışmaları –beş yıl–, bir tez hazırlamaları ve deneme dersleri vermeleri yerine hakemli dergilerde bir iki makale yayınlamaları yeterli görüldü. Böylece "gecekondu profesörlüğü" çığırı açılmış, akademik kariyere mensubiyetin değer ve anlamı yitirilmiştir. Türkiye Cumhuriyeti'nin kuruluşu sırasında benimsenen devrimci ilkeleri her vesileyle savunan ve bu nedenle Cumhuriyetin bir teminatı sayılan kaymakam, vali, büyükelçi gibi devlet bürokrasisinin kilit personelini yetiştiren SBF artık eski Mülkiye olmaktan çıkmış, değişik bir hüviyete kavuşmuştur. Bu değişimin bir nedeni "Siyaset Bilimi" yani siyasal iktidar olgusunu esas alan disiplin yerine öğretim programına "Kamu Yönetimi" kavramını yerleştirmekle alanı önemsizleştirmek dileği yatıyordu. Bu değişikliğe karşı en büyük duyarlılık Boğaziçi Üniversitesi'nden gelmiştir. Oradaki Siyaset Bilimi ve Uluslararası İlişkiler Bölümü "kamu yönetimi" yaftasını silebilmek için yıllarca bir mücadele vermiştir.

Ankara'daki SBF ise kanımca yanlış bir kararla yeni bölümleri birinci yıldan itibaren başlatmıştır. Buna göre öğrenciler ekonomi, maliye, işletme, sosyal politika, uluslararası ilişkiler ve kamu yönetimi olmak üzere altı şubeli bir program çerçevesinde tercihlerini belirtmek zorunda bırakıldılar. Böylece eskiden "Mülkiye"nin geniş ufuklu kültürünü oluşturan ilk iki yılda tüm öğrencileri kucaklayan programı terk edildi, gençler dar bir çerçeveye sıkıştırılan konulardan birini –konuyu fazla bilmeden– seçmek zorunda kaldılar. Bu değişiklik SBF'yi tercih eden öğrencilerin toplumsal kökenlerinde de önemli değişikliklere yol açmıştır. Eskiden İstanbul, Ankara, İzmir'de yabancı dil öğretimi yapan okullardan gelen veya giriş sınavlarında yüksek puan tutturmuş olan üstün öğrenciler SBF'ye girmek için çaba sarf ediyorlardı. Oysa 1980'in ikinci yarısında yapılan bir araştırmaya göre kamu yönetimi şubesindeki öğrencilerin yüzde kırkı İmam Hatip okulu çıkışlı idi, bu oran 1990'larda daha da artmıştır. Bu değişikliği derslerde öğrencilerin sorularından anlamak mümkündü.

Yeri olsun olmasın, öğrenciler bana İsmet İnönü'nün Türkiye'yi neden İkinci Dünya Savaşı'na sokmadığını, laiklik ilkesi üzerinde neden ısrarla durulduğunu sormaya başladılar. Çok geçmeden tartışmaların Atatürk üzerine de kayacağını bilmek için kâhin olmaya gerek yoktu. Gençler ayrıca doğru bildikleri konularda tartışma yapmaya da taraftar değildi. Herkes kendi bildiğine körü körüne bağlı kalıyordu. Hem solcular hem de sağcılar din, ideoloji ve siyaset ilişkilerini, çok kültürlü toplumlarda barışın temellerini araştırmayı gereksiz bir külfet sayıyorlardı. Eski sağ-sol kutuplaşması yerini küreselleşmenin getirdiği "girişimci ruh" ve bu ruhu besleyen "köşe dönmecilik" ön planı işgal ediyordu.

Özallı yıllar gelmişti. Cebimizde eskisinden farklı olarak herhangi bir yabancı döviz taşımaktan memnunduk, konut fonu karşılığında dilenildiği sayıda yurtdışına gidebilmek birçok yurttaşı sevindirmişti, fakat toplumda gözle görülen sert kutuplaşma, servetler arasındaki uçurumun büyümesi, "benim memurum işini bilir" türünden resmi beyanlar sayesinde kurumlaşan rüşvet ve yolsuzluklar, özellikle "hayali ihracat"ın getirdiği hızlı zenginleşme olgusu, bir kısmımızı derin bir düş kırıklığına uğratmıştır.

Bu satırlar 2010'dan sonra okunduğu zaman akademisyen, aydın, uzmanlaşmış birey, bağımsız yaşamak isteyen kadınlara karşı AKP'nin açığa vurmaktan çekinmediği politikaları gözden geçirildiğinde, varılan sonuç geçmişteki haksızlıkları bile gölgede bırakmaktadır.

SBF'ye dönüş

Parlamentodaki görevim, anayasanın öngördüğü altı yıl yerine, tamı tamına iki yıl sürdü. Sevdiğim, alıştığım üniversite yaşamına sandığımdan daha erken dönecektim. Ne var ki seçim yasasının parlamentoda görev yapmış olan kamu yönetim görevlilerine otomatik bir dönüş hakkı tanımakla birlikte 12 Eylül 1980'deki askeri müdahale ilerleyen aylarda bu yeniden dönüşü hiç de kolaylaştırmadı. Zira öğretim üyesi, akademik kariyerin kademelerine hangi yolla yükseltilmişse aynı yolun izlenmesi öngörülmüştü. Dolayısıyla kürsü ve meslektaşım eski Kültür Bakanı Ahmet Taner Kışlalı doçent olduğu için SBF/BYYO'ya profesörler kurulu kararı ile dönebildiği halde, bendeki usul çok daha karmaşıktı. Hem fakülte hem de senato kararı gerekliydi. Bu arada dostlarımla birlikte beni sevmeyenler de eksik olmadığı için hakkımda "sevimli raporlar düzenleyenler de ortaya çıkmakta gecikmediler" bereket ki gammazlamakta her zaman çok özgür olan ülkemizde insanlar başkalarının haysiyetiyle kolayca oynayabildikleri halde gerçek galebe çalıp kişiyi sadece bir süre üzmekle kalıyor, yeter ki o kişi azimli olup mücadele etmesini göze alsın.

Sonuç: geri dönüşüm SBF kurulunda kritik bir oy çokluğu, senatoda ezici bir oy çokluğu ile geçmişti. Mayıs 1981'de sevdiğim kürsüme dönebildim. Şu kadarki 12 Eylül ile birlikte gelen yeni düzenleme nedeniyle SBF'nin birinci katında penceresinin önünde kocaman bir ağaç olan geniş odam, fakülte sekreterine halıyla döşenmiş lüks bir makam odasına dönüştürülmüş. Bana sadece en alt katta, öğrenci tuvaletlerine bitişik bir odacık kalmıştı, ne zarar var, ben o gün de bugün olduğu gibi mesleğimin âşığı olarak yaşamımda yeni bir sayfa açmaktan mutluydum. 1981-82 ders yılında sadece Siyaset Sosyolojisi dersi vermekle yetinmedim, doktora programına dış ülkelerde yıllardan beri bağımsız bir disiplin haline gelmiş "Kadın Araştırmaları - Women Studies" kapsam alanına giren çeşitli dersler vermeye de başladım. Kadın ve siyaset, kadın ve gelişme, kadın sorunları ve kamu yönetimi, feminizm kuramları gibi... Lisans üstü öğrencilerim hem çoğalmış hem de sevimlileşmişti. Ders odamı uluslararası bir profil çizen gençler doldurmaya başladı, bunlar arasında başındaki kırmızı bereyi eğik bir biçimde taşıyan ve onu derste bile çıkartmayan, bembeyaz dişlerinin süslediği yüzünde gülümsemesi eksik olmayan Nijeryalı bir delikanlı, daha sonraları Çin Halk Cumhuriyeti'nin Ankara Büyükelçiliği basın ataşeliğinde görev alan ve Türkçe nüktelerin anlamını dahi çözümleyebilen bir Çinli, Humeyni'nin İran'ından kaçıp Türkiye'de feyiz arayan İranlılarla İsrailliler tartışmaya öz ve renk katan yabancı öğrencilerim, ilk aklıma gelenlerdir. Fakat iş bununla kalmadı: öğretmen yaşlandıkça kendisini çağdaş düşünceye ulaştıran yetenekli öğrencileriyle çabucak dost olur, arkadaş olur, onun taze bilgilerinden yaralanır. Bu yıllarda benim doktora kurlarıma devam eden genç Türk öğrenciler arasında ileriki yıllarda kürsümü devam ettiren, Türk fikir yaşamına orijinal düşünceleri ile renk katan çok yetenekli gençler de oldu, bunlar arasında sevgimin yeşerdiğini, aile kurmaya dönüştüğünü, dünya şekeri bir yavru ile filiz vereni de gördüm. Bana yakınlık gösteren bu gençler o yıllarda Türkiye'de ve özellikle üniversitelerde esen hayal kırıklığı ve yeisle dolu zamanlarımı unutturdular. Üçü doğrudan doğruya benimle doktora yaptılar. Almanların deyimi ile ben onların "doktora annesi" oldum, her biri mesleğinde ilerlemiş, onur ve kıvanç duyduğum yetenekli meslektaşlarım oldu. En önemlisi, ben emekli olduktan sonra da arkadaşlıklarını eksiltmediler. Selam o dönemin Serpil Üşür, bugünün Serpil Üşür Sancar'ına, Eser ve Levent Köker'ine, Neşe Kemiksiz'ine...

Bu satırları yazalı ikinci bir zaman dilimi geçti. Özgeçmişimi aktaran kitabımın üçüncü baskısı 2007'de çıktı. Şimdi 2021'deyiz. Bir iki yıl önce bi zamanlar benim de çatısı altında kısa bir dönem süresince görevde bulunduğum TBMM yeni bir siyasal düzene geçmesini simgeleyen bir açılış törenı kutladı. Ardı ardına yapılan referandumlarla Türkiye'nin anayasal düzeni ulusal egemenliğine dayanan parlamenter sistemden, "sui generis", örneği bulunmayan bir tür başkanlık sistemine geçti. Yeni mecliste, yedi siyasi partiye mensup altı yüz üye, on saat süresince –gerçi eski anda göre– yemin ettiler, fakat yürütmenin başkanı olarak yeni sistemi simgeleyen cumhurbaşkanı, on üçüncü olmayı kabul etmeyip, yeni tip cumhuriyet düzenin birincisi olmaya karar verdi. Bu yeni sistemde "başbakanlık" makamı olmadığı gibi parlamentoda denetim işlevine hizmet eden soru, gensoru, araştırma önergesi isteme gibi mekanizmalara da yer verilmemiştir. Yürütme organının başkanı kabinesinin üyelerini kendi oluşturma yetkisine sahip olup, güven isteme zorunda değildir. Dilediği kabine üyesine yol verebildiği gibi anayasa mahkemesinin üyelerini kişisel takdirine göre seçebilmektedir.

UNUTAMADIKLARIM

Bilançoya son vermeden önce yaşamım boyunca iz bırakan, özellikleri, erdemleri, iradeleri, tutumları ile bende silinmez bir iz bırakmış olan insanları anmak istiyorum. Hepsi değişik zaman dilimlerinde yaşamıma yön verdiler ya da fikir, tutum ve yorumları ile bende kalıcı izler bıraktılar. Sayıları kabarık, çoğu kadındır. Hepsinden olmasa da bir kısmından bu kitapta bahsetmek, bence ödemem gereken bir şükran ve minnet borcudur.

Babam

Aslında ailenin temel direği olması gereken şahıs benim için ara sıra, güzel bir rüya, gördüğüm zaman sevindiğim bir insandı. Tüm yaşamım boyunca onu ancak belirli olaylar vesilesiyle hatırlıyorum. İlk anım Viyana'dan Türkiye'ye taşınmamıza ilişkindir. İkinci anım İstanbul'da annemle beni –sanırım Bebek koyunda– bir sandala bindirip gezdirmeye kalktığı gündür. Boğaz'da işleyen vapurlardan biri gelince biz, sandaldakiler kıyı ile vapur arasındaki sularda, dalgaların tepesinde kalmıştık, çok korkmuştum... Üçüncü anım Maçka'daki Ralli Apartmanı'nın salonunda beni pencerenin önüne çekip, uzaktaki yangını göstermesiydi... Tüm anılar filmlerdeki sahneler gibi, anlık izlerdi. Bir defa olsun aynı masada babam ve annemle yemek yemedim. Bir defa olsun evde baba olarak onun dolaştığını hatırlamıyorum. Kısacası babanın ne demek olduğunu anlamadan büyüdüm...

Annem

Herkesin kişiliğini, karakterini belirleyenlerin başında en yakınları gelir. Küçükken kuşkusuz en çok sevgi ve şefkatini aradığım insan annemdi. Fakat annem günümüz kadınlarından çok farklı olarak beni ortak yaşamımızda ancak "uygun gördüğü zaman"larda "kabul" ediyordu. Çocuk psikolojisi bu, anne sevgisini –özellikle evde başka çocuk yoksa– çok şiddetle aradığım halde, tüm tantana, lükse rağmen bulamadım. Bu nedenle olsa gerek ölüm haberini aldığımda fazla üzülmedim. Bugünkü değerlendirmeme göre "ben" bir "aksesuar", sık yolculukları nedeniyle babamla ancak ara sıra bir araya gelmelerini sağlayan bir "gerekçe" idim.

Ablam

Bilincim arttıkça benimle annemden daha çok ilgilenen kişinin üvey ablam olduğunu keşfetmekte gecikmedim. Babalarımızın ayrı olması, değişik kültür ve dinin egemen olduğu ülkelerde yaşamımıza rağmen, İkinci Dünya Savaşı'ndan sonra onun Macaristan'da komünizm egemenliği altında aristokrat bir babanın kızı ve yine aristokrat bir kocanın eşi olarak ağır baskılar altında kalmasına rağmen, sevgimiz ve ilişkilerimiz hiç kopmadı. On dört yaş büyüğümdü, çok güzeldi, şefkatli idi. Çocukluğumda çok az gördüğüm annem ve babamın bana sayısız oyuncaklar verdiklerini biliyorum, fakat belleğimde sadece tek bir oyuncak kalmıştır: ablamın bana bir yaz tatilinde Avusturya'nın şipşirin yazlıkların birinde bulduğu ve bana hediye ettiği mor kadifeden yapma ufacık bir fil! Macar komünist yönetiminin ona çeşitli baskılar yapmasına, onu hapse atmasına rağmen, o hiçbir zaman neşesini, mücadele azmini kaybetmemiş, daima gülmesini bilmiştir. Hayvanları çok severdi, yetişkin yaşamımda beni şımartan çok nadir insanlardan biri idi...

Öğretmenim: Miss Hilde

Amerikan sosyolojisinde sık sık başvurulan kavramlardan biri "rol modelliği"dir. Babamı kaybettikten ve annem tarafından Budapeşte'de yatılı bir okula yerleştirildikten sonra sonra benim "rol modelim" sportif tavırları, ilkeli düşünceleri ile bana özel hocalık yapan Miss Hilde idi. Kaldığım yatılı okulda bulunan diğer kız arkadaşlarım gündüz değişik eğitim kurumlarına devam etmelerine karşın ben yılın üçte iki süresince bütün dersleri Miss Hilde'den alıyordum, buna İngilizce de dahil. Sonraları bu "birebir" eğitimin ne kadar önemli olduğunu fark edecektim. Miss Hilde her vesileyle insanın erkek olsun, kadın olsun bir meslek sahibi olması, yeteneklerini özel yaşamın dar sınırları ötesinde değerlendirilmesi gerektiğini, ulusa hizmet erdemlerinden söz ederdi. En elverişsiz koşullar altında bile yılmadan azimle ders çalışmayı ondan öğrendim.

Bana her vesileyle kişinin kendi ayakları üzerinde durmayı bilmesini, bilgiye ulaşmanın tek yolunun öğrenime devam etmek olduğunu, yeteneklerini geliştirmenin gerekliliğini, ister ders ister spor olsun her alanda insanın kendi yeteneklerini barışçı bir yarışma tarzında bizzat kendisinin saptaması gereğini söylerdi. İkinci Dünya Savaşı bittikten sonra Miss Hilde'nin kız kardeşinin yanına gittiğini öğrendim. Kendisine barışı izleyen ilk yıllarda şeker bulunmadığından yiyecek paketlerle kuru üzüm yolladım. Onu, Yavuz ölmeden Türkiye'ye davet edip, Rize'ye kadar birlikte bir deniz yolculuğu yaptırabildiğim, ona ülkemi gezdirebildiğim için mutluyum.

1969-70 ders yılında Münih Üniversitesi'nde konuk profesörlük yaptığım sırada hocamın amansız bir hastalığa yakalandığını, son günlerinde yeğeni aracılığı ile sık sık benim adımı sayıkladığını öğrendim. Son nefesini vermeden yetiştim, fakat o artık etrafını tanımıyordu. Sonra tek vârisi yeğeninden öğrendiğime göre oğlum için üç bin mark bırakmış. Kuşkusuz bu sözlü vasiyeti yeğeni geçekleştirmeyebilirdi, fakat bu dürüst delikanlı, hocamın son arzusunu yerine getirdi. Bu parasal katkı ile oğlumu iki yıl daha Bavyera'daki yatılı okula gönderebildim –bir bakıma Mustafa Kemal'in daha sonraları ABD'de devam ettiği okula geçmesi bu sayede mümkün oldu. Kısa saçları, sportif giysileri, neşeli tavırları ile hâlâ gözümün önündedir.

Mübeccel (Belik) Kıray ve Dr. İbrahim Kıray

Yaşamım boyunca temas halinde kaldığım "Beco", bana yeni Türkçe öğrenmeye başladığım zamandan başlayıp kendisini kaybettiğim güne kadar, değişik nedenlerden dolayı fikir veren, destek olan, arkadaşlarımızla ortak görüşler oluşturan bir insandı. Türk sosyal bilimler alanında önemli bir ekol oluşturan, sosyolojide kentsel dönüşüm konusunda ampirik araştırmanın vazgeçilmez bir yöntem olduğunu ortaya koyan, bana da dış göç konusunda rehberlik eden bir dost oldu. Mübeccel lisede olduğum yıllarda Anadolu'nun birçok yerinde görev almış olan babasının kendisine aktardığı izlenimlerini bana iletmek suretiyle yeni tanımaya başladığım Türkiye'yi öğretti. Liseyi bitirdikten sonra, o Ankara Dil ve Tarih'i, ben ise İstanbul Hukuk Fakültesi'ni tercih ettiğim için ayrı düştük. Hocası Behice Boran'ın desteği ile ABD'de Chicago'da Northwestern üniversitesinde bir burs bularak, ikinci doktorasını bitirdi. Türkiye'ye dönünce çok tutucu hocalara sahip İstanbul Üniversitesi ona bir kadro açmadı. Sekreterlik yaparken tanıştığı genç bir dahiliye doktoru İbrahim Kıray'la çok geçmeden evlendi. Çevresi tarafından çok sevilen genç doktor herkesin "İbo"su oldu. Ben böylece tüm yaşamım boyunca "Beco ve İbo"dan destek gördüm. Araştırmalarımda, istatistik tablolarımda, seçtiğim yöntemlerimde, her alanda onların fikrinden yararlandım. İbo, oğlum Mustafa Kemal'e eşsiz bir babalık yaptı, onunla uçurtma uçurdu, burnunu kırdığı zaman yanında ameliyatını yaptırdı. Ne yazık ki, önce İbo'yu, daha sonra Beco'yu kaybettik. İkisi benim için eşi emsali olmayan birer dosttu.

Leyla (Molvan) Süren

Ömür boyu süren diğer bir arkadaşlığın başlangıç noktası Leyla'nın babası İzmir'in ünlü oteli Naim Palas'ın sahibi Naim Bey ile amcam Sabri Suley'in bizleri İstanbul'da tanıştırmasıdır. İkimizin ortak özellikleri annelerimizin farklı bir ülkenin vatandaşı olmalarıdır: Leyla'nın annesi Rum, benimki Alman'dı. Tanıştığımız tarihlerde ikimiz İstanbul Hukuk Fakültesi'ne yeni kayıt olmuştuk. Leyla'nı evi Ayaspaşa'da, benim yurdum Aksaray'daydı. Leyla çarpıcı bir güzelliğe sahipti. Hukuktaki delikanlılar onu o sırada ünlü film artisti Hedy Lamarr'a benzetiyorlardı. Daha çok iç mimariye hevesli olan Leyla'nın bu tercihinin nedeni ileride Galatasaray kulübünün başkanı olan Faruk Süren'in babası Fuat Süren'e gönlünü kaptırmış olmasıydı. Fuat'ın babası Beyoğlu'nun ünlü dişçisi Sürenyan'dı. Tüm direnişlere karşın gençler evlendi, ben de sık sık konukları oldum. Daha sonra Bebek'te çok güzel bir eve sahip oldular, oğulları Faruk ve Reha orada büyüdüler. Fuat'ın Trans Türk firması gelişti, çok geçmeden İstanbul'un tanınmış iş adamları arasında yer aldı. Leyla da Hukuk'tan sonra Güzel Sanatlar Akademisi'ne kaydolup, mezuniyetinden sonra İstanbul'un varlıklı konutlarının iç dekorasyonunu üstlenmişti. İkimiz her vesile ile bir araya geliyorduk. Fuat bir an önce oğullarının bağımsız olmalarını ve aile şirketinin sorumluluğunu üstlenmelerini istiyordu. Bu dileği gerçekleşmedi. Bu arada

Fuat'ın lenf kanseri olması ve yaşamını kaybetmesi Leyla'yı derin bir üzüntüye düşürdü. Son yıllarında Alzheimer hastalığı belleğini yıkıma uğrattı, benim can ve sır arkadaşımı da götürdü. Fuat'la Leyla'nın benimle olan arkadaşlığı bana Türk toplum hayatında etnik milliyetçiliğinin ne kadar yıkıcı olduğunu ve böyle bağların yaşayabilmesi için ne kadar gayret gerektiğini öğretti.

Türkân Erkin

İzmir Kız Lisesi onuncu sınıfından 2015'e kadar her vesileyle bir araya geldiğim arkadaşım Türkân, yaratılış bakımından neşeli, güler yüzlü bir insandı. Şarkı söylemeyi, şiir okumayı severdi. Kızıl renkli saçları ile o dönemin İzmir'inde göze çarpan bir genç kızdı. Üniversite yıllarımız ayrı geçti, fakat ben Ankara'da gazeteciliğe başladıktan sonra yollarımız sık sık kesişti. Birçok delikanlı onunla evlenmek fikrini aklından geçirdi, fakat Türkân sonunda akrabasından Cemal ağabeyi ile hayatını birleştirdi. İki oğlu ve yedi torunu oldu. Son yıllarda Bağdat Caddesi'nde bir apartmana yerleşmişti. Atatürk'ün devrimlerine olağanüstü bağlı, *Cumhuriyet* gazetesinin şaşmaz bir okuyucusu idi. Bir ara gazetenin yönetiminde idari bir değişiklik yapıldığı sırasında *Cumhuriyet* gazetesi okuyucularını aydınlatmak amacıyla "CUMOK bülteni" dağıtıyordu. O da evinin Bağdat Caddesi'ne bakan penceresinde, yayaların görebileceği büyük harflerle laikliği, milliyetçiliği, kadın erkek eşitliğini anlatan ilkeleri sergiliyordu. Biri inşaat mühendisi oğlu Fırat, diğeri makine mühendisi olan Murat ve yakın dostları ile hep Türk demokrasisinin geleceğini konuşurdu. Yedili çetemizin en inançlı, memleket sever üyesiydi. Çok yakın dosttuk.

CHP Kız Öğrenci Yurdu müdiresi Hayriye Hanım

Hayriye Erdilek Bulgaristan'ın Vidin kentinden İstanbul'a gelmiş. Onu CHP Kız Öğrenci Yurdu'nun müdiresi olarak tanıdım. Öğrencileri çok yumuşak bir şekilde İkinci Dünya Savaşı'nın yarattığı yoksunluklara katlanmaya ikna ediyordu. Ekmek karneye bağlanmıştı, kömür keza, hastalanmamaya çaba göstermek gerekiyordu. Çocukluğumda geçirmediğim kabakulak hastalığı beni Hukuk Fakültesi son sınıfta iken yakaladı. Verilen talimata göre müdirenin beni kamu hastanesine göndermesi gerekiyordu, oraya gitseydim belki de hayatta kalamayacaktım. Onun yerine beni kendi sobalı müdürlük odasında beş gün yatırdı, işlerini ısınmayan başka bir odadan yönetti. Kuşkusuz bana yardım eden çok başkaları da var...

Hepsini hatırlayamıyorsam da beni mazur görün!

BELLEĞİMDE İZ BIRAKAN YAŞANTILAR

Ülkemde

1950'lerde Kapadokya'nın henüz keşfedilmeden önceki el sürülmemiş hali –yıllar sonra düzinelerce renkli balonlardan biriyle peri bacalarının üzerinde uçmak... Aspendos'un muazzam amfitiyatrosunu gözlerimle taramak, akustiğini ölçmek... Bergama'nın antik dünyanın sayılı dik amfisinin tepesinden güneş doğarken bakmak, tekrar bakmak... Üç uygarlığın birleşiminden doğan Nemrut Dağı'nda MÖ 69-34 yılları arasında Komagene kralı II. Antiochus'un kendisine 2.190 metre yükseklikte yaptırdığı Yunan, İran ve Makedonya kültürlerin Helenistik tanrı başları, Zerdüşt hayvan sembolleri ile bezenmiş, bir tanrısal gömüt ve yapay dağ zirvesi, eşi emsali olmayan Pantheon... Burdur ilinde Belçikalı arkeologların kazı çabaları ile Efes harabelerini andıran zenginlikte Sagalasssos... Yaşım, bastonla yürümeyi zorunlu kılıncaya kadar Anadolu'nun eşsiz hazinelerinin hepsini bizzat görmeye ve resimlerini çekmeye çalıştım.

Yurtdışında

İlk defa New York limanına gemi ile girerken Manhattan'ı kucaklayan "bulutdelenler"... Niagara şelalesinin arkasından motorla geçip suyun inanılmaz gücünü yaşayarak görmek, duymak, işitmek... Yılbaşı sırasında Colorado'ya Büyük Canyon'un kenarına gelip doğanın yarattığı muhteşem derin vadisini seyretmek... Mısırda, Kahire'den kalkan trenle ülkeye bereket getiren Nil nehrini seyrederek Karnak tapınağına ulaşmak, ay ışında firavunların hiyeroglifleri ile süslü yirmi metreyi aşkın sütunların etrafında müzik eşliğinde dolaşmak...

Evet insanlığa belli haberler vermeye çalışan bu obeliskler, kırmızı taşı andıran muazzam sütunların sırrı yine bir fütuhat, bir askeri sefer sonucu çözülebildi... Napolyon ordularını Mısır'a yollarken beraberlerinde birçok bilim adamı da göndermişti, bunlardan Champollion adlı bir âlim ünlü "Rosetta taşı"nın çifte anlamını kıyaslayarak buldu ve böylece antik Mısır'ın tarihi Batı dünyasına mal oldu...

YAŞADIKLARI TOPLUMU ETKİLEYEN KADINLAR

Anılarım çok, yazmakla bitmez. Biraz da benim rastladığım, tanıdığım, yaşadıkları toplumu etkileyen kadınlardan söz etmek istiyorum. Neden mi?

Yaşadıkları toplumu değiştirmek, kadınların konumunu yücelten, yorumlayan, kadın konusunda yeni "kamuoyu" oluşturan, yeni "duyarlılıkları" yaratmak isteyen kadınların sayısı kabarıktır. Fizik alanında yeni bir ışığı keşfeden, böylece dünya çapında yeni tedavilere olanak veren, iki kez Nobel ödülü alan Madam Curie, oy verme hakkını elde etmek için İngiltere'nin mücadeleci, süfrajet hareketinin öncüleri, yerinden kalkmamak suretiyle Afrikalı Amerikalılara yeni haklar sağlayan Rose Parks bu örneklerden birkaçı. Ben kişisel olarak tanımak fırsatı bulduğum birkaç hemcinsimden söz etmek istiyorum. Yüz yüze gelmek, konuşmalarını dinlemek, fiziki varlıklarını değerlendirebilmek daha gerçekçi bir yoruma kapı açmaktadır. Bunlardan birisi ikinci dünya savaşının sona erdirilmesinde önemli bir rol oynayan Franklin Roosevelt'in eşi Eleanor Roosevelt'tir.

Eleanor Roosevelt

1884'te ABD'in o dönemki Cumhurbaşkanı Theodor Roosevelt'in küçük kardeşinin kızı olarak dünyaya gelen Eleanor Roosevelt on yaşına basmadan babası ile annesini kaybediyor, 15 yaşında Londra'da yatılı bir kız okuluna gönderiliyor, oradaki Fransız öğretmeninin etkisi ile toplumsal sorunlara karşı ilgi duymaya başlıyor. 1902'de New York'a dönüyor, düşük gelirli semtlerde parasız öğretmenliğe başlıyor. 1905'te beşinci kuşak kuzeni Franklin Roosevelt ile evleniyor ve 1906-1916 yılları arasında altı çocuk sahibi oluyor. Kocasının New York eyaleti valiliğini üstlenmesi ailenin önce Albano'ya, daha sonra cumhurbaşkanlığına seçilmesi nedeni ile Washington'a yerleşmesine yol açıyor. 1921'de o dönemde tedavi yöntemi bulunmayan çocuk felci hastalığına tutulan Franklin, eşi Eleanor'u sık sık yolculuklara çıkmaya teşvik ediyor ve ülkede olup bitenleri kocasına ilk elden rapor etmesini sağlıyor. Eleanor "First Lady" olduktan sonra da sosyete ile ilgili faaliyetler yerine çocuk eğitimi, yaşanabilir konut ve kadın-erkek arasındaki eşitlik sorunları ile ırkçılık aleyhtarı konularla ilgilenmiştir. Bir yandan her gün ülkenin birçok gazetelerinde yayınlanan "My Day – Günüm" adlı bir sütunda görüşlerini yazıyor, öte yandan haftada bir "Ocak başı sohbetleri" adlı radyo programları yapıyordu.

Eleanor Roosevelt eşini kaybettikten kısa bir süre sonra Başkan Truman tarafından 1947'de Birleşmiş Milletler İnsan Hakları Komisyonu'na baş delege olarak seçildi. Amaç ağır insan kayıplarına yol açmış olan savaştan sonra tüm insanlığa anayasalara da girmesi arzulanan "özgürlük ve demokrasinin vazgeçilmez ilkelerin evrensel standartlarını" saptamaktı. Bu nedenle çalışmalarına Paris'te başlamış olan komisyon üyelerinin çoğunluğunun odağında olan siyasal, medeni, ekonomik hakların yanı başında eğitim, istihdam ve sağlık gibi sosyal haklara da yer verilmesinde ısrar ediyordu. Ancak o dönemin siyasal atmosferi içinde, Sovyetler Birliği ile Çin siyasal hakları görmezlikten gelip sadece ekonomik ve sosyal haklara öncelik tanınmasını istiyordu. Bu nedenle komisyonun işleri ilerlemiyordu. 1948 yazında Sovyetler, Berlin'i abluka altına almıştı, komisyonun işlerinde çıkmaza yakın bir hava esiyordu. Eleanor kusursuz bir Fransızca ile BM'nin büyük amfisinde tarihi bir konuşma yaptı. Böylece 10 Aralık 1948'de İnsan Hakları Bildirgesi kabul edildi.

Ben Eleanor ile 1948'de İsveç'te tanıştım. Ülkenin ilerici kadın derneklerinden Fredrika Bremer Förbundet başta Türkiye olmak üzere Ortadoğu ülkelerini temsilen altı kadın siyasetçi, gazeteci davet etmişti. Ben de altı hafta süren bu kadın hakları ve demokrasi deneylerini kapsayan eğitici seminere katılmıştım. Ekim 1948'in ikinci yarısında biten seminerin son gecesinde hepimizin bir kez daha Paris'te bir araya gelmesi kararı verildi. Ben de bu karara uydum. O sırada Birleşmiş Milletler'in New York'taki binası bitmemişti, çalışmaların büyük kısmı Paris'te Palas de Chaillot'ta sürdürülüyordu.

Birleşmiş Milletler'in İnsan Hakları çalışmalarını büyük bir merakla izlediğim için Türkiye büyükelçiliği yardımı ile komisyonun bir oturumuna dinleyici olarak katılabildim. İspanyol bir delegenin şu sözlerini hiç unutmadım: "Komisyon üç aya yakın bir süre sonra, elimizdeki taslaktan sadece bir kelimeyi kaldırdı, bir kelimede değişiklik yaptı ve bir virgül ekledi. Biz kaplumbağa hızı ile çalışıyoruz. Bir atasözümüz var: 'Yirmi dakikadan uzun süren bir vaiz hiçbir ruhu cehenneme gitmekten kurtarmaz!'" Haklı müdahalelerden sonra delegelerin konuşma süresi kısıtlandı ve böylece Eleanor Roosevelt'in sabırla açık ve kapalı yöntemlerle savunduğu İnsan Hakları Bildirgesi 10 Aralık 1948 saat 15.00'te kabul edildi. O tarihte kendisi ile kişisel olarak tanışamamıştım.

On iki yıl sonra 1960 yazında, o sıralarda Harvard'da uluslararası ilişkiler dersleri veren Prof. Dr. Henry Kissinger, Avrupa ve Asya ülkelerinden ileride kamusal yaşamda rol oynaması tahmin edilen genç önderleri, altı haftalık bir seminere davet etti. O seminerde, sonradan Almanya'nın önemli bir haftalık gazetesi olan *Die Zeit*'in yazı işleri müdürlüğünü üstlenecek olan Theos Sommer, İngiltere İşçi Partisi'nde liderlik yarışmasına katılan Michael Foot gibi kişiler katıldılar. Program gereği günün yarısı önemli kurumları ziyaret, diğer yarısı ise herkesin kendi ülkesi hakkında verdiği konuşmalarla geçiyordu. Bir gün konuk konuşmacımız Eleanor Roosevelt'ti. Ömrünü gelişme, yoksulluğun azalması için etkin ekonomik politikaların uygulanması, ırklar ve dinler arasında gerginliğin kalkması ve kadın erkek eşitliği için mücadeleyle geçirmiş olan, bu nedenle "First Lady of the World" olarak adlandırılan Eleanor Roosevelt'le konuşma fırsatını buldum. Ona hayatının en önemli kazanımın ne olduğunu sordum. Çok zarif bir tevazu ile "Küresel çapta İnsan Hakları kavramının giderek yaygınlık kazandığının kök saldığını görmek" olduğunu söylemişti. Konuşması ve sohbeti bir buçuk saat sürmesine karşın hep dimdik ayakta hitap etmişti. Bu karşılaşmadan bir buçuk yıl sonra yaşamını yitirdiğini öğrendiğimde, kadın bir bireyin ömrünü bir ülküye vakfettiğinde ne kadar önemli değişiklikler yaratabildiğini anladım. O tarihten bu yana Avrupa'da İnsan Hakları Mahkemesi ve savaş suçlularının yargılanabileceği mahkemeler kuruldu, başka bir deyimle "insan haklarının ihlali, inkârı gibi hususlarda 'devletlerin sorumluluğu' kural olarak" benimsendi. O dönemin en etkili iletişim aracı sayılan radyo aracılığıyla küresel bir devrim gerçekleştirildi.

Menie Grégoire

Birleşik Amerika başkanının eşinin erişebildiği fırsatların hiçbirine sahip olmayan, buna karşın zarif, şık, çok etkili konuşmalar yapabilen bir Fransız kadını, radyo sohbetleri ile Fransız kamuoyunda yepyeni bir kadın tipini yaratmayı başardı.

Menie Laurentin Grégoire, 15 Ağustos 1919'da Maine-et-Loure şehrinin Cholet kasabasında dünyaya gelmiş. Cholet ve civarı, 1789'da Fransız Devrimi ilan edildiği zaman bu devrime aleyhtar olan Vendée bölgesinde yer almaktadır. Bu bölgede soylularla köylüler uzun soluklu bir mücadeleye girişmişler. Bir yandan koyu Katolik olan köylüler ile Protestanlara kucak açan devrimciler arasında Fransa'nın hiçbir yeri bu bölge kadar kanlı mücadeleye sahne olmamıştır. Fransız Devrimi'nden kısa süre sonra isyancı bölge halkı ile otorite arasında Mayıs 1793 ila Ekim 1793 arasında yedi savaş yaşanmıştı... Böyle bir bölgede, beş çocuklu bir ailenin üçüncü çocuğu olarak dünyaya gelen Menie, olağanüstü uyanık ve zeki bir çocuktu. Mimar, ressam, yazar, heykeltıraş olan babasına tüm otoriterliğine rağmen hayrandı. Annesi ise silik, suskun, el işleri yapmakla yetinen bir kadındı. Menie yaşadığı ortamda ilkokuldan sonra çevresinden farklı olarak liseyi bitirmiş ve on sekiz yaşına gelince ilk defa Paris'e gitme iznini almıştı. Üç yıl boyunca arkeoloji ve eski Mısır tarihi (Paris'te) ile meşgul olan, hiyeroglifleri ezberleyen Menie, İkinci Dünya Savaşı'nın bitiminde birdenbire öğrenimini terk edip Fransa'nın en önemli kurumlarından biri sayılan danıştayın genç üyesi Roger Grégoire ile evlenerek, kısa bir zaman içinde üç genç kız sahibi oldu. Kızları yetişirken kendisi de o dönemin genel tartışma havasından etkilenerek kadınlar konusunda düşüncelerini yazmaya başladı.

Bu tartışmayı kim başlattı?

1908'de üst kentsoylu, dindar bir ailenin kızı olarak dünyaya gelen Simone de Beauvoir, ergin yaşına gelince inancını terk ederek dönemin egemen söylemi varoluşçuluk, radikal feminizm çerçevesinde 1949'da iki cilt halinde *İkinci Cins* (*Le Deuxième Sexe*) adlı yapıtı ile evlilik, annelik, ev kadınlığına karşı kesin bir cephe almıştı. Ömür boyu süren aşkı Jean-Paul Sartre'ın savunduğu felsefenin etkisiyle o döneme kadar genel kabul gören evlilik, aile, çocuk sahibi olmak gibi tabuları reddederek yaşamını kendi iradesi ile biçimlendirmeye karar vermişti. En ünlü düşüncesine göre "Kadın olarak dünyaya gelinmez, zamanla kadın olunur!" Erkek her toplumda gücü oranında bir konum kazanır, kadınlar ise koşullara göre uyuma zorlanmaktadır.

Simone de Beauvoir'dan on yaş genç olan Menie Grégoire radikal feminizmi benimsemeyerek kimi kadın ve erkeklerin aşkta, evlilikte mutluluk bulduklarını kabul etmekle beraber anneliğin ve ev kadınlığın birçok sıkıntı getirdiğine kanaat getirmiş, kadınların özel yaşamlarını ele alma zorunluluğuna inanmıştır. 1965'te *Le Metier de Femme* (*Kadınlık Mesleği*) adlı kitabı yayınlanmıştır. Bu yapıt kısa bir süre içinde kadınlık tartışmasında farklı bir yorumla adeta bir kutup yaratmıştır. 1965'te soyut felsefi bir tartışma sürdürecek yerde, kendi döneminin genç kız ve kadınlarına ayrıntılı bir anket uygulamıştır. Bu araştırma yirminci yüzyılın ikinci yarısında, anneliğin kadının tüm zamanını artık işgal etmediğini, bir kısım kadınların diğer başka yeteneklerini geliştiremediklerini ortaya koymuştur. 1965'te kadınların kaderinin erkeklere göre değil, tam bir eşitlik ölçüsüne göre belirlenmesi gerektiğini savunmaktadır. Sol görüş bunu kadınların "annelik görevi"nden hareketle, sağ görüş ise kadınların "görevi"nden söz ederek ele alır. Menie Grégoire erkeğe göre tanımlanan bir kadın kavramını reddederek, özel ve kamusal alanda erkek-kadın farkını gözetmeksizin eşit hakların tanınmasını savunmaktadır. Buna kadınların istedikleri zaman, istedikleri sayıda çocuk sahibi olma hakkı, gebeliği önleme yöntemlerine serbest ulaşma, gerektiğinde kürtaj olabilme hakkı, cinselliğini dilediği şekilde yaşaması da girmektedir. Bu konuların özellikle İskandinav ülkelerinde yarım yüzyıl önce 1965'te çözüme kavuştuğunu belirtmeliyim, bu sayede demokrasinin çok daha sağlam temellere oturduğunu hatırlatmak faydalı olacaktır.

Kadınlık Mesleği kitabı ilk yayımlandığında yarattığı yankılar, ilk önce kadın dergilerini etkilemişti. Bunlardan *Elle* dergisinin yayın müdürü Menie Grégoire'den her gün yarım saatlik bir radyo yayını gerçekleştirmesini istemişti. Bu yayında kim oldukları bilinmeyen kadın okuyucuları kişisel sorunlarını -kimliklerini ortaya koymaksızın- açıklayacak, Menie ise bir çözüm göstermeye çalışacaktı. İlk başta çiftler arasında olup biten mahrem sorunlarına değinmeksizin genel çerçevede yanıt verirken, 1968'de Paris'te patlak veren nümayiş ve mitingler mikrofonu özel yaşamın ortasına yerleştirdi. Ve bir gün RTL stüdyosu işgale uğradı, delikanlının biri eşcinsellik gibi o tarihe kadar açıkça ifade edilmeyen ilişkileri gündeme getirdi. Bu beklenmeyen adım daha sonraları çiftlerin kimseye itiraf edemedikleri çok özel sorunların, kendilerini tanımayan yumuşak bir kadın sesi ile genel bir ifadeye ulaştı. O kadar ki Fransa'nın yaygın gazetelerinden biri General de Gaulle'ün bir karikatürünün altına şu cümleyi yerleştirmişti "Menie, benim bir sorunum var..." Böylece denilebilir ki Menie Grégoire yedi yılda tuttuğu psikanaliz yöntemlerini halkın anlayabileceği düzeye getirmiş, cinsellik sorunlarını ise sır olmaktan çıkartmıştır. 1967'den 1982 yılına kadar hafta sonu dışında her gün saat 14.00–14.30 arası Fransız kamuoyuna seslenen, belki de kimsenin tanımadığı, fakat herkesin sesine aşina olduğu Menie Grégoire'ye yollanmış olan bir milyonu aşkın mektup, bugün Paris'te Milli Kütüphane'de tasnif edilmiş bulunmaktadır.

Sayısız eser kaleme almış olan Menie, bana Paris'in birçok saklı köşelerini göstermiş, Fransa'nın en güzel şatolarının yer aldığı Loire bölgesi ile başka kentlerini gezdirmiştir. Gerek eşi ile birlikte gerekse sonra torunu ile Türkiye'de Ankara ve İstanbul'da konuğum oldu. 16 Ağustos 2014'te üç gün süren bir hastalıktan sonra dünyamızı terk ettiğinde bütün Fransa matem tuttu, programı ile radyonun büyük gücünü ispatlamış oldu. Kadın sorunsalını bir ülkeye ses dalgaları ile mal ettikten sonra radyofonik araçların vazgeçilmez bir eğitim aracı olduğunu göstermiştir.

TÜRKİYE'DE ETKİN KADINLAR

Peki 1965'te yaptıklarıyla adını duyuran Türk kadınları yok mudur? Sanıldığından çok daha fazlası akla gelir: Cumhuriyetimizin ilk kadın avukatı Süreyya Ağaoğlu, ilk kadın eğitimcisi Tezer Taşkıran, ilk kadın gökbilimci Nüzhet Gökdoğan, ilk kadın temyiz mahkemesi başkanı Melahat Ruacan, ilk parti liderimiz Behice Boran, cüzzamla mücadelesi bir ülkenin kaderini değiştiren ömrünü buna adayan Türkân Saylan, bir ömür boyu Antalya ilinin en önemli antik kentleri olan Perge, Aspendos ve Side'nin anıtlarını oraya çıkaran ve korumaya alan Jale İnan, Türk toplumunda çocuğun değerini ortaya koyan ve AÇEV (Ana Çocuk Eğitim Vakfı) gibi bir sivil toplum örgütünü, ortaya koymakla kuşakların ortak eğitimini vurgulayan, Türkiye'nin uluslararası alanında en ünlü sosyal bilimcisi Çiğdem Kâğıtçıbaşı ve daha niceleri...

Ben yakın arkadaşım rahmetli Müşerref Hekimoğlu ve kamusal yaşamımızda kadın haklarını ulusal ve uluslararası alanda savunan Canan Arın'dan bahsetmek isterim.

Müşerref Hekimoğlu: "Müş"

Renkli bir hayata sahip, güzel gözlü, keskin gözlemci, kıvrak kalem sahibi, pek az kadının üstlendiği bir mesleğe sahip bir arkadaşımdı. Ankara'yı seviyordu, birçok kimse için başkentin en önemli sivil şahsiyetlerinden biri idi, gerçek bir "Cumhuriyet kadını" sayılıyordu. Benimsediği gazetecilik mesleği nedeniyle birçok yabancı meslektaşının kapısını çaldığı için kısaltılmış adıyla "Müş" diye çağrılıyordu.

Müşerref Hekimoğlu benimle aynı yıl, 3 Eylül 1921'de doğmuş. Çocukluk ve ilk gençliğini İstanbul'da, Göztepe'de geçirdikten sonra liseyi Ankara'da bitirmiş. Üniversiteyi de yine başkentte, Dil ve Tarih-Coğrafya Fakültesi'nde Almanca bölümünde okumuş. Thomas Mann gibi birçok önemli yazarlardan bazı metinler çevirmiştir. Bunlardan *Ağaçlar Ayakta Ölür* adlı piyes başkentte uzun süre sahnede kalmıştır. İlk düzenli gazete yazıları, o dönem İstanbul'da yayınlanan *Akşam*'da 1948'de çıkmaya başlamıştır. Başta, daha çok sosyete haberleri yayınlayan Hekimoğlu giderek iç politika ve sanatla ilgilenmeye başlamıştır. 27 Mayıs hareketine katılan subaylardan Selahattin Özgür'ün kendisinin eniştesi olması, onu ve keza gazeteci olan eşi Kudret'i çalkantılı bir dönemde Türkiye'nin içyüzü ile karşı karşıya getirdi. O sıra yeni bir haber ajansı, ANKA'yı kuran Altan Öymen onu ekibine kattı. Öymen faal politikaya geçme kararını verince, "Müş" 1977'de ANKA ajansının sahibi oldu. Ajansı anonim şirkete dönüştürdü, çalışan tüm üyeleri ortak haline getirdi. Birçok tanınmış gazeteci ilk tecrübelerini ANKA'da kazandılar. Bunlardan birkaçını sıralayalım: Uğur Mumcu, Teoman Erel, Nuri Çolakoğlu, Derya Sazak, Ahmet Tan, Süleyman Coşkun, Uluç Gürkan, İsmet Solak, Vahap Munyar, Örsan K. Öymen, Abbas Güçlü, Yalçın Küçük, Hikmet Bila, Yazgülü Aldoğan, Füsun Özbilgin... ve daha hatırlayamadıklarım... ANKA bir haber ajansından öte, siyasetin yoğrulduğu, bilginin kamuoyuna ilk elden sunulduğu bir arı kovanı olmuştu.

"Müş" iletişim alanında gerçekleştirdiği önemli katkıdan başka, birçok sanatkârı da sütununda sık sık anmak suretiyle tanıtmıştır. Bunlardan Kütahya'da çini atölyesini kurmuş olan Sıtkı (Olçar) Usta'nın seramikleri dünyanın belli başlı sanat merkezlerinde teşhir edilmiş ve çağdaş Türk çini sanatına yeni bir açılım sağlamıştır. Benzer şekilde İsmet Birler gibi diplomat/ressamlarımızdan uzun boylu yazılarında bahsetmekle Türk resim dünyasının sınırlarını genişletmiştir. İlk başta *Cumhuriyet* gazetesinin de katkıda bulunduğu ANKA haber ajansı, parasal sıkıntılara girince, Müşerref Hekimoğlu ajansı ayakta tutmak için elindeki tablo ve sanat yapıtlarını birer birer satarak kurumunu kurtarmaya çalışmıştır. Bu çabaların verdiği sıkıntılar ve ciddi sağlık sorunları nedeniyle 2004 yılında 83 yaşında bu dünyayı terk eden Müşerref Hekimoğlu'nun uğruna birçok fedakârlıkta bulunduğu ANKA ajansı da 2018'de kapanmak zorunda kalmıştır.

İletişim Araştırmalar Derneği İLAD "Müş"ün ölümünden sonra her yıl en başarılı genç kadın gazetecilere ödül vermektedir. Yazlarını geçirdiği Ören ilçesinin belediyesi ise deniz kenarındaki bulvarlardan birine adını vermiştir. Müşerref Hekimoğlu, içtenlikle Mustafa Kemal'in devrimlerini tanıtmayı görev bilmiş, kelimenin tam anlamı ile bir "Cumhuriyet kadını" idi. Can verdiği kurumun yaşayamaması az gelişmiş ülkelerde aydınlanma düşüncelerine gönül vermiş kişilerin ne kadar zorluklarla karşılaştıklarının unutulmaz bir örneğidir.

"Mor İğne" ve Canan Arın

Bir toplumun yarısını oluşturan nüfusunun yaşamsal mücadelelerini "eylem"lerle dile getiren, erkek kadın, yerli yabancı, genç yaşlı farkı gözetmeksizin yeni dinamizm yaratan bireyler, özellikle söz konusu olan kadın ise dünyanın farklı ülkelerinde bile azdır. Bu gözlem, özellikle Türk toplumu gibi kamusal özgürlüklerle çok geç tanışmış olan ülkeler için geçerlidir. Bu defa okurlarıma tanıtmak istediğim kadın Türkiye'ye yasalara saygısını kaybetmeksizin "aktivist / eylemci"nin nasıl olduğunu öğreten bir hukukçudur. 1942'de dünyaya gelen Arın, İstanbul Kız Lisesi'ni bitirdikten sonra

İstanbul Üniversitesi Hukuk Fakültesi'ni bitirdi, ardından İngiltere'de London School of Economist'te görev aldı.

Kadınlara karşı şiddete dayalı eylemler alanında Türkiye kamuoyunu, deyim yerindeyse, alevlendiren 1987'de Çorum'da bir hâkimin şiddet gördüğü gerekçesi ile boşanmak isteyen bir kadının isteğini "kadının karnından sıpayı, sırtından sopayı eksik etmeyeceksin" gerekçesi ile verdiği ret kararı tutuşturmuştur. Bu karar, Canan Arın ve arkadaşlarının "Mor İğne" kampanyasını başlatmalarına neden olmuştur. Kadınları şiddete karşı korumak amacı ile toplumsal bilince ihtiyaç olduğuna inanan kadınlar, kocaman iğnelere bağlanan mor fiyonklarla, kadınların yeni bir silaha kavuştuklarını ilan ettiler. Bu kampanya ile de yetinmeyip Türk kadınlarını korumak üzere harekete geçtiler. Canan Arın'ın başını çektiği bu grup kadınlar 1990'da "Mor Çatı" Kadın Sığınağı Vakfı'nın kuruculuğunu üstlendiler. Canan Arın "aktivitst"liğini terk etmeyip birçok yeni girişimde bulundu. 1997'de seçimlerde kadın adaylara cinsler arasında eşitlik ilkesini sağlamak üzere KA-DER Kadın Adayları Destekleme Derneği'nin kurucuları arasında yer aldı, 1998'de İstanbul Barosu Kadın Hakları Merkezi'nin oluşması için çaba sarf etti. Bu çalışmalarının etkisiyle 1994-1997 yılları arasında Avrupa Konseyi'nin Kadın Erkek Eşitlik komisyonunda Türkiye'yi temsil etti. 1995'te Pekin'de, 2000'de New York'ta Birleşmiş Milletler'deki toplantılara katılan resmi Türk delegasyonunda yer aldı, 2005'te yine CEDAW - Kadınlara Karşı Her Türlü Ayrımcılığın Ortadan Kaldırılması Sözleşmesi'nin kabulünde yer aldı. Canan Arın'a uluslararası alanda verilen en son ödül ise 2018 Kasım ayında, Milano'da düzenlenen törenle kendisine sunulan Bruno Leoni Enstitüsü Hukuk Ödülü, "Çocuk evliliklerine" karşı yürüttüğü cesur mücadelesi dolayısıyla verilmiştir.

Canan Arın'ın şeref payeleri dosyası hayli kabarık. Ancak bu liste onu, kendisine karşı yapılan, yargısal haksızlıklara karşı koruyamamıştır. 2012'de Antalya'da bir grup avukata, çocuk evlilikleriyle ilgili verdiği bir konferansın sonrasında, Gaziantep'te bir otel odasında sabah 05.30'da gözaltına alınmasını önleyememiştir örneğin. Altı saat sonra serbest bırakılması, bu konunun ne kadar güncel olduğunu göstermektedir.

Canan Arın'ı acaba kime benzetebilirim? Galiba bilgilerini yaşadığı toplumla paylaşmak için durup dinlenmeden çaba sarf eden bir "arı"ya! Türkiye Üniversiteli Kadınlar Derneği, kendisini 2017'de bu olağanüstü cesaret ve çalışkanlığı dolayısıyla "Yılın Önder Kadını" ödülüne layık görmüştür.

İki kadın seçtim: biri kamuoyun aydınlatmak için daha önce bir kadının üstlenmediği bir mesleği –haber ajansı yöneticiliği–, diğeri kadına karşı şiddeti önleme alanında hukukçuluğu ön alanda tuttuğu ve en etkin yöntemleri uyguladığı için. Her ikisi kamuoyunda yeni duyarlılıklar yarattılar. Genç kadınlarımızın onların yolunu izlemeleri, bunu arzulamaları en içtenlikli dileğimdir.

İNANDIKLARIM

İnandığım değerleri sıralamadan önce, kusur ve eksiklerime de işaret etmem gerek. Her türlü kişisel ve kamusal işlerde aşırı aceleciyim, bu nedenle birçok yanlış anlaşma ve kalp kırılmalarına neden oldum ve maalesef hâlâ olmaktayım. Buna ilaveten çok sabırsızım, beklemenin de bir çeşit fazilet olduğunu bir türlü kavramış değilim. Bu satırları okuyanlardan bu yüzden özür dilerim.

Hayatım boyunca terk etmediğim birkaç ilke vardır. Bu ilkeler uğruna çetin mücadeleler verdim, sırasında bu ilkelere sadık kalmak, dolayısıyla kendime olan saygımı koruyabilmek için önemli fedakârlıklara katlandım. Bilmem hepsini sıralayabilecek miyim? En azından önem derecesine çaba göstereceğim!

Başkasına yardım

Kayıtsız şartsız inandığım ilkelerimin başında elimden geldiği kadar tanıdığım, tanımadığım insanlara yardımcı olmak, destek vermek geliyor. Çocukluğumda ve gençliğimde katlanmak zorunda kaldığım adaletsizlikler ve yoksulluklar nedeniyle, özellikle eğitim alanında yardımda bulunmayı kutsal bir borç sayarım.

Bu destekten başka sevdiklerimle sahip olduğum olanakları paylaşmaktan (dinlenme, sanat olayları seyretme, izleme) büyük bir mutluluk duyuyorum. Örneğin araba ile bir arkadaşımı evden alıp denize, müzeye, sergiye götürmek, dış ülkelere yaptığım yolculuklar sırasında rastladığım bir kitabı, bir kaseti, bir afişi alıp meraklı olduğunu bildiğim bir arkadaşıma getirip sürpriz yapmak da bunlar arasındadır. Zaman zaman daha kapsamlı desteklerde bulunduğum olmuştur. Nitekim öğrenim görebilmeleri için rahmetli Yavuz'la değişik akrabalık ilişkileri içinde bulunan gençleri yıllarca evimde barındırmışımdır. Oğlum Mustafa Kemal dünyaya gelmeden önce ve sonra toplam sekiz genç insana evimin kapısını açtım. Bunlardan Sabahat Abadan'ın yirmi bir yıl benimle birlikte olmasından sonra İngiltere'ye gidip kornea nakli teknolojisini öğrenmesi ve onun neticesinde sayısı iki bini aşan insana tekrar görme yetisini kazandırması, beni mutlu eden örneklerden bir tanesidir. Evet bugün de elimden geldiğince kadın erkek, Türk yabancı, genç yaşlıya hizmet edebilmek benim doğamın ayrılmaz bir ilkesidir.

Aşk, sevgi, arkadaşlık

"Aşk" iki kişi arasında insanı gökyüzünün yedinci katına ulaştıran yüce bir duygudur. Dileyen onu, tasavvuf yolu ile farklı bir biçimde yaşayabilir. Ancak ben bu yüce coşkunluğu ayaklarım yere basarak yaşadım.

"Sevgi" kuşkusuz insanoğlunun geliştirebileceği en güzel duygudur. Sevgi, kimi zaman tek taraflı, kimi zaman karşılıklı olur. Evlat sevgisini ben doğuştan var olan bir duygu saymam. Evlat sevgisi de geliştirilmesi gereken bir duygudur, ancak insanın gönlüne yer ettikten sonra hiçbir karşılık beklemeyenidir. İnsanın çocuğu, torunu, hayatını çok anlamlı kılabilen harikulade bir olaydır. Uzun yıllar arkadaşlarımın torunlarını gıpta ile izlerdim, nihayet ben de babaanne olabildim. O, kuş gibi hafif varlığı kollarımın arasında alabildiğim anı asla unutamam. O minicik yüzü seyretmek, hareketlerini gözlemlemek insana sonsuz bir yaşama şevki vermektedir.

Rahatsız olmamak, masraf etmemek için evlat sahibi olmak istemeyen kadın ve erkekleri asla anlamamışımdır.

"Arkadaşlık" kavramına gelince, bu konuda uzun bir kitap yazabilirdim. İnsanlar elbette farklı mizaçlara sahiptir, dolayısıyla kimileri için çok sayıda arkadaşa sahip olmak, arkadaş canlısı sayılmak, öncelik taşıyan bir vasıf olmayabilir. Fakat benim için "arkadaşlarım" adeta kutsaldır. Arkadaş adını verdiğim, yıllar geçtiği halde varlığını aradığım o insanlar benim gibi erkenden babasız-annesiz kalmış bir insan için birer hayat iksiri olmuştur. On dört yaşımda annemin, ablamın yanından ayrılıp yurduma geldiğimde, yakın çevremde gördüğüm anlayışsızlığa, horlanmaya, ilgisizliğe karşı, bana direnme gücünü veren tek şey arkadaşlarım olmuştur. Evet, kimliğimi kazandıran, beni aralarında eşit bir insan olarak kabul eden, yeteneklerime inanan, dertlerimi dinleyen, beni avutan hep arkadaşlarım olmuştur. İzmir Kız Lisesi'nde 1937 yılının Eylül ayında başlamış olan arkadaşlık halkası, İstanbul'da Hukuk Fakültesi'nde geçen yıllar boyunca edindiğim arkadaşlar, Ankara'da Siyasal Bilgiler Fakültesi'nde bana Mülkiyelilik ruhunu aşılayan, Yavuz'u yitirdikten sonra yalnızlığımı unutturan, akranım olan dostlarım, emekli olduktan sonra Boğaziçi Üniversitesi'nin Siyaset Bilimi ve Uluslararası İlişkiler bölümlerinde beni bağırlarına basan genç meslektaşlarım olmasaydı, acaba hayatın çeşitli darbelerine karşı nasıl dayanabilirdim? Bugün dünyada tam bir yüz yılı doldurmama kısa bir süre kala İzmirli "Yedili Çete"den artık kimse aramızda değil. İstanbul Üniversitesi'ndeki meslektaşlarımın hemen hiçbiri yaşamıyor, Boğaziçi Üniversitesi'nde geçirdiğim yirmi iki yıl boyunca edindiğim meslektaşlarımın bir kısmını da yitirdim. Bugün beni yaşama en çok bağlayan arkadaşlarım, yurtiçinde ve dışında öğrenim, araştırmaya devam eden sadık öğrencilerimdir...

Arkadaşlık, dostluk saksıda yetişen nadir bir çiçek gibidir: hep bakım, hep sulama, ilgi ve fedakârlık ister. Benim için arkadaşlarım bana yaşamı güzelleştiren, günlük yaşamın çetin engellerine karşı koymak için gereken gücü veren bir çeşmedir. Güzel bir gün batışını bir arkadaşla birlikte seyretmek, güzel bir konseri bir arkadaşla birlikte dinlemek, o zevki bir kat artırmaktır. Son yıllarda bana bu duyguları yaşatan beni unutmayan öğrencilerim, benimle yaşamımı paylaşanlardır. Bir öğrencimin yurtdışından internet yolu ile yolladığı bir bebek resmi, bana o minik insanın verdiği mutluluğun küçük bir parçasını o genç aile ile birlikte paylaşmayı mümkün kılıyor.

DÜŞÜNCELERİM

Barış

Buraya kadar insan ilişkilerimde öncelik verdiğim değerlerden söz ettim. Bu değerler, aynı zamanda duygu alanında yer alan ögelerdir. Şimdi sıra fikir alanında bilinçli bir birey olduğum günden beri savunduğum "fikir"lere geldi. Bunların başında "barış sevgisi" gelmektedir. Tüm savaşları, tüm silahlı çatışmaları –vatanı savunmak dışında– büyük bir kuşku ve nefretle karşılamış biriyim. Bu bağlamda Birinci Dünya Savaşı'nda Çanakkale'de, Anafartalar'da şehit düşen askerlerimize, Kurtuluş Savaşı sırasında kundaktaki bebelerinin çullarını mermiye saran annelerimize, hayatlarını veren askerlerimize saygım sonsuzdur. Aynı duygularla Vietnam'da ABD'nin napalm bombardımanlarından kaçmaya çalışan Vietnamlılara, Hitler'in ordularına karşı direnen Polonyalılara, Sırplara karşı insanüstü çabalarla mücadele eden Boşnaklara, yurtlarını terk etmeyen Filistinlilere karşı hayranlığım sonsuzdur. Benim için "savaş" hunhar ve insafsızdır, silah şirketlerinin kışkırttıkları ve yalnız biz insanlara, doğanın sözde en gelişmiş türüne özgü korkunç bir eylem biçimidir.

Bu görüşümden dolayı zaman zaman çok kınanmışımdır. Nitekim İstanbul Hukuk Fakültesi'nin son sınıf öğrencisi olduğum sırada CHP öğrenci yurdunda kalan kızların katılması öngörülen bir veda emeğinde konuşma görevi bana verilmişti. Yemeğin onur konuğu General Tevfik Sağlam'dı. Türkiye'nin İkinci Dünya Savaşı'na girmemiş olmasını büyük övgü ile belirttiğim sırada savaşı yücelten tüm ideolojileri, özellikle faşizmi kınadığım için Sağlam Paşa'dan ağır bir eleştiriye maruz kaldım. Askerler, operatörler gibi çatışmaları silahla, bıçakla çözme taraftarıdır. Oysa Atatürk gerçek bir asker olarak "sürdürülebilen bir barışı" gerçekleştirmenin güçlüğünü ne kadar isabetle kavramıştır. İsmet İnönü'nün bizi İkinci Dünya Savaşı'na sokmamış olması Akdeniz bölgesinde Türkiye'nin bağımsızlığını ve daha sonraları gelişebilmesini sağlamıştır. Yirmi birinci yüzyılın başında henüz hayatta olan yakın arkadaşım Müşerref Hekimoğlu bana bir gün şöyle bir soru yöneltti: "Sen lisede okurken, bugün olduğu gibi Atatürk'ü böylesine yereceklerini, devrimlerini böylesine yıpratmak isteyeceklerini tasavvur edebiliyor muydun?" Cevabım değişmedi: "Elbette hayır!"

Ancak demokratikleşme sürecimiz geç ve yavaş başladığı için siyaset alanındaki yapılara karşı yapılabilecek haklı eleştiriler de yavaş yavaş ortaya çıktı. Her ulus kendi liderlerini belli bir mesafe, belli bir tarihsel perspektif içinde görmeye çalışmaktadır. Şu kadar ki Müşerref'in sorusunun yanıtlanmamış bir yanı vardır: bugün sadece Atatürk'e karşı akla hayale sığmayan haksız hücumlar yapmakla yetinilmiyor, onun kurduğu Cumhuriyeti yıkmak isteyenler var. Kimisi Abdülhamid'i ve zihniyetini diriltmeye çalışıyor, kimisi ümmetçi, kimi kökten dinci, kimi hilafet peşinde... Hepsinin amacı birdir: Yirminci yüzyılının başında çözülen, bağrında çeşitli etnik gruplar barındıran, siyaset bilimi açısından "hanedana bağlı teokratik bir monarşi" sayılan Osmanlı İmparatorluğu'nun yerine ulusal iradeyi egemen kılan çağdaş Cumhuriyetimize aldatıcı bir "numara" takmak suretiyle yıkmak ve yerine global çıkarlara daha iyi hizmet eden, farklı bir siyasi yapı koymak! Parlamenter cumhuriyet yerine bir çeşit başkanlık sisteminin 2017'de yapılan referandum yolu ile kabul edilmiş olması dolayısıyla, 2023'te Türkiye Cumhuriyeti'nin ilk yüzyılını hangı özelliklerle tamamlayacağı henüz bilinmemektedir ......

Laiklik

Peki, Atatürk'ün bu topluma mal etmeğe çalıştığı devrimlerden hangisine en fazla önem veriyorum? Kuşkusuz "Laiklik" ilkesine! Biliyorum günümüzde sosyal bilimler alanında hayli rağbet kazanmış olan post-modern düşünce akımının etkisi ile rasyonel düşünce yerine "inancı", dil ve kelimelere karşı "kuşkuyu", ikili karşıtlara dayanan düşünceyi egemen kılan düşünce sistemi yerine "mantığı dışlayan" bir düşünceyi hâkim kılmak isteyen fikir odakları vardır. Bu kaynak ise müspet bilimlerde, özellikle fizik alanında Einstein'dan bu yana alan kazanan görelilik görüşünün yansımasıdır. Ben bu fikirleri tümden kenara itmiyorum. Aksine dilin yapısını, kelimelerin etkisini sorgulayan Saussure, Foucault, Kristeva gibi düşünürlerin ortaya koydukları ilginç ve üzerinde durulmaya değer fikirlere çok önem veriyorum.

Elbette küreselleşmenin ortasında bulunan her toplum gibi bizler de üzerimize yağan mesajları, iletileri, reklam yolu ile aşılanmak istenen yapay istek ve gereksinmeleri, son on yıldır "sosyal medya" adı ile genelleştirilen grup mesajları eleştirel bir yaklaşımla ele almak durumundayız. Ancak rasyonel düşünce sistemini, sosyal bilimlerin can noktasını oluşturan görgül araştırma yöntemlerini, gözlem, grup yapılarını ve sosyal psikolojinin açıkladığı paradigmaları ana hareket noktası olarak benimsemek zorundayız. Mistisizm, batıl inançlar, hurafeler dünyasına düşmememiz gerekir. Bu açıdan kimi yazar ve düşünürler tarafından basit bir indirgemeci felsefe sayılan pozitivizmden tümden vazgeçmeyi kabullenemem. Aynı şekilde aydınlanma felsefesinin soyut kaldığı, çağdaşlığı yanlış bir yöne doğru götürdüğü savını da benimseyemem. Dinozor sıfatını kazansam da, belli toplumsal süreçlerin, belli koşullara bağlı olarak tekrar tekrar ortaya çıkacağı noktasından hareket ediyorum. Bu süreçlerin eskiden tek bir toplumda, hatta o toplumun tek bir katmanında ortaya çıkmasına karşın bugün küresel çapta belirmesi bu düşünce sistemini geçersiz kılmaz.

Çağımızın en önemli filozoflarından Alman Jürgen Habermas, içinde yaşamakta olduğumuz dönemin en sorunlu ilişkinin giderek tekleşen bir "dünya toplumu" ile "parçalanan devletler toplumu" olduğunu ileri sürmektedir. Bu tekleşen dünya aslında ulusal devletlerin denetimlerinin dışında kalan küresel çaptaki şirketlerin kurdukları tek ya da birden fazla çemberden oluşmakta. Anayasal ilke olarak kabul edilen "laiklik" ilkesi, kimi ülkelerde bu tür bir çemberin içinde yer alan çok uluslu tarikatlar tarafından sosyal medya yolu ile ortadan kaldırılmaya çalışılmaktadır.

Daha önce de belirttiğim gibi, Atatürk'e karşı yapılmak istenen haksız hücumlar, adı ister ümmetçi, kökten dinci ya da ikinci Cumhuriyetçi olsun, hepsinin amacı birdir: Yirminci yüzyılının başında çözülen, bağrında çeşitli etnik gruplar barındıran, siyaset bilimi açısından "hanedana bağlı teokratik bir monarşi" sayılan Osmanlı İmparatorluğu'nun yerine "laiklik" ilkesini temel ilke edinen Cumhuriyetimize aldatıcı bir "numara" takmak suretiyle yıkmak, yerine global çıkarlara daha iyi hizmet eden, farklı bir siyasi yapı koymak ve Mustafa Kemal'in savunduğu tüm çağdaş ilkelere ters düşen bir devlet yerleştirmektir.

Bu gayretlerin tümüne kesinlikle "Hayır" diyorum!

Evrensellik

Usçu düşünce sistemine ulaşmayı sağlayan "laiklik" ilkesinin yanı sıra hiçbir ödün vermeye yanaşmadığım diğer bir temel ilke "evrensellik"tir. Son yıllarda sanat ve sosyal bilim çevrelerinde giderek yaygınlık kazanan post-modernzmin getirmiş olduğu "yerel kültüre saygı, yerel değerlere öncelik" şeklinde özetlenebilen "kültürel görecilik" ilkelerinin aksine benim için "tabii hukuk" evrenselliğin doğal sonucudur. Başka bir deyimle çeşitli özgürlük tipleri yoktur, tek bir özgürlük biçimi vardır: bireyin düşüncesinde mutlak bir özgürlükten yararlanabilen bir toplum düzenidir. Dolayısıyla "İnsan Hakları"nın uygulanabilirliğinin tartışması olamaz. Bu ilkenin gerçekleşme şansını değişik toplumlarda değişik zaman dilimlerine bağlamak belli törelere, geleneklere saygı göstermek bahanesi ile bireyin kişilik haklarını ayaklar altına alma uygulamalarına saygı göstermem söz konusu olamaz.

Bugün Polinezya'da bazı topluluklar henüz mağara dönemini yaşıyor olabilir. Bu durum benim onların kafa avcılığı yapıp insan eti yeme alışkanlıklarını kabul etmemi mazur gösteremez. Afrika'nın birçok ülkesinde olduğu gibi kız çocuklarının sünnet edilmesi, Hindistan'ın bazı eyaletlerinde dul kalan kadınların ölen kocaları ile birlikte yakılması, eskiden Çin'de olduğu gibi müstakbel eşinin cinsel istekleri nedeni ile kadının ayaklarının bağlanarak kötürüm edilmesi, Ortadoğu ve Afrika'da kız çocuklarının sekiz dokuz yaşında evlendirilmeleri gibi gelenekler hep yerel kültürlerin ortaya koydukları uygulamalardır. Kültüre saygı gerekçesi ile bunların sürdürülmesi bence kabul edilemez bir savdır. Yaşama hakkı, kişiliği geliştirme hakkı, cinsiyet farkı gözetmeksizin içinde yaşadığımız bu gezegende gözlerini açan her birimizin temel hakkıdır. Çok kültürlülüğü işte böyle anlıyorum: değişik kültürlerin ürünü olarak yetişen tüm bireylerin mutlak "evrensel değerlere" doğru yol almasıdır. Çok kültürlülük benim için barış içinde beraber yaşama, birbirine katlanma değil, aksine bu evrensel değerlere doğru her defasında yeni bir sentez yaratmaktır...

Demokrasi

Düşüncelerim işte bu ilkelerin ışığında beni "demokrasi" dediğimiz karmaşık toplumsal yaşam felsefesine getirmektedir. Demokrasi adına "özgürlük tanrıçası üzerine şal örtelim" (1961 Anayasası'ndaki özerklik maddelerini ortadan kaldırmak için devrin siyasetçilerinden Nihat Erim'in ileri sürdüğü gerekçe) asla kabul edilemez. Aynı şekilde insanlığın uzak bir ideali olarak "eşitlik"ten de vazgeçemeyiz. Bu ilkeden vazgeçtiğimiz an erkeğin kadına hangi nedenle olursa olsun dayak atması, ona emretmesi, onu kendi iradesine tabi kılması normal sayılacaktır. Aynı şekilde insanlar arasında servet farklılığı, sınıf farkı normal olacaktır. Tabii biliyorum, tüm topluluklar tornadan çıkmış, Aldous Huxley'nin hayalinde türetmiş olduğu "tüp insanlar"dan oluşamaz. Biz ne yaparsak yapalım insanlar arasında farklılıklar yaşamaya devam edecektir. Eğitim, beceri kullanma, tasarruf edinme gibi etkenler insanları ırk, cinsiyet gibi doğuşla elde edilen farklılıklar gibi ayrı kümeler, ayrı sınıflar haline indirgeyecektir. Fakat bu küçücük kürede barış içinde yaşayabilmek için bazı temel ideallere ihtiyacımız var. Benim için bunların en kutsal olanı "özgürlük ve eşitlik" ülkülerine doğru koşmak ve onları gerçekleştirmek istekleridir. İşte bu nedenledir ki "sosyal demokrasi" –günümüzde yaşama şansı ne kadar tartışılırsa tartışılsın– insanlık için her daim büyük bir düş olarak kalacaktır. Herkesin başını sokacak bir çatısı olması, aç kalmaması, sağlıklı yaşama hakkına kavuşması, becerilerini gerçekleştirip insan vakar ve haysiyetine uygun insanca yaşaması ilkelerinden nasıl vazgeçebiliriz? İşte bu düşüncelerim beni böylece siyaset bilimi kitaplarında "sol" düşünce kampı olarak belirlenen bir alana itmektedir. Bu alanda insanlığı yıllarca çarpıştırmış, kıyasıya mücadele ettirmiş olan ideolojiler yer almaktadır. Bunlardan "komünizm" bana en aykırı görünenidir.

Macaristan'da bu rejimin baskısı altında günlük yaşamını sürdürme zorunda kalan, kocasını kaybettikten sonra ona can yoldaşlığı yapan köpeğini, "köpek beslemek burjuvalara özgü bir şımarıklıktır" gerekçesiyle yasaklayan rejimin tasviyesinden korunmak için onu sadece gece yarısı sokağa çıkartabilen, sevgili, biricik üvey ablamın çektiklerini hep izlemişimdir. "Komünizm" rejimini uygulayan birçok ülke bu ideolojiye yer veren saçma sentezlere yol açmıştır, örneğin Budapeşte'de bir dükkâna girildiğinde "ellerinizden öperim yoldaşım" tarzında selamlaşma biçimleri türemişti. Bunun örnekleri sonsuza dek çoğaltmak mümkün. İtalyan yazar Alberto Moravia'nın da dediği gibi "insanoğlu tüketim arzularını kapitalist dünyanın ürünlerine göre biçimlendirdikçe, komünist rejimin yerleşmesine olanak yoktur." Bu rejim ne Sovyet Rusya'da ne de Çin'de rejimin gerektirdiği yeni insan tipini yaratmıştır. Buna karşın yarattığı gücü, Yugoslav düşünür Milovan Djilas'ın ilk defa "yeni sınıf" olarak betimlediği, bir tabakayı tanımlamak gerek. Devlet bürokrasisine dayanan bu tabaka tüm ayrıcalıkları kendine özgü kılmak istiyordu, bunda büyük ölçüde başarılı da oldu. Yeni sınıfın sahip olduğu ayrıcalıklar vardı. Sovyetler Birliği'nde yalnız dövizle mal satan özel mağazalar, sadece parti üyelerine hizmet eden özel hastaneler, oteller, bu otellerde de partinin "ileri gelenlerine" özel, yemek salonları... hep bu zihniyetin ürünleriydi. Her toplumun elitleri vardır, bunlar yeteneğe dayandıkları sürece demokratik toplumlarda "meritokrasi" adını taşır. Deneyim ve görgüden güç alan bu seçkinler arasına girebilme kapısını açık tutmak sosyal demokrasinin temel hedefidir, bu nedenle de "eşitlik özleminin" bir toplumda kaybolmaması gerekir...

Hayatı anlamlı kılan, insana insanlığını algılatan "sanat" tan söz etmeden değerler kataloğumu tamamlamama olanak yok. Bizlere yazılı, sözlü, resim, çizgi, yontu aracılığıyla, renklerle, bedenimizin estetik hareketlerini yansıtan dansla, seslerin çeşitli aletlerle ahenkli ya da atonal demet haline sunan müzik gibi etkinliklerle insanlığın evrensel değerlerini bir diğerine aktaran sanatlar olmazsa, günlük yaşamın tekdüzeliğinden nasıl kurtulurduk? Sanatsal etkinlikler için tek koşul özgürce, her türlü baskıdan uzak yaratabilmektir...

Ya doğa güzelliği, insanoğlunun yarattığı estetik? Güneşin doğmasına ramak kala gökyüzünün gökkuşağını andıran bir renkler paletine bürünmesinden, sonsuza dek uzanan masmavi denizlerin dalgalarına yansıyan güneşten zevk almayan insan, yaşamış olduğunu nasıl ileri sürebilir? Ya iç mekânlara da yansımasını istediğimiz uyumlu ev düzenleri, güzel bir sofrayı süsleyen tek bir gül, mütevazı bir evin mavi kapıları, mosmor açmış begonvillerin süslediği küçük bir patika... zaman zaman insana sonsuza dek yaşam zevkini verebiliyor. Estetik değerlerin ihmal edilmemesi gerekir.

İşte böylece beni yaşama bağlayan temel düşünce ve değerlerimin bilançosunun sonuna ulaştım. Kabahat, kusur ve erdemleri ile kişinin kendini tanımaya çalışmasına her zaman inanmışımdır. Yukarıda belirtmeye çalıştığım gibi bir insan, doğadan, sanatın her türünden zevk alan, bilgiyi aramaktan, insanı bu bilgiye ulaştıran kitaplara tutkun, dünyayı tanımak ve dolaşmaktan keyif alan, kendi ülkesine ise tükenmez bir bağlılık duyan bir kişi olabilmişsem, bunun başlıca nedeni beni bu ülkeye bağlayan kişiler ve kurumlardır. Olaylar ve koşullar beni farklı dillerin konuşulduğu, farklı dinlerin benimsendiği, farklı vatandaşlık statülerinin bulunduğu bir ailenin bireyi olarak dünyaya getirmiştir. Ben o farklı kültürler ve değerler içinde dilimi, inanç sistemimi, vatanımı kendi hür irademle seçtim. Kendimi yaşamım boyunca ezilen, horlanan, cinsiyetim dolayısıyla aşağılanan bir insan olarak hissetmemişsem, bunun nedenlerinin başında üyesi bulunduğum toplumu çağdaşlığa ulaştırmaya çalışan, Türkiye Cumhuriyeti'ni kuran önderler, onların düşüncelerini paylaşan, günümüze dek savunan sayısız insanın varlığı gelmektedir.

İşte bu anlamda on dört yaşında bilinmeyen bir gelecek kurmak düşü ile yollara düşen genç kız "suyunu" bulmuştur. Arada geçen zamanda beliren büyük aksaklıkları, büyük eksiklikleri, bu topraklarda bir arada yaşamak isteyenlerden esirgenen hakları gerçekleştirmek ise bundan sonra "suyu arayanlara" düşen bir görevdir.

25 YIL SONRA

Bugün

Eskiden, bir yüzyılın çeyreği, bütün bir günlük yaşamı kökten değiştirecek etkiye sahip bir zaman kesiti olmazdı. Oysa yirmi birinci yüzyıl yıldırım hızı ile hayatımızı toptan değiştirdi. Teknolojik yenilikler, yaşamımızı altüst etti. Bugün internet yardımı ile üzerinde yaşadığımız kürenin herhangi bir köşesinde, toprak üstü veya altında ne olup bittiğini, anında haber alabiliyoruz. Böylece zaman ve mekân açısından bütün fark ortadan kalktı... Bu büyük değişikliği görsel olarak gözümüzün önüne seren "akıllı telefon"un sağladığı hız yadsınamaz. Her şeyi bu küçük âlemden öğrenebilirsiniz, dünyanın herhangi bir noktasında saat kaç olursa olsun, yaşadığınız yerin öğrenmek istediğiniz yere olan mesafesi, konuşulan diller ne olursa olsun, hangi inanç sistemi egemen olursa olsun, siyasal erk kimin elinde olursa olsun, nasıl bir sistem yürürlükte olursa olsun, ekonominin gelişmişlik derecesi ne olursa olsun... herkes aynı mesafede artık. Herkese açık ya da kimilerine kapalı bu iletişim sistemlerinin ne olduğunu şu terimler yansıtıyor artık: Facebook, Twitter, Youtube...

Ne var ki bir yüz yılı doldurmaya kısa bir zaman kala bu önemli icattan yararlanamıyorum. Hayatta en sevdiğim varlık, biricik oğlum Mustafa Kemal'i görüntülü telefonda görebiliyor, ancak söylediklerini ancak çok değerli asistanım Ayla Yüksel sayesinde anlayabiliyorum. Nedeni otuz yıldan bu yana, gün geçtikçe, işitme güçlüğümün daha da ilerlemesidir.

Daha gerilere gittiğimizde benim yaşamımda neyin

değiştiğini sıralayayım: 1946'da Ankara'da Yenişehir'de sayılı apartmanda sadece kömürle çalışan kalorifer vardı, büyük çoğunluğumuz karne ile alabildiğimiz kok kömür yakılan sobalar ile ısınıyorduk, o sobalarda kok kömürü kullanmak da bir ayrıcalıktı, alamayanlar linyit ile yetinmek zorunda kalıyorlardı. Banyolarda şofben vardı, kazanlı banyolarda ise su odunla ısıtılırdı. Çamaşır makinesi olanlar, yıkadıkları çamaşırları elle çalışan bir sıkacaktan geçirmek zorunda kalıyordu. Televizyon gibi bir eğlence aracı sadece sinemada gösterilen filmlerde geçiyordu. İnsanlar akşamları birbirine ziyaretle geçiriyorlardı. Uçakla yolculuk büyük bir lüks sayılıyordu, döviz almak çok sıkı bir tüzükle belirlenmişti, turizm henüz çocukluk aşamasını yaşıyordu.

Günümüzde herkes pantolonunun arka cebinde ya da çantasında bulundurduğu "cep telefonu"na bakıp zamanını geçiriyor, "sohbet" etmek gibi bir alışkanlık çok az kişinin sürdürdüğü bir boş zaman faaliyeti halini aldı. Hele kitap okumak neredeyse "nadir" faaliyet olarak kaydedilecek. Üstelik bu yeni alışkanlık sadece bizim gibi okur yazarlığın son bir yüzyılda yaygınlaştığı ülkelerde değil, Gutenberg'i yetiştirmiş, inancını basılı kaynaklardan izleyen ülkelerde dahi söz konusu...

Yirminci yüzyıl büyük savaşların, insan haklarının tanınması için girişilen mücadelelerin yaşandığı ve siyaset alanında demokrasinin en yüce değer olarak ilan edildiği bir hedefe ilerlerken, insanın iradesi dışındaki güçlerin egemen olduğu alana kaymıştır. Yirmi birinci yüzyılın egemen güçleri insanoğlunun iradesi dışındaki bu güçler teknoloji, iklim değişikliği vs. olmuştur. Bu yüzyılda ortalama yurttaş, sosyal medyanın ezici egemenliği yüzünden neyin doğru, neyin yalan olduğunu ayırt edemez olmuş. Her şeyin daha hızlı, daha göze çarpıcı, daha kolay erişilebilir olmasıyla övünülürken, asıl değerler kaybolmaktadır. İnsan gitgide kendi kabuğuna çekilmekte, bozulan doğadan arta kalan güzellikleri seyretmekle yetinmektedir. Sözlüğümüzde yepyeni kelimeler dolaşmaktadır, "drone", "yapay zekâ", "gözetici kapitalizm" vs. gibi...

Bu arada biricik torunum Taner Abadan'ın dövme, piercing gibi gençlik modalarına itibar etmeyen, kayak ve golf sporlarını çok seven, sağlam karakterli, çok yakışıklı bir delikanlı olarak yetiştiğini izleyebildim. Ne yazık ki ileri yaşım nedeniyle onun Cornell Üniversitesi'ndeki mezuniyet törenine gidemedim. Ancak aramızdaki büyük uzaklığa rağmen beni bu yaz görmeye geldi. Abadan ailesinin yarınının sağlam ellerde olduğunu görmekle kalan günlerimi dolduracağım.

Elbet hazin kayıplarım da oldu: aynı sınıfta olmamakla beraber aynı yaş kuşağında bulunan kuzenim Müstecap Edis'i, liseden ölünceye kadar birbirimizden kopmadığımız arkadaşım, Türkiye'nin sayılı sosyologlarından Mübeccel Belik Kıray ve çok müşfik eşi Dr. İbrahim Kıray'ı kanser gibi acımasız hastalıklar yüzünden aramızdan ayrıldı. Hemen hemen aynı sıralarda dünya çapında tanınan sosyal psikolog Çiğdem Kâğıtçıbaşı önce eşini yitirdi. Türkiye'de çocuğun değeri ile yepyeni bir bakış açısı getiren, arı gibi çalışan bu arkadaşım da birkaç yıl önce kalbine yenildi. Lise sınıfımın en genç üyesi, birbirimizden hiç kopmadığımız, CUMOK'u (*Cumhuriyet* gazetesi okurlar grubu) kuran, Türkân Erkin'i de iki yıl önce yitirdik. Nilüfer (Mizanoğlu) Reddy ile Ankara'da başlayan dostluğumuz ise ilk günkü coşkusuyla devam ediyor. İnsanlar yaşlandıkça etrafındaki eşsiz arkadaşlıkların yerini kimse tutamaz oluyor.

İşitme güçlüğüm yüzünden, sanatların en yücesi sayılan müzik zevkini yaşayamıyorum. Tek tesellim müzik alanında en büyük dehalar arasındaki Beethoven'in bu yoksunluğa mahkûm olduğu halde insanlığa *9. Senfoni* gibi eserler bırakabilmesidir.

2020 yılında bütün insanlar, kökeni Çin olduğu ileri sürülen Coronavirüs (Covid-19) pandemisi tehdidiyle geçti. Milyonlarca insan, turizm ve ticaret yolları ile bütün insanlığı etkisi altına alan bu salgının kurbanı oldu.

Kişi günlük yaşamını sürdürürken, zaman dediğimiz çerçeveyi aşan düşüncelerden güç alır. Bana bu gücü, aradığım desteği, Mevlana'ya atfedilen şu satırlar veriyor:

"Sevmeyi öğrendim. Sonra güvenmeyi... Sonra da güvenin sevgiden daha kalıcı olduğunu. Sevginin, güvenin sağlam zemin üzerine kurulduğunu öğrendim.

İnsan tenini öğrendim. Sonra tenin altında bir ruh bulunduğunu. Sonra da ruhun aslında tenin üstünde olduğunu öğrendim.

...

Her canlının ölümü tadacağını, ama sadece bazılarının hayatı tadacağını öğrendim.

Ben dostlarımı ne kalbimle ne de aklımla severim. Olur ya kalp durur, akıl unutur.

Ben dostlarımı ruhumla severim. O ne durur ne de unutur!

Peki yaşama gücünü kimden alıyorum

Oğlum Mustafa Kemal her fırsatta görüntülü telefon açıyor, oğlumla dünyaya geldiği andan bugüne kadar sadece iyimser, güç veren bir ömür yaşadım.

Torunum Taner anlamlı iletiler ve fotoğraflar yolluyor.

İşitme yeteneğimi kaybettikten sonra benim düşüncelerimi aktaran, her türlü tedavi ve işlemleri gerçekleştiren, bana yaşam kaynağı olan, herkesle iletişim halinde olmamı sağlayan can dostum Ayla Yüksel, evimi döndüren Birsen Arslan ve yayan gidemediğim yerlere beni otomobille ulaştıran eşi Hüseyin Arslan vazgeçilmez hayat destekleridir. Tabii beni unutmamış olan akrabalarımı, eski öğrencilerimi, meslektaşlarımı da ayrıca saymam gerekir.

Sağlığımı korumamı sağlayan beş harika Türk kadın doktordan bahsetmezsem büyük nankörlük etmiş olurum: Prof. Dr. Nefise Barlas meslektaşları Sunay Sandıkçı, Doç. Dr. Vildan Öztürk, Uzman Dr. Buket Pençe ve Dr. Ayda Ünlüer... Onların öğütleri ve ilgileri beni bugünlere kadar getirdi.

Bu arada sabahları sevimli tavırları ve kuyruk sallaması ile bana sessiz sadakasını hatırlatan köpeğim Toto'yu anmazsam olmaz!

Dünkü İstanbul'u görsel olarak paha biçilmez bir şekilde kamerası ile yakalamış olan sanatkâr Ara Güler'in dediği gibi "Yaşam size verilmiş boş bir filmdir. Her karesini mükemmel bir biçimde doldurmaya çalışın."

Ben işte bu güzel insanların yardımı ile kalan karelerimi doldurarak yoluma devam etme gücünü buluyorum.

Teşekkürler!

FOTOĞRAF ALBÜMÜ

Annesi
Elfriede Süleymanoviç.

Annesi ve babası Mustafa
Süleymanoviç.

Nermin Süleymanoviç 6 yaşında iken Viyana'da (1927).

Nermin ve ablası Martha Wolfgang Gölü'nün kıyısında St. Gilgen'de (1926/27).

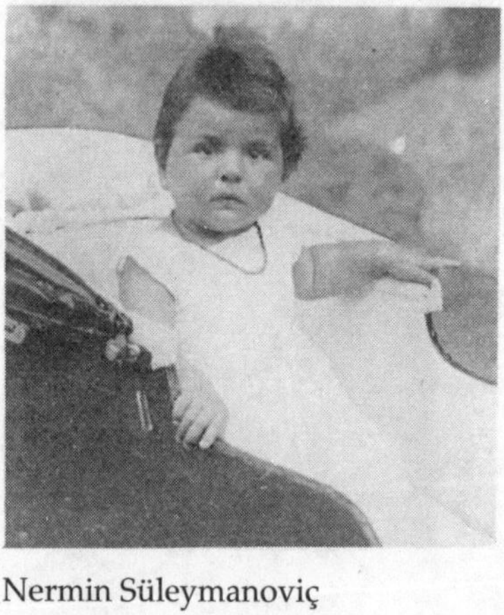

Nermin Süleymanoviç 1 yaşında Avusturya'da sayfiyede (1922).

Dame de Sion yılları,
İstanbul (1930).

İzmir'e geldikten
bir yıl sonra (1937).

Mübeccel (Belik) Kıray
ile İzmir Kız Lisesi'nde
(1938/39).

Hukuk Fakültesi
4. sınıf öğrencisi.

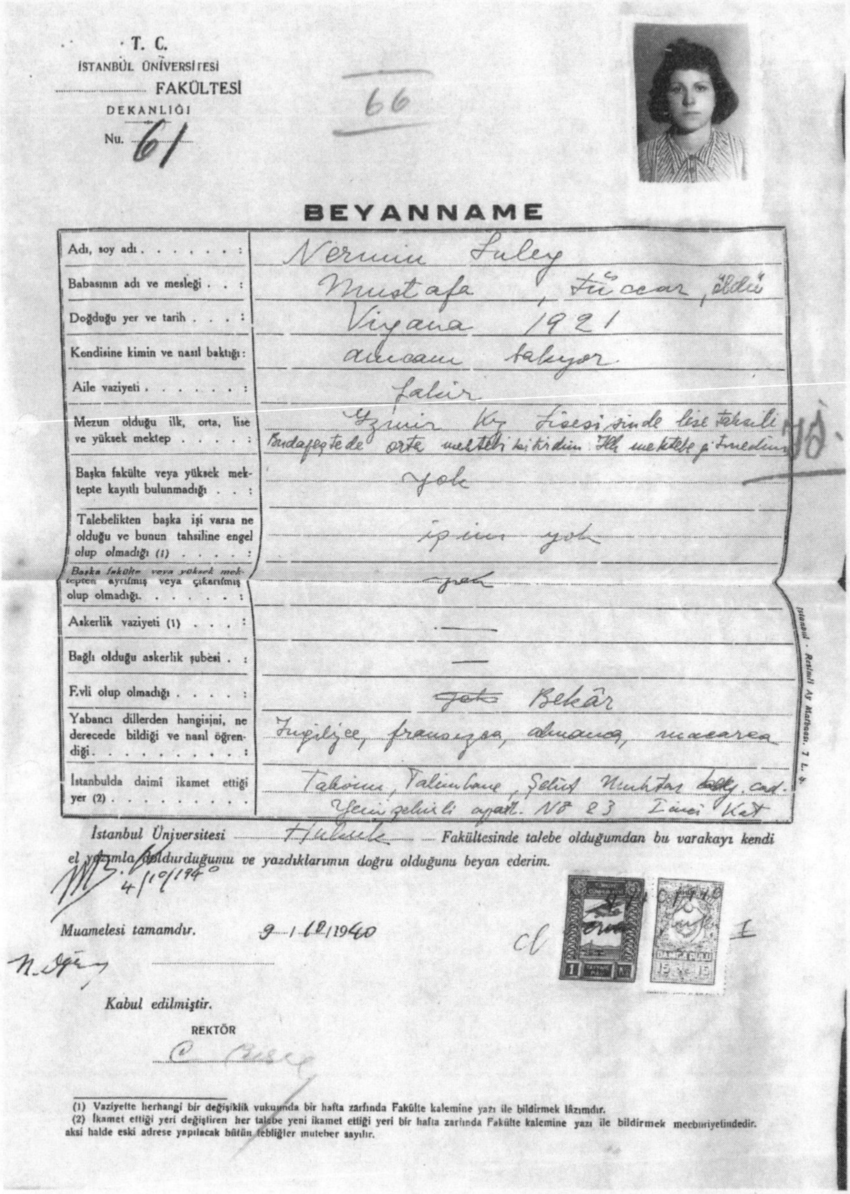

T. C.
İSTANBUL ÜNİVERSİTESİ
.... FAKÜLTESİ
DEKANLIĞI
Nu. 61

66

BEYANNAME

Adı, soy adı . . . . :	Nermin Suley
Babasının adı ve mesleği . . :	Mustafa, tüccar, öldü
Doğduğu yer ve tarih . . . :	Viyana 1921
Kendisine kimin ve nasıl baktığı :	amcam bakıyor
Aile vaziyeti . . . . :	fakir
Mezun olduğu ilk, orta, lise ve yüksek mektep . . . . :	İzmir Kız Lisesi'nde lise tahsili Budapeşte'de orta mektebi bitirdim. İlk mektebe gitmedim
Başka fakülte veya yüksek mektepte kayıtlı bulunmadığı . . :	yok
Talebelikten başka işi varsa ne olduğu ve bunun tahsiline engel olup olmadığı (1) . . . . :	işim yok
Başka fakülte veya yüksek mektepten ayrılmış veya çıkarılmış olup olmadığı. . . . . . :	yok
Askerlik vaziyeti (1) . . . :	—
Bağlı olduğu askerlik şubesi . :	—
Evli olup olmadığı . . . . . :	~~yok~~ Bekâr
Yabancı dillerden hangisini, ne derecede bildiği ve nasıl öğrendiği . . . . :	İngilizce, fransızca, almanca, macarca
İstanbulda daimî ikamet ettiği yer (2) . . . . :	Taksim, Talimhane, Şehit Muhtar ... cad. Yeni şehirli apart. No 23 İkinci Kat

İstanbul Üniversitesi Hukuk *Fakültesinde talebe olduğumdan bu varakayı kendi el yazımla doldurduğumu ve yazdıklarımın doğru olduğunu beyan ederim.*

4/10/1940

Muamelesi tamamdır. 9/10/1940

Kabul edilmiştir.

REKTÖR

(1) Vaziyette herhangi bir değişiklik vukuunda bir hafta zarfında Fakülte kalemine yazı ile bildirmek lâzımdır.
(2) İkamet ettiği yeri değiştiren her talebe yeni ikamet ettiği yeri bir hafta zarfında Fakülte kalemine yazı ile bildirmek mecburiyetindedir. aksi halde eski adrese yapılacak bütün tebliğler muteber sayılır.

Hukuk Fakültesi'ne kayıt belgesi (1940).

İstanbul Üniversitesi Hukuk Fakültesi (1942).

Avukatlı stajı (1948).

Yavuz Abadan.

Nermin ve Yavuz Abadan'ın nikâh kokteyli (08.05.1946) Sağdan: Mübeccel Kıray, Lütfi Ay, Abadanların arasında Naşit Hakkı Uluğ, Enver Ziya Karal ve Günseli Tamkoç.

Yavuz Abadan'ın solunda Cemil Sait Barlas,
Nermin Abadan'ın kucağında Mehmet ve Fatma Barlas (1947).

Prof. Fatma Başaran, Prof. Mübeccel Kıray, Dr. İbrahim Kıray ve
Nermin Abadan (1968).

Abadan, Paris'te UNESCO Genel Kurulu'nda oy kullanırken (1966).

Prof. Dr. Nermin Abadan TBMM Kontenjan Senatörü olarak and içerken (18 Eylül 1978).

Birleşmiş Milletler 1980 Dünya Kadın Konferansı'nda uluslararası komisyon başkan vekili olarak oturumu yönetiyor.

Kürsü arkadaşlarından Prof. Dr. Ahmet N. Yücekök ve Doç. Dr. Deniz Baykal ile.

Prof. Dr. İlber Ortaylı ve eşi Ayşe Ortaylı, Dr. Mehmet Genç ile (Eylül 1986).

Adalet Ağaoğlu
ile Rumeli
Kavağı'nda (1993).

"Yedili Çete"den.
Soldan: Günseli,
Nermin,
Türkân, Güner.

SBF'de veda dersi. Soldan: Eser Köker, Levent Köker, Türker Alkan, Ahmet Taner Kışlalı, Neşe Kemiksiz (Mayıs 1980).

Oğlu Mustafa Kemal Abadan ile.

Torunu Taner Abadan ile (1996).

Oğlu Mustafa Kemal Abadan ve sevgili Toto ile (İstanbul, Nisan 2021).

Suzan ve Mustafa Abadan ile (Bodrum, Eylül 2021).

Cara Vitale ve Taner Abadan ile (Bodrum, Eylül 2021).

Abadan ailesi Bodrum'da (Eylül 2021).

Ayla Yüksel ile (Bodrum, Eylül 2021).

2014-2015 dönemi Erasmus öğrencileri ile.

2010-2011 dönemi Erasmus öğrencileri ile.

Mülkiye'nin 156. yıl kutlamalarından.

Mülkiye Büyük Ödülü töreninden (2016).

Sakıp Sabancı Uluslararası Araştırma Ödülleri töreninde
Güler Sabancı ve Ayla Yüksel ile.

Koç Üniversitesi Abadan ödülleri töreni, Ayla Yüksel ile
(14 Kasım 2017).

Özden Toker ile (Bodrum, Eylül 2021).

Boğaziçi'nden meslektaşları Murat Aktan, Dilek Çınar, Zeynep Gambetti, Selcan Kaynak ile.

Boğaziçi Üniversitesi'nde öğrenci ve meslektaşlarıyla birlikte eylemde (2021).

Sevgili Toto ile birlikte (Ağustos 2021).